China's Experience on Democracy

民主的中国经验

房宁◎著

中国社会科学出版社

图书在版编目（CIP）数据

民主的中国经验／房宁著 . —北京：中国社会科学出版社，2013.11
（2014.12 重印）

ISBN 978 - 7 - 5161 - 3617 - 1

Ⅰ.①民…　Ⅱ.①房…　Ⅲ.①民主政治—研究—中国　Ⅳ.①D621

中国版本图书馆 CIP 数据核字（2013）第 271348 号

出 版 人	赵剑英	
责任编辑	王　茵	
责任校对	韩天炜	
责任印制	王　超	

出　　版	中国社会科学出版社	
社　　址	北京鼓楼西大街甲 158 号（邮编 100720）	
网　　址	http：//www.csspw.cn	
	中文域名：中国社科网　　010 - 64070619	
发 行 部	010 - 84083685	
门 市 部	010 - 84029450	
经　　销	新华书店及其他书店	

印　　刷	北京君升印刷有限公司	
装　　订	廊坊市广阳区广增装订厂	
版　　次	2013 年 11 月第 1 版	
印　　次	2014 年 12 月第 2 次印刷	

开　　本	710×1000　1/16	
印　　张	20	
插　　页	2	
字　　数	310 千字	
定　　价	49.00 元	

凡购买中国社会科学出版社图书，如有质量问题请与本社联系调换
电话：010 - 64009791

目　录

绪　论

从中国经验出发

民主政治是工业化时代政治发展的普遍趋势。中国正处于实现工业化、现代化的历史进程之中。民主政治是中国工业化、现代化发展的必然产物，为当代中国社会发展所需要。探索和建立适应时代需要、适合中国国情、符合发展要求的民主政治，将为中国的工业化、现代化发展提供政治保证。

但是，中国在历史上是一个缺乏民主政治实践和经验的国家。当代中国的民主政治建设要在中国社会发展的实践中逐步探索，在探索中建设，在建设中发展和完善。总结中国民主政治建设的实践经验十分重要，总结自身经验是中国民主政治建设和发展的源泉。只有及时地正确地总结经验，才能使中国的民主政治健康发展。了解和研究民主政治发展的国际经验和相关理论也是必要的。国外的历史与经验，可以为总结中国的民主实践经验和进一步提炼中国民主理论提供比较和参照。

一

中国的民主政治建设和发展植根于中国的历史与现实。历史环境、现实国情，为当代中国民主政治建设和发展提供了起点和基础；而满足当代中国工业化、现代化发展的要求，则是推动和塑造当代中国民主的决定性因素。

从表面上看，民主似乎是一种"普世价值"，似乎"条条大路通罗马"，当今世界上多数国家采取的政治制度在形式上是类似的，都被称为民主政治。但是，实际上各国实行民主政治的历史原因是有差别的，民主政治在各国近现代历史发展所起的作用也不尽相同。从近代民主政治的发祥地英国的历史情况看，英国民主政治最早起源于统治集团内部的政治斗争，因此权利保护成为英国民主的起点和重点。法国民主政治起源于法国社会内部阶级阶层之间的矛盾，出现在下层阶级反抗上层阶级的革命斗争之中。因此，长期以来争取自由成为法国式民主的主题与鲜明特色。美国民主诞生于反抗外来压迫的独立战争，由于历史和地理条件等特殊原因，美国独立建国时较之欧洲国家有较大的制度选择和建构空间，使得许多源于欧洲的民主观念与政治原则在新大陆上的实践表现胜于旧大陆。美国民主制度建立之初，即实行公民权利与国家权力的双重开放，这是历史赐予美国的礼物。后世各国的民主政治鲜有建立之初即实行权利与权力的双开放，这也主要是后世诸国难有美国的历史和地理条件。

"条条大路通罗马"，条条大路路不同。导致各国走上民主政治道路的原因是具体的，是有差别的。开端包含目的性，历史起点不同，历史任务不同，深刻地影响着不同国家的民主政治道路。中国民主政治的起点是由于外来殖民主义侵略引发的民族生存危机，救亡图存是中国近现代一切政治建设的历史起点和逻辑原点。在挽救民族危亡和争取民族独立的斗争中，产生了民主政治的诉求，出现了最初的民主实践。在新中国成立后，寻求国家的快速工业化，建立富强的新国家，成为新的历史任务。民主政治成为调动人民建设国家，实现现代化的积极性、主动性的政治机制。中国民主政治建设的主题，也由此从救亡图存转变为建设社会主义强国。历史起点和历史主题的输入深刻地影响了中国民主政治发展的历史轨迹和现实道路。

中国自改革开放以来发生了翻天覆地的巨大变化，但中国国情的一个重要特征却没有发生变化。1935年地理学家胡焕庸提出一条反映中国人口、资源分布不平衡的经济地理分界线"瑷珲—腾冲线"，近80年过去了，30多年的改革开放使中国旧貌换新颜，但是"瑷珲—腾冲线"却依然没有消失。资源禀赋是一个国家经济社会发展的重要物质基础，中国有四项资源居世界前列：人力资源、市场资源、水能资源、煤炭资源。人力与市场资源不论，我国的水能资源高居世界第一，煤炭资源产量第一、储量第三。中国拥有的居世界前列的四大资源呈现为对称的颠倒分布状态，绝大部分的人口和市场资源在"瑷珲—腾冲线"以东，而绝大部分水能和煤炭资源居于"瑷珲—腾冲线"以西。大规模调配资源因此成为中国经济与社会活动的重要特质，而中国的现代政治体制，无论具体形态如何，都必然要适应这一基本国情。中国现代政治体制必须具备大规模调配资源，有效治理幅员辽阔、人口众多、资源分布极不均衡的巨大国家的能力。

民主政治是人们的选择，但选择不是任意的，人们只能在历史任务和国情条件等客观因素设定的可能性空间中进行选择。中国的历史和基本国情深刻地决定和影响着当代中国的政治制度，当代中国面临的根本任务是实现国家工业化、现代化；中国的基本国情要求工业化、现代化阶段的政治制度与体制，必须能够调动和发挥广大人民群众建设国家、追求幸福美好生活的积极性、主动性、创造性，同时又能够集中民力和民智，有利于在全国范围内合理有效调配资源、有利于保卫国家安全和保障社会的安定团结。对于当代中国的政治制度来说，只有满足国家与社会发展所需要的这两方面的基本需求，才是一个可供选择和有生命力的制度，才是一个真正为中国人民所需要的制度，因而也才是一个真正民主的制度。

二

中国的民主有与其他国家的民主相通的地方，也有与其他国家的不同之处。中国的民主，是在追求民族独立、国家富强和社会进步的长期奋斗和探索中逐步形成的，历史文化传统和基本国情对当代中国民主有着深刻影响。在长期和反复的探索中，中国民主建设取得了自己的重要经验。民主的中国经验，在与其他国家民主进行比较的意义上，反映了当代中国民主的特点。根据笔者多年的观察、思考与比较，民主的中国经验中有四条尤为重要和值得人们关注。

第一，在经济社会发展进程中，把保障人民权利与集中国家权力统一起来。

从世界范围看，近代以来的民主政治最早可以溯源到 1215 年英国的《大宪章》。《大宪章》是西方近现代民主的起源，《大宪章》的核心内容是权利保障，当年是通过设置法律和机构以保障贵族的权利。《大宪章》开辟的政治实践经数百年的演化，发展为现代西方的宪政体制和议会民主。保障权利的价值在于以制度形式建立普遍的社会行为规范，并进一步形成经济活动预期，从而激励民众从事生产和创造性活动的积极性、主动性。从 18 世纪欧美工业化时代，到日本 19 世纪的明治维新，再到 20 世纪中国改革开放，人类工业化时代民主政治的实践经验共同验证了，保障人民权利可以为经济社会发展带来巨大的发展动力。

改革开放给中国人民带来了前所未有的经济、社会自由，权利的开放和保障，激发了亿万中国人民的生产积极性、主动性和创造性。在资源禀赋没有发生根本性变化的条件下，由于人民生产积极性的变化，中国经济出现了历史性的飞跃。这是中国民主政治产生的巨大社会推动力的结果。改革开放以来，中国巨大的经济成功，中国大地上不可胜数的从无到有、脱颖而出、卓尔不群的成功故事，就是以权利开放为取向的政治改革的最有说服力的注脚。

然而，权利保障还只是中国改革开放和民主建设的一个方面。如果说，世界各国民主政治中都包含着权利保障的因素而并不为中国所独有，那么，中国民主政治建设的另一方面，集中国家权力则是当代中国民主政治最具特色之处。中国是后发国家，是一个大国，中华民族是一个有着辉煌历史和文化记忆的民族。因此，中国的工业化、现代化不仅要改变自己的落后面貌，还要追赶世界先进水平。"中国梦"不是田园牧歌，而是一个伟大民族立于世界之巅的雄心。"三代不同礼而王，五伯不同法而霸"。中国要后来居上就不能跟在西方发达国家后面亦步亦趋，就一定要走出一条自己的路。从民主政治的角度看，中国道路的另一个特点就是国家权力的集中。中国共产党的长期执政地位，即"共产党领导"是国家权力集中的制度体现。

西方舆论将中国模式称为"威权主义"，并将所谓"威权主义"定义为：经济自由与政治专制的结合。尽管在西方甚至中国国内有不少人是这样理解中国的，但这却远不是事实。中国模式与所谓"威权主义"根本不同，二者的根本区别在于：中国现行政治体制，并非如专制政治之下以一人、一党、一集团的一己之私为目的之体制，中国现行政治体制是用以集中资源，统筹安排，实现工业化、现代化的战略性发展之体制。在中国，权力集中是现象，权力目的是本质。中国集中程度较高的政治权力与政治体制是用于国家的战略性发展，保证中国实现更具效率的集约化发展的政治体制。这是中国民主模式中与保障人民权利同等重要的另一要素。

第二，在工业化阶段，选择协商民主为民主政治建设的主要方向和重点。

将民主政治在形式上分为"选举民主"和"协商民主"，在很大程度上是一个中国式的分类方法。西方一些国家的学术界里，有人针对西方普遍实行的竞争性选举存在的缺陷和导致的问题，提出以审议式民主或民主协商来补充和调适西方政治制度。但这些讨论更多的还是停留在思想理论上，议论于非主流学者的沙龙中。在中国则不同，协商民主已经在中国有了长期而广泛的实践，已经成为中国民主的重要形式。

工业化不仅是社会生产力迅速发展的阶段，也是社会结构发生深刻变革和转型的时期。工业化进程带来了社会大量流动、社会成员身份改变和财富增加，工业化阶段也是社会矛盾大量发生、易于发生社会冲突和政治动荡的时期。政治体制的选择，对于工业化进程以及处于工业化进程中的社会具有深刻影响。西方发达国家和发展中国家的诸多经验证明，在工业化阶段实行竞争性的选举，开放社会参与的权力通道，会导致"分配性参与"，即社会利益群体通过政治活动争取政治权力，通过政治权力改变或影响利益分配的规则和格局。分配性参与的结果是社会的阶级与群体斗争的加剧，通常会导致社会的冲突和动荡。

在工业化阶段重点发展协商民主是中国取得的重要经验。重点发展协商民主，可以在一定程度上避免因选举民主给工业化进程中的社会增加矛盾和冲突的可能性，可以减少"分配性参与"。现阶段发展协商民主的主要价值在于：其一，有利于减少社会矛盾，扩大社会共识。竞争性民主由于强化分歧和"赢家通吃"效应，容易造成利益排斥。而协商的本质是寻求利益交集，寻求最大"公约数"，照顾各方利益，促进妥协、促进共同利益形成。而这也正是处于工业化转型时期、社会矛盾多发时期，唯一可以缓解社会矛盾、促进社会和谐的方法。其二，有利于提高民主质量。协商民主与选举民主、多数决定的民主机制也不是截然对立和矛盾的，协商民主可以让各种意见充分发表出来，通过交流讨论使各种意见取长补短，避免片面性，尽可能趋于一致；也有助于把"服从多数"和"尊重少数"统一起来。其三，有利于提高决策效率，降低政治成本。竞争性民主以及票决民主、选举民主的前提是公开的竞争与辩论，这种民主形式具有自身的优点但也有明显的弱点，这就是分歧与矛盾的公开化。分歧与矛盾的公开化会使具体问题抽象化、原则化，形成价值对立和道德评判，其结果是提高了达成妥协与共识的交易成本。而协商民主是求同存异，在一般情况下回避尖锐矛盾，不公开分歧，结果是有利于妥协和共识的达成，有利于减少妥协的交易成本。

第三，随着经济社会进步，循序渐进不断扩大和发展人民权利。

民主的中国经验首要的部分就包含了保障人民的权利，但人民权利的实现和扩大并不是一蹴而就的。人民权利实现和扩大是一个历史过程。发展民主政治是世界各国人民的普遍追求，但在众多的发展中国家，民主政治之路并不平坦，许多国家经历了坎坷和曲折，遭遇了"民主失败"。民主的本意是实现多数人的统治，为什么推行和扩大民主会在一些国家导致混乱？其中一个重要原因是人民权利的扩大超过了政治制度和体制的承载能力，形成了权利超速现象。

权利是一种历史现象，权利实现是一个渐进的过程。西方的权利观，或认为权利是先验的，是与生俱来的，即所谓"天赋人权"观；还有认为，权利是法律赋予的，法定权利神圣不可侵犯。但西方的经验本身却完全不能证明人权天赋。美国宪法被看作西方民主的经典，1787年通过的美国宪法即确立了人民主权和保护个人权利的原则，但直到1865年南北战争后，也就是美国建国近80年后，美国宪法第13至15修正案才规定废除奴隶制和保障黑人权利。又过了近100年到20世纪中叶，美国黑人依然深受种族歧视之害，宪法权利没有得到实现。1957年"小石城事件"中，美国政府不得不出动101空降师护送黑人小学生进校上学。直到 60 年代还发生过出动国民警卫队护送黑人乘坐公共汽车的事情。到了 70 年代，因经济发展、社会富裕以及与此同时发生的民权运动、学生运动、妇女运动等多种社会运动高涨，美国的人权才有了较大改善，200 年前美国宪法确定的那些原则才得到了一定程度的落实。美国政治与社会民主发展的历史经验证明，权利的实现是一个长期的社会进程，宪法和法律的确立仅仅是权利的起点而远非终点，宪法和法律本身就是一部权利实现的历史。

在中国的意识形态和社会实践中，从未把权利神圣化、绝对化，从未以先验的、教条主义的态度对待人民的权利问题。马克思主义在中国的意识形态中占主导地位，马克思主义的权利观认为，权利不是观念的产物而是经济社会发展的产物，权利是伴随着经济社会文化的发展而不断扩大和增长的，并非与生俱来，也不是单纯靠政治斗争争取来的，权利在本质上是历史的、相对的。人们只有在具备了条件的情况下，才有可能享有相应的权利。中国主张要随着经济、社会和文化的进步，逐步地发展和扩大人民的权利，逐步提高人民享有各种经济、政治、社会和文化权利的质量。

人民权利需要宪法和法律的确认和保护。宪法和法律确认的首先是一种社会价值准则，是对社会应然状态的肯定，但毕竟法不能规定和产出现实。宪法和法律的实施，法定权利从文本到现实，是一个实践过程。人民的权利本质上是经济发展、社会进步的产物，而不是法的产物。因此，中国发展人民权利的根本之道是以经济建设为中心，大力发展社会生产力，通过不断促进经济社会发展来为人民权利的发展创造条件，带动人民权利的扩大和发展。这是中国在经济社会快速发展，在人民权利意识不断上升的复杂的社会环境中依然保持社会稳定的重要的经验之一。

第四，在民主政治建设和政治体制改革中，采取问题推动和试点推进的策略。

采取正确的策略进行民主政治建设和政治体制改革至关重要。经过多年的反复探索，中国形成了以问题推动改革和通过试点推进改革的重要经验，成为推进民主政治建设所采取的基本策略。

民主政治建设和政治体制改革是浩繁的社会工程。从比较理想的状态设想，民主政治和体制改革应预先进行准备和计划，然后付诸实行。这也被称为"顶层设计"。但是从现实情况看，在政治建设领域实施顶层设计所需要的条件往往是难以满足的。顶层设计需要经验积累和理论准备，顶层设计的基础是具有足够的同一领域的经验和在一定经验基础上形成科学理论。但在社会领域，尤其是在政治领域，实践对象的重复性低，又不能像自然科学和工程学那样人为制造相似环境进行实验。在政治建设领域中进行顶层设计并加以实施，并非完全不可能，历史上亦有先例，如：法国大革命后的《人权法案》，美国独立建国后创制的美国宪政体制，中华人民共和国成立后以人民代表大会为代表的新中国的一系列政治制度等。这些都是人类政治发展史上重要的关于政治制度的"顶层设计"和实施，但它们都具有不可或缺的重要历史机遇，这就是社会革命开辟的历史新起点和发展新空间。政治制度的顶层设计往往产生于新旧制度更替的革命年代。而改革与革命不同，改革是在原有基础上的变动与完善，不是"推倒重来"。改革是继承了原有制度中的众多既定因素，是在现有基础上的变革。因此，改革必须面对既有的制度、既定的格局等因素，被束缚于客观的规定性之中，而不能完全按照主观行事。形象地说，革命好似"新区开发"，而改革好似"旧城改造"。与革命时代不同，改革时代的"顶层设计"是罕见和困难的。

改革开放以来，中国政治体制改革策略被形象地称为"摸着石头过河"，即从实践中的问题出发而不是从观念出发，是通过实验分散进行而不是轻易采取"一揽子"方案。所谓从问题出发，是将改革的起点设定于具体问题，从现象入手。现象大于本质。改革从现象入手不会偏离事物本质，而是在尚未认识事物本质的情况下，圈定本质的范围，由表及里、由浅入深地进行改革的尝试，通过部分地解决问题，从量的积累到质的改变。

改革必须尽可能地通过实验、试点，逐步推广。这也是中国改革和民主建设一项重要的、成功的策略。政治体制改革和推进民主政治具有高度的风险和重大责任，政治体制改革一旦失误，后果将十分严重甚至难以补救。当然，改革不可能没有风险，任何改革都必然要面对风险，但政治体制改革不能冒没有退路的风险，不能冒后果不可挽回的风险。政治体制改革一旦遭遇重大挫折甚至全面失败，国家和人民就要承受不可弥补的损失，几代人的生活就有可能被毁坏。这种风险是任何负责任的政党、政府和政治领导人不应当也不可能承受的。然而因改革失误和失败导致国家解体、人民遭殃的惨痛教训在世界上并非没有先例，前苏联的改革与崩溃亦可谓殷鉴不远。因此，政治体制改革必须规避可能导致政权与国家倾覆的风险。政治体制改革的所有设想、方案和实验，都必须遵守"退路原则"，应预先进行风险评估，前提是准备退回预案，以作为风险防范的重要措施。而民主建设和政治体制改革要经过试点加以实施和推进的目的之一，就在于分散风险。试点可以规避整体风险，可以规避颠覆性风险，本身是就退回机制的一部分。改革难免失误，只要在一定范围内则可以承受。失败和失误是探索和认识的一部分，只要不牵动全局，失误或失败会加深对事物规律性的认识，反而有利于找出更加科学、正确的方法。

三

民主有价值与实践之分。民主在价值层面的含义是人民主权，这一点在当今世界获得了广泛共识和普遍的法律确认。在人民主权得到法律确认的条件下，民主就成为一个实践问题。民主作为实践问题，意味着寻求和建立实现人民主权的民主形式、政治制度。然而，无论历史还是现实之中，无论在西方还是第三世界，探索和建立适合需要的民主形式都非一帆风顺。在实现人民主权的共识和政治正确性之下，具体的民主形式的探索、选择和建立，要受到诸多历史与实现条件的制约。纵观世界民主政治发展的历史，各国民主之路无不犹如群山之中一条狭路，蜿蜒曲折，坎坷前行。

中国的民主政治建设之路也是如此。未来中国民主政治建设并非如想象中那样顺畅平坦，中国民主建设和发展要受到包括自身条件和国际环境等诸多客观因素的限制和约束。对于中国民主的未来，既要坚定不移又要客观冷静，关键是从实际出发，根据以往经验，才能积极稳妥推进中国的民主发展。这也是民主建设的中国经验给人们的重要启示。

在可以预见到的未来，由于工业化发展的阶段性等诸多历史与现实条件的制约，中国民主建设不能采取扩大竞争性选举的策略，这是中国民主政治建设和政治体制改革在未来长时期中都要面对的一个重要限制性因素。在这样的历史性的约束条件之下，中国的民主建设只能采取积极稳妥地扩大和推进有序政治参与、重点发展民主协商以及建立、完善权力制约和监督体系的总体策略。

第一，分层次扩大有序政治参与。

政治参与是民主政治的一项重要内容。在我国的民主政治实践中政治参与占有重要地位，是人民群众在共产党领导下实现当家作主的民主权利的重要途径。我国的政治参与的主要途径是政策性参与，即通过民意征询系统，把国家的法律与政策建立在征询和反映人民群众意愿基础之上，通过征询人民群众的意愿使党的执政方略和各级政权的法律法规、政策能够准确地反映和代表各族人民的根本利益。实行分层次的政治参与是保证政治参与的有序性的关键。在现代的民主形式之下，即间接民主政治实践中要处理的一个基本关系是"精英"与"群众"的关系问题。民主的题中应有之义是人民群众的政治参与，但由于信息不对称、经验不对称以及利益局限性，客观上限制了人民群众进行政治参与的能力与范围。分层次政治参与方式是克服和超越群众参与局限性的根本方法。所谓分层次参与是以利益相关性、信息充分性和责任连带性为标准设计和确定政治参与的主体、对象和方式。区分不同的政治事务，以利益相关程度、信息掌握程度和责任连带程度为尺度，引导相关性强的群体及代表进行分层次的政治参与，而不是不分层次、不看对象的所谓全面的政治参与。这样做既从总体上保证了人民群众参与国家政治生活的权利，又可以防止无序参与带来的无效与混乱。

第二，推进协商民主，提高协商民主质量。

中共十八大正式提出中国式的协商民主概念，提出完善协商民主制度和工作机制，把推进协商民主广泛、多层、制度化发展作为未来中国民主政治建设的重点。发展协商民主，需要进一步扩大协商民主范围，推进民主协商的体制化、制度化。提升协商民主的质量是未来中国协商民主发展的关键问题。在未来发展中国式的协商民主中，社情民意的客观、准确、全面的发现和反映机制是发展协商民主、提升协商民主质量的重要相关制度，应纳入中国民主政治建设的议事日程。协商民主较之选举民主，其表达机制相对薄弱。因此，在发展协商民主的背景下，加速建设中国的社情民意调查系统就显得十分必要。当前我国社情民意调查工作存在缺陷和不足，尚未建立起专业、系统和完善的社情民意调查系统，由此导致协商民主的基础并不牢固。在这方面，我国应广泛学习借鉴国外相关经验，结合本国国情和现实需要，加快建立和完善专业化的社情民意调查机构和体系，特别是应当建立相对独立的专业化、职业化的民意调查机构，以促进协商民主质量的提高。

第三，建设和加强权力制约和民主监督体系。

权力制约与民主监督在现阶段不以扩大竞争性选举为民主建设策略选项的条件下，具有更加重要的地位和作用。人类的长期政治实践表明，权力制衡作为一项防止权力蜕化、保障权力性质的基本措施是有效和可靠的。权力制衡属于人类政治文明的优秀成果，是一种在民主政治体制下的普遍适用的原则。权力制衡的基本原理是地位相同或相似的权力主体间的相互监督和制约，而民主监督的基本原理是授权者或被代表的主体对于受托者或代理人的监督和制约。权力制衡和民主监督是两个性质不同、功能相近的制约与监督政治权力的管理机制，在未来民主建设过程中都需要进一步加强。

所谓"把权力关进制度的笼子"，核心思想是建设和完善制度性的权力制约体系。在我国未来的政治体制改革中，应沿着分类、分层、分级建立权力制约机制的方式推进权力制约体系的建设。所谓"分类"，是分别在党委、政府、人大、司法等主要权力机关之中首先建立完善的内部权力制约机制。所谓"分层"，是区别中央和地方以及部门，根据条件和需要建立各具特色的权力制衡机制。所谓"分级"，由于中国当前所处发展阶段以及处于当前发展阶段的政治制度历史的限定原因，中国的政治权力将长期处于相对集中的形态，因此，中国政治体系中的权力制衡机制并非均衡和均质的，处于权力不同层级上的制衡机制应有所区别。

在缺乏竞争性选举的民主形式类型中，民主监督的地位和作用更加突出。特别是在我国实行社会主义市场经济的条件下，民主监督作为一种重要的民主政治形式更是不可或缺的。民主监督是保障人民赋予执政党、国家权力机关和政府机关的各项权力不变质，保证权为民所用、利为民所谋的根本方法。从一定意义上讲，民主监督是保障现阶段我国民主政治发展正确方向的关键因素之一。只有实行有效的民主监督，其他的民主形式才能真正发挥效力；进一步讲，只有实行和加强有效的民主监督，我国社会主义民主政治的性质才能得到真正体现。因此，民主监督是现阶段中国特色社会主义民主政治建设需要大力加强的重要领域。

中国的民主建设要从中国的实际出发，要根据自身实践经验，这是建设和发展中国民主的根本之道。经过长期反复的实践探索，中国已经形成适应发展阶段、符合发展要求的比较系统的民主政治制度体系。保障人民权利与集中国家权力并举，重点发展协商民主，与经济社会发展相适应扩大和发展人民权利，以问题推动和试点推进政治改革和民主建设等基本策略，这是中国民主政治建设的四大基本经验。在实践中，这也意味着形成了推进中国民主发展的路径。相信从这样的经验出发，沿着这样的道路继续前进，中国的民主政治制度将为中国的经济社会发展提供可靠的政治保障，中国将最终完成工业化、现代化的历史任务，实现伟大的民族复兴。

第一章

历史的起点与探索

民主，在其被广泛使用的意义上具有三重含义：制度、实践、观念。在制度层面，民主是具有公民权利保障、政治权力制衡和多数决定机制的体现人民主权原则的政治制度。民主实践是民主制度的运行，以及以民主原则为指导更为广泛的社会活动。在这个意义上，民主通常被称为民主政治。民主观念，是人们对民主制度、民主实践的理论认识，以及以民主作为理想政治制度的价值观念。

民主的三重含义相互关联，民主制度、民主实践、民主观念之间具有客观见之于主观和主观见之于客观的相互影响。在这个意义上，民主，在总体上无论制度、实践抑或观念，都可视为人们的一种社会选择。

人们的社会选择是主客观的统一，任何一种实现了的社会选择，既是主观能动性的结果，又要受到客观条件的限制与制约，人是在历史的客观条件提供的可能性空间中做出选择并付诸实施的。有史以来，人类所有的民主实践都是在这样的意义上发生的，中国近代以来的民主实践也是如此。

对中国民主的认识要从中国近现代的历史着眼。从中国人对民主的探索中认识中国的民主，对于准确而深刻地了解中国的民主，对于了解民主的中国经验，是不可或缺的。

一　民主的历史起点问题

中国并不是人类近现代民主政治的发祥地，人类近现代民主政治发源于 13 世纪初英国国内的政治斗争。

（一）世界史视角：英美法近现代政治的起点①

13 世纪初，英国丢失了在欧洲大陆上的领土——诺曼底。诺曼底是英国王室的发祥地，为收复失地英国发动了旷日持久的对外战争并最终引发了英国内部的政治危机。1215 年，因战争失败，英国贵族与国王之间的矛盾全面爆发，发生了反对国王的军事叛乱。1215 年 6 月 19 日，战败的国王被迫与反叛贵族签署了城下之盟《大宪章》。《大宪章》以法律形式确定对于贵族权利的保障，建立起王权与贵族权力之间一定的制约关系，初步形成了国王与贵族共同的议事机构，这被认为是英国议会的雏形。詹姆士一世时代的英国大法官爱德华·柯克曾说过：自由大宪章已经使国王服从国会的法律，已经使国王的行为受到国家集体意志的限制。一位英国法史学者说：英国全部的制宪历史都不过是对自由大宪章的注释而已。权利保障、权力制约和议事机构几乎涵盖了近代民主政治的基本要素。因此，《大宪章》被认为是西方近代民主政治的起源。

全面地观察和分析以《大宪章》签署为标志的世界近代民主政治起点，我们可以发现，导致英国政治中最早的民主政治因素出现的原因主要有两个：一是外来的压力，即诺曼底的丢失以及由此引发的国内危机；二是内部的政治矛盾和冲突，即贵族与国王两大政治集团之间的矛盾冲突。历史地看，是外部压力导致的内部冲突引发了英国中世纪封建政治体系的松动，引发走向近现代民主的政治发展。

《大宪章》是英国近代民主政治的最早起点。从《大宪章》一路走来的英国政治，因其开创性以及先行特点，使其长期领先于时代，按照马克思对于世界历史的理解，英国的政治制度、英国的民主形成于世界

---

① 有一种常见的说法，在一些教科书中谈到民主政治历史时常常追溯到古希腊的雅典民主。在古希腊诸多城邦国家的漫长历史中，雅典的民主政治仅仅维持百余年，是历史短暂的瞬间。后来古希腊文明湮灭，加之欧洲中世纪的间隔，古希腊雅典的民主政治并未与后世的政治实践、政治制度有所关联。欧洲被普遍认可的宪政民主、议会制度的起源是 1215 年的英国的《大宪章》，而欧洲人开始了解古希腊政治文明是从 13 世纪 60 年代才开始的。详细内容可参阅房宁、冯钺《西方民主的起源及相关问题》，《政治学研究》2006 年第 4 期。

历史之前。作为领先者，英国没有既定的世界秩序的约束，少有外部的冲击和压力。这是历史起点赋予英国政治、英国民主的特质。

从世界史的视野里观察近现代民主政治的起源问题，18世纪后期几乎同时发生在欧洲和北美新旧两个大陆上的两场革命与战争——1776年的美国独立战争和1789年的法国大革命，是人类民主政治较之于英国更为晚近的两个重要节点。英国《大宪章》以及之后的政治发展，之于民主政治的意义在于更多的原则的确立。而在制度建构意义上，美国独立战争和法国大革命及其诞生于战争与革命中的政治制度，更应视为近代世界范围内民主政治的直接源头。

1776年发生的独立战争，对于北美殖民地而言，主要起因于外部关系以及外部刺激与压力，英国对北美殖民地的控制与盘剥，激发北美殖民地要求摆脱殖民统治，争取独立运动。1756—1763年，为争夺对北美殖民地的控制，英国与法国爆发了"七年战争"。虽然英国最终打败了法国，但因长期战争而导致了严重的财政困难。为此，英国政府不断地向北美各殖民地增加税收，同时实行高压政策。英国在1765年颁布的《印花税条例》和1767年颁布的《唐森德税法》，加深了对殖民地的控制与盘剥，抑制了北美殖民地经济的发展。英国的横征暴敛和残酷统治，终于激发了北美殖民地的反抗，经过6年的战事，北美殖民地战胜宗主国，美利坚合众国获得了独立建国。

美国诞生于反抗外来压迫的民族革命和解放战争，因此获得了很大的制度选择空间，加之美国特殊的地理位置，使源于欧洲的近代民主观念与政治原则在这个新国家建构中得到了胜于欧洲的体现。与欧洲相比，美国是一个崭新的国家——没有政治历史传统，没有既定政治结构，少受外来影响，因此在最大程度上享有了制度创新的自由。1776年的美国《独立宣言》宣示了国民的自由与权利，1787年的美国《宪法》以普选形式确立了国家权力开放。在一个民主制度建立之初，即实行公民权利与国家权力的双重开放，是没有历史的美国历史的造化，是历史起点赐予美国的礼物，而为后世所鲜见。

稍晚于美国，1789年的法国大革命的起因与美国不同，法国革命主要源于内部因素。18世纪80年代法国连续遭遇自然灾害，严重的自然灾害进一步加剧了法国不断恶化的经济困境，1788 年法国农业、畜牧业大幅减产，通货膨胀剧烈，物价飞涨，1788 年法国贫困家庭收入的一半花费在面包上，1789 年这一数据则达到 80%。农业凋敝，经济萎缩，大量农民涌入城市则进一步加剧了城市失业。在随之而来的经济危机之下，法国社会积攒已久的各种矛盾全面爆发。农民、手工业者、城市贫民对贵族和国王统治不满，以商人、工厂主对贵族和国王特权的愤恨，相对贫困的乡村低等教士对贵族主教的愤恨以及对于天主教会的怨恨，以农民、城市平民、商人和资产者为主的第三等级对于第一、第二等级，即天主教会和贵族的不满，受到启蒙思想影响的知识分子对于封建专制制度不满和对自由共和制度的向往，最终全面演化为下层社会对上层阶级和国王的反抗。1789 年 5 月 5 日，对社会现实状况懵然无知的路易十六贸然召开三级会议，试图增税，以救财政危机。第三等级代表则要求制定宪法，限制王权，实行改革。6 月 17 日第三等级代表宣布成立国民议会，7 月 9 日改称制宪议会。路易十六调集军队弹压，法国大革命由此开始。高举自由、平等、博爱大旗的法国革命，成为风靡世界的自由民主精神的象征，从此开辟了法国近现代民主政治发展道路。

尽管有二十多年前"七年战争"的原因，但法国大革命主要还是由内部因素引起的。这个内部的因素就是包括商人、工厂主、低级教士、农民、工人、城市平民、知识分子等复杂成分的下层社会群体——第三等级，与以国王为代表的高级教士和贵族等上层阶级的矛盾与斗争。反对封建等级制度、专制制度，实现社会自由，建立权利平等的政治制度，成为法国革命和未来制度建设的主题。因此，高扬自由、民主大旗是法国近现代历史的突出特征。但与美国相比，法国具有历史更加悠久的社会习俗和文化传统，具有更加复杂的社会结构。同时法国地处欧洲，也有着比美国更加复杂多样的外部环境和外来影响。这些因素综合起来，在以后的漫长岁月中长期影响和制约着法国社会的发展，影响和制约着法国政治制度和自由民主的成长。

1789 年激昂的大革命发生 5 年以后，"热月政变"使法国进入了革命的反动时期，以至于"热月现象"成为几乎后世所有革命都不可避免的经历。大革命爆发 10 年以后的 1799 年，拿破仑的法兰西第一帝国终结了法兰西第一共和国。法国大革命发生近 60 年之后,在席卷欧洲的 1848 年革命高潮中,共和国体制再现法国,史称"法兰西第二共和国",但仅仅 4 年后,第二共和国的缔造者路易—拿破仑·波拿巴经过选举终结了共和国体制,建立了"法兰西第二帝国"。近现代法国政治发展史起伏跌宕,法国最终建立起能够在比较完整意义上体现法国大革命所追求的民主价值的政治制度,是法兰西第五共和国。而当法兰西第五共和国建立的时候,距法国大革命已有整整 170 年。

从历史起点看政治发展、民主政治,可以发现:历史起点之于政治制度、民主政治的意义在于,它设定了一个国家和社会产生和建立于这个起点之上的政治制度抑或民主政治所要解决的历史任务,这是历史条件对于政治发展的规定性,这是历史对于政治系统的原始输入。所谓民主的主题说,其含义概莫如此。

英国的"起点",规定了英国由此生发的政治制度首先要解决英国社会内部权利保障和权利平等的问题。当然在 13 世纪的时候,这个权利保障和平等的范围还是极其狭窄的;美国的"起点",规定了美国由此生发的政治制度以实现公民自由为最高价值,以实现和保障自由为创制民主的标准。由此,自由民主常常成为美国式民主的别称;法国的"起点",规定了法国由此发生的政治制度的理想与现实的巨大距离。尽管在任何历史条件下,在任何政治制度下,理念与实际、原则与结果之间都会存在差距,但法国的历史传统的影响远远大于美国,国际环境的影响大大强于英国,法国的历史起点多次地变成了一个回归的原点,法国的政治发展史的反复和曲折必然会多于英美。

从人类近现代民主政治最早的起源——英国、美国和法国的历史事实看中国近现代历史的起点,我们自然应该关注中国近代的历史起点对于中国近现代的政治发展的影响,我们应当认真地审视和思考历史起点对于中国近现代政治发展的影响,深入地探究历史起点对于近现代中国历史发展输入了什么。

(二)历史的输入:中国近现代政治的起点

从世界范围看中国近代以来政治发展的起点问题,与英美法以及近世的日本相比，"历史起点"给中国政治制度与实践输入的是双重任务：争取民族独立和社会发展。在中国近代历史上给世人留下深刻印象的"救亡图存"和"振兴中华"两个政治口号，便集中反映了这两大任务。

1840 年开始的鸦片战争是中国近现代历史的起点，这在中国具有广泛的共识。鸦片战争是西方资本主义的工业文明与东方封建主义的农业文明之间的一次最具典型意义的冲突。战争的一方英国是当时西方最先进的工业化国家，战争的另一方中国是发展最为成熟的东方封建制国家。可以说，当时的大英帝国和大清帝国是 19 世纪东西方文明的两个代表。尽管鸦片战争的发生和结局有一定的历史偶然性，但它的确包含着不可抗拒和不可避免的历史趋势。一只小而强的以工业文明为基础的英国舰队，打败了大而弱的以农业文明为基础的大清帝国的军队，由此改变了中国的历史轨迹，中国近现代历史也由此开启。

鸦片战争从 1840 年 6 月自厦门拉开战幕，期间在广东广州，浙江定海、镇海和宁波，福建厦门，江苏吴淞、宝山等多个地点展开。前期英国舰队还曾一度到达天津。1842 年 7 月底，英国舰队攻陷镇江，8 月初进逼南京，鸦片战争以中方失利告终。1842 年 8 月 29 日，中英《南京条约》在英国旗舰上正式签署。当年英国的一份城下之盟《大宪章》成为英国民主政治最早的起点，600 年后又一份由英国人逼迫清政府订立的城下之盟，揭开了中国近代政治历史的序幕。

《南京条约》是中国近代史上第一个不平等条约。《南京条约》对中国历史的影响主要在于两个方面：一是因割让香港和给予英国领事裁判权，损害了中国主权的完整；二是"五口通商"，废除中方原有行商制度，实行英方规定的自由贸易。主权损害和自由贸易，意味着一个强者从政治和经济两个方面，打开了一个弱者的"家门"。因主权的损害，中国失去了对本国社会的政治保护；因自由贸易，英国工业文明侵蚀中国农业文明的通道由此开辟。

1842 年以后，英国政府又于次年强迫清政府订立了《五口通商章程》和《五口通商附粘善后条款》。垂涎中国的西方列强趁中国战败之机，纷纷与中国签订了更多的不平等条约。1844 年 7 月，美国与清政府签订《中美望厦条约》；1844 年 10 月，法国与清政府签订《黄埔条约》，享有领事裁判权和传教权等。1843 年 10 月，中英再次签署新约《虎门条约》，重新规定了英国所享有的最惠国待遇和领事裁判权。从1845 年起，比利时、瑞典等国家也加入了胁迫清政府签订不平等条约的行列，中国的主权遭到进一步破坏。

鸦片战争的失败和《南京条约》等一系列不平等条约的签订，沉重地打击了沉迷于昔日辉煌的清朝统治者，深远地影响了中国社会的未来。但是，从另一方面看，毕竟战争失败的后果主要发生在远离中国政治中心的南方沿海地区，对于一个封闭已久的老大帝国来说，国门被迫打开的后果还需要更长的时间方能显现。得过且过的统治阶级并没有直接地感受到即将纷至沓来的经济、政治危机。战争失利被迫求和，被迫接受不平等条约的直接原因，除去战场失利外，清廷主要的忧虑并直接导致妥协的核心问题是漕运。浙江巡抚刘韵珂向道光皇帝奏折陈十大"可虑"之事，前七条讲军事与战场劣势方面问题，后三条集中讲南方及海上战争影响对于全国和中央政权十分重要的漕粮征集和运输问题。① 将麻烦局限于南方部分通商口岸，而避免英国等列强干扰关系国计民生和北方政治中心稳固的漕运线路，鸦片战争带来的第一次危机就这样勉强应付过去了。

如果说，1840 年的第一次鸦片战争只是打开了中国的大门，开启了一个走向危机的时代，二十年后的第二次鸦片战争则带来了真正危及政权生存的政治危机。

第一次鸦片战争后，西方列强继续侵犯、掠夺中国。1856 年克里米亚战争结束，战败的俄国因此转向东方发展。战胜的英国、法国得以用更多的力量转向中国。1857 年，印度发生民族大起义，失败后印度彻底沦为英国殖民地。此后以英法为首的西方列强开始了新一轮对中国的侵略。

1856 年 10 月，英国以"亚罗号事件"为借口入侵广州，次年联合法国以"马神甫事件"为借口组织联军全面发动了第二次鸦片战争。

---

① 参见胡绳《从鸦片战争到五四运动》上册，人民出版社 1981 年版，第 50 页。

1860年9月英法联军攻入北京，咸丰皇帝逃奔热河避暑山庄。英法联军占领北京，抢掠、焚烧圆明园。第二次鸦片战争以首都被占领，皇家园林被焚毁，签署丧权辱国的《北京条约》为结束，与此同时，咸丰皇帝病死于避难之地。第二次鸦片战争造成了一次危及大清帝国生存的空前危机，第二次鸦片战争唤起了中国上层统治集团以及士大夫阶层真正的危机意识，拉开了中国近代历史上第一次改革图强运动的序幕。中国近现代历史开始于外部压力造成的政治危机，因此，此后中国的政治发展的逻辑就是围绕着抵御外来压力和增强自身力量而展开的。

开端包含目的性。西方列强的侵略，给中国社会输入了"救亡"与"图存"两大主题。回顾中国近现代历史，自第二次鸦片战争以来，中国政治发展的一切重大事件，一切重大的历史选择、制度建构，都与"救亡"、"图存"两大主题相关。凡是能够符合和满足"救亡"、"图存"需要的都被历史筛选了下来，凡是不符合和不能满足"救亡"、"图存"需要或与此疏离的都会被历史淘汰。历史的整体进程表明，制度与策略的选择受到历史任务的规定，制度与策略的选择是实现历史任务的手段。历史起点对后世的发展具有长久的影响力。

民主起点的视角应当纠正或改进以往我们关于民主认识的一个过于笼统的看法，以往关于民主很少有人去认真思考其起源的问题，而是概念化地认为：民主是"社会"发展和"意识"成长的结果，这就把民主的起源问题"普世化"了。返回历史实际，我们就能够得出不一样的看法，各国现代政治发展以及民主政治的起源实际上是个性化的、国别化的。

二　探索救亡图存之路

京城沦陷、圆明园焚毁、皇帝客死他乡，一连串的巨大灾难极大地震撼了大清帝国的政治精英们，他们中包括满清贵族、满汉官僚和士大夫阶层。危机不仅深深地震撼着中国，甚至"隔岸观火"的日本也明显地感受到了。日本明治维新的重要人物，明治"前三杰"之一的高杉晋作1862年来中国考察。中国当时的情形完全出乎高杉晋作的想象，在上海他被西洋列强的横行所震惊。他写道："上海之势可谓大英属国矣"，"此绝非隔岸之火……孰能保证我国不遭此事态？险矣哉！"高杉晋作回国后，组织奇兵队，积极发动倒幕战争，成为推动明治维新的骨干之一。中国的危机刺激日本政治精英发动维新变革，亦可见中国危机之深。

从 1860 年开始一种前所未有的思潮和舆论在中国的政治精英阶层中迅速兴起。这种思潮和舆论的关键词便是：自强。从 1861 年开始，在奏折、谕旨和士大夫的文章中，自强一词频频出现，表现出了整个上层精英的危机意识和寻求振兴之道的强烈愿望。① 很快这种危机意识和振兴愿望就转化成了一场发自上层政治精英集团的自强运动。

（一）洋务运动：政治精英的自强运动

在丧权辱国的《北京条约》签订两个月之后，1861 年 1 月 13 日，负责签约的晚清名臣恭亲王奕䜣会同大学士桂良、户部左侍郎文祥向尚在热河的咸丰皇帝上奏了一份启动晚清第一次改革自强运动的文件《请设总理衙门等事酌拟章程六条折》。咸丰皇帝批准了这个奏折，这是他此生批准的最后一项重要的奏折，一个月后他便一病不起了。

《请设总理衙门等事酌拟章程六条折》的主要内容如下：

> 钦差大臣恭亲王、大学士桂良、户部左侍郎文祥奏：
> 臣等就今日之势论之：发捻交乘，心腹之害也；俄国壤地相接，有蠺食上国之志，肘腋之忧也，唤国志在通商，暴虐无人理，不为限制，则无以自立，肢体之患也。故灭发捻为先，治俄次之，治英又次之。
> 一、京师请设立总理各国事务衙门以专责成也。查各国事件向由外省督抚奏报，汇总于军机处。近年各路军报络绎，外国事务，头绪纷繁，驻京之后，若不悉心经理，专一其事，必致办理延缓，未能悉协机宜。请设总理各国事务衙门，以王大臣领之。军机大臣

---

① 参见费正清编《剑桥中国晚清史》上卷，中国社会科学出版社 1993 版，第 544 页。

承书谕旨，非兼领其事，恐有歧误，请一并兼管。

二、南北口岸请分设大臣以期易顾也。查道光年间通商之初，只有广州、福州、厦门、宁波、上海五口，设立钦差大臣一员。现在新定条约，北则奉天之牛庄、直隶之天津、山东之登州，南则广东之粤海潮州琼州，福建之福州厦门台湾淡水，并长江之镇江九江汉口，地方辽阔，南北相去七八千里，仍令其归五口钦差大臣办理，不独呼应不灵，各国亦不愿从。且天津一口距京甚近，各国在津通商，若无大员驻津商办，犹恐诸多窒碍。拟请于牛庄、天津、登州三口设立办理通商大臣，驻扎天津，专管三口事务。

三、新添各口关税，请分饬各省就近拣派公正廉明之地方官管理以期裕课也。

四、各省办理外国事件，请饬该将军、督抚互相知照，以免政误也。

五、认识外国文字、通解外国语言之人，请饬广东。上海各派二人来京差委，以备询问也。查与外国交涉事件，必先识其性情。今语言不通，文字难辨，一切隔膜，安望其能妥协。

六、各海口内外商情并各国新闻纸，请饬按月咨报总理处，以凭覆办也。查新定各国条约，以通商为大宗，是商情之安否，关系地方最为紧要。[①]

这份历史性文件，在今天看来颇有些繁文缛节、不得要领。以今日观点，这充其量是一份有关行政体制改革的建议。但就是这份文件如实地反映了当年封建王朝的上层精英的见识，反映了中国近代史上第一次变革努力的认识水平和基本思路。

尽管在今天看来不如人意，但在当时这份"章程六条"还是起到了划时代的作用。"章程六条"的第一条就是设立"总理各国事务衙门"，主要负责"外国事务"，并且要"悉心经理，专一其事"。第二次鸦片战争中英法联军攻入北京的一个最直接原因，就是咸丰皇帝一再拒

---

① （清）贾桢等编：《筹办夷务始末（咸丰朝）》卷71，第17—26页。

绝英法使节进京面见皇帝，进行所谓"换约"。在皇帝拒见外国使节背后的是清朝统治者对外部世界的惧怕和回避的颟顸态度。设立"总理各国事务衙门"标志着清帝国统治阶级被迫改变了一直以来对外拒斥的态度和文过饰非的"鸵鸟政策"，中国的统治阶级由此开始正视时代，正视外部世界，正视必须变革的现实。整个"章程六条"贯彻和体现了这样的精神。

第二次鸦片战争之后，在巨大的来自外部的生存压力下，清朝统治阶级整体转向了通过办洋务以图自强的改革之路。所谓"洋务"早在林则徐时代称为"夷务"，即一切涉及对外关系的事务，如对外交涉、学习西洋科学、派遣留学生以及购置西洋武器、训练军队，兴办厂矿等。洋务运动总的出发点，即为林则徐的朋友魏源所说"师夷之长以制夷"，洋务派重臣张之洞所说"中学为体，西学为用"则进一步成为洋务运动总的指导思想。

从 19 世纪 60 年代起，以建立和发展官办军事工业、官督商办制造业和轻工业以及官办基础设施建设为主要内容的洋务运动，在中国各地兴起。

强军以抵御西方列强是洋务运动最直接的目的。因此，建立近代军事工业成为洋务运动的首要任务。江南制造局、金陵制造局、天津机器局和马尾造船局以及后来的广州机器局、湖北枪炮厂等，是洋务运动中建立起来的近代军事工业当中最重要的骨干企业。除了这些著名的军工企业外，沿海和内地十多个省也相继建立了地方的制造局和机器局之类的企业。但是，起步晚、发展慢、水平低的军事工业根本满足不了大清帝国建立一支用西洋军事装备武装起来的新式军队的需要，尤其是在日益崛起的日本的刺激下，清政府以购买和引进的方式建立起洋务运动中最具代表性的以西洋军舰为主装备起来的新式海军——北洋水师。北洋水师应当说是洋务运动发展近代军事工业、建立新式军队的最主要的成果。

洋务运动开始后，历经 10 年的发展取得的进展有限。洋务派官僚们意识到军事工业需要有近代工业基础的整体建立和提升以支持军事工业，于是他们提出了"寓强于富"的口号，主张建立基础工业和发展民用工业，以提高整体工业水平。从 19 世纪 70 年代开始，以李鸿章、张之洞、左宗棠以及后来的盛宣怀为代表的一些人转向兴办近代基础工业和民用工业。李鸿章建立的中国最早采用机器生产的大型煤矿开平矿务局、上海机器织布局以及轮船招商局，张之洞兴办的大冶铁矿、汉阳铁厂，左宗棠建立的甘肃织呢厂等，都是最知名的中国近代民用工业企业。

经过近 30 多年的努力，洋务运动取得了一定的成果，初步建立起了中国近代军事工业和最早的基础工业、民用工业。除官办工业以外，中国民间资本也有所发展，在 19 世纪 70—80 年代还出现了一个投资兴办新式工业企业的高潮。到甲午战争之前，中国民间兴办的工业企业已达 160 家。但是，中国近代历史第一次救亡图存的努力，30 年后却被同期发生变革的竞争者——日本所打断。

1894 年 7 月，中日两军首先在朝鲜境内开战，9 月双方在平壤决战，清军 2000 人阵亡，500 余人失踪。平壤战败后 3 天，中日甲午战争的关键之役——黄海海战发生。清军精锐北洋水师与日本海军会战于辽东附近海域，结果北洋水师损失"致远"、"经远"、"超勇"、"扬威"、"广甲"5 艘主力舰，死伤官兵千余人，舰队退回山东威海卫基地。黄海海战之后，中日双方进入陆战阶段，首先于 1894 年 9 月至 11 月，在辽东半岛展开鸭绿江江防之战和金州、旅顺之战。11 月 21 日，日军发起总攻，次日攻陷号称"东亚第一要塞"的旅顺。日军陷城后，连续 4 天屠杀中国居民 2 万余人。甲午战争的最后阶段是保卫北洋水师根据地的威海卫之战，也是北洋水师的最后一战。其时，威海卫港内尚有北洋水师各种舰艇 26 艘。1895 年 1 月 20 日至 2 月 17 日，日军攻陷威海卫，占领北洋水师威海卫基地刘公岛，北洋水师自行凿沉全部舰只，北洋水师至此全军覆没。

甲午战争，一战终结了洋务运动历时 30 余年的自强努力，中国不仅战败，而且败于自己的竞争对手。从此，在千年里仰望中国的，被洋务官僚蔑称为"蕞尔小国"的日本一战崛起，成为未来半个世纪侵略压迫中国、阻止中国发展进步的最大敌手。

中日战争中，中方在战场上的失利具有一定的偶然性，而偶然性背后隐藏的必然性原因却昭示了中国近现代历史发展的内在逻辑。战争胜败在根本上取决于战争双方的力量对比。中国与日本同处东亚，同样面对西方列强的威胁，中国的自强图新甚至早于日本。1868 年日本实行明治维新，开始了其近代化变革的历史进程。日本的变革晚于中国，日本的国力远逊于中国，为什么在短短的不到 30 年间日本快速崛起赶超中国，最终击败了中国，其社会改革的方式是关键。

1868 年 4 月 6 日，年轻的日本明治天皇率领群臣，以向神明宣誓的形式发布了后世称之为"明治维新"著名政治纲领《五条誓文》：

> 广兴会议，万机决于公论；
> 上下一心，盛行经纶；
> 官武一途，以至庶民，各遂其志，使人心不倦；
> 破旧有之陋习，基于天地之公道；
> 求知识与世界，大振皇基。[①]

对照中国第一次改革的洋务运动的首份重要文献《请设总理衙门等事酌拟章程六条折》，不难看出，中日在同样历史条件下走上改革之路的差异。

从政治制度与体制的层面上看，中国的《请设总理衙门等事酌拟章程六条折》充其量是一份行政体制改革的纲领，而《五条誓文》却是一个政治改革的纲领。《五条誓文》，对外确立了开放的原则，向西方先进的制度、先进的文化学习；对内确立扩大社会自由和保障人民社会权利的原则，其关键是第三条"官武一途，以至庶民，各遂其志，使人心不倦"。在这条之下，日本开放市场，废除特权，实行"四民平等"，鼓励士农工商从事生产经营活动，调动了占人口多数的平民阶层的生产积极性，实现了广泛的社会动员，有效地促进了日本工商业的发展。

日本明治维新所依靠的社会力量是下层的武士阶层，因此，日本的

---

① 《五个条の誓文》，历史学研究会编：《日本史史料》（4），岩波书店 1997 年版，第 82 页。

改革是以自下而上为主要路径发生的，中国的洋务运动是以上层贵族和官僚阶层为主体推动的，即便如此，上层贵族及官僚的态度也是不统一的。日本自下而上的社会改革、体制改革带来的社会机制是社会基本价值的改变，即如后世美国学者所指出的，明治维新把日本从一个以世袭为主决定地位的社会转变成了以接受教育和个人成就为主决定地位的社会。改革的性质和改革所产生的不同的社会机制，决定了中日两国改革自强运动完全不同的结果。

明治维新，因为给予了民众一定的经济、社会权利，破除了封建制度对于民众的经济束缚，形成了一种积极促进社会生产和经济活动的广泛社会动员和激励机制，日本工业形成了官办和民办两个动力来源，所以日本在不到 30 年内工业经济迅速超过幅员和人口具有本来无可比拟优势的中国。到 1894 年甲午战争前，日本全国的基础设施建设大大优于中国，日本建立起纵贯南北的铁路干线，建成了覆盖全国的电报干线；日本的航运业超过中国领先于亚洲；在大力发展基础工业、军事工业的同时，日本某些工业部门，如以纺织业为中心的轻工业部门初步实现了资本主义工业化。1894 年甲午战争爆发当年日本的工厂已达 5985 个，远胜于中国。①

甲午战争的失败宣告了历时 30 多年的洋务派政治精英自强运动的失败，也极大地打击了洋务一派政治精英的士气，同时也使他们威信扫地。当时上海的报纸公开指责：洋务运动所辟各项事业"皆虚应故事，徒糜经费"。甲午战败宣告了当时中国社会的上层统治阶级中最为开明、最有能力的一代政治精英的救国努力付诸东流，宣告了他们道义上的破产。

（二）戊戌变法：文化精英的变法改革

洋务运动失败，一方面使政治精英颜面扫地，使简单的自上而下的通过行政改革和官办工业的自强运动归于失败；另一方面，也进一步刺激了中国社会，上至皇帝，下至士绅无不痛心疾首。1895 年 4 月 20 日，

---

① 参见樊亢、宋则行主编《外国经济史》第 2 册，人民出版社 1981 年版，第 238 页。

即《马关条约》签订第 3 天，光绪皇帝下发谕旨称："嗣后我君臣上下，惟期坚若一心，痛除积弊，于练兵筹饷两大端尽力研求，详筹兴革。"① 在以"师夷之长以制夷"为出发点的自强之路幻灭之后，中国传统社会中另一支主要的社会力量——士大夫阶层中的先进分子登上了历史舞台。康有为、梁启超、谭嗣同、严复等是他们当中杰出的代表。

甲午战争中，泱泱大国败于国力原本远逊于己的日本，直接引发了当时中国士大夫阶层对于中国体制的怀疑，从而把寻求自强的思考引向了社会与政治制度层面。

康有为就是中国近代史上开启制度反思的佼佼者。早在中法战争后的第三年，康有为到北京参加乡试，但没有考取。当年，他上书光绪皇帝陈述国是，这是这位晚清士大夫阶层的杰出代表参与政治活动的第一步。康有为在上书中称：

> 今论治者，皆知其弊，然以为祖宗之法，莫敢言变，岂不诚恭顺恭哉？然未深思国家治败之故也。今之法例，虽云承祖宗之旧，实皆六朝唐宗元明之弊政也。我先帝抚有天下，不用满洲之法典，而采前明之遗制，不过因其俗而已，然则世祖章皇帝，即定燕京，仍用八贝勒旧法，分颁天下，则我朝岂能一统久安至今日乎？故当今世而主守旧法者，不独不通古今之治法，亦失列圣治世之意也。②

1895 年春，乙未科进士在北京举行会试。《马关条约》割让台湾及辽东，赔款白银 2 亿两的消息传至北京。刚刚参加完会试等待发榜的举人群情激奋，更有台湾籍举人痛哭流涕。4 月 22 日，携学生梁启超同来参加会试的康有为写成 18000 字的《上今上皇帝书》，得到 18 省举人的响应，1200 多人连署。5 月 2 日，由康、梁二人带领，18 省举人与数千市民集"都察院"门前请代奏。这就是中国近代史上赫赫有名的

---

① 《清德宗实录》卷 366，中华书局 1987 年版。
② 中国史学会：中国近代史资料丛刊《戊戌变法》第 2 册，上海人民出版社 1957 年版，第 128 页。

"公车上书"。公车上书将甲午战争失败带给中国士大夫阶层压抑的情绪释放出来，同时也给了中国文化精英们以其自己的方式拯救民族危机的一次重要机会。康有为、梁启超也由此成为了这个时代中国士大夫阶层的代表，康、梁二人以其文化精英的眼光代表了晚清贵族和官僚以外的另一社会阶层的救亡图存意识。

《上今上皇帝书》针对《马关条约》提出了四项解决办法：下诏鼓天下之气，迁都定天下之本，练兵强天下之势，变法成天下之治。虽然当时举子们的请求与建议并没有被采纳，但"公车上书"使康有为、梁启超扬名天下，为他们进一步推动的维新变法创造了条件。

"公车上书"事件后，康有为埋头著述，进行了大量的理论准备，对于世界多国的变法改革进行案头的记述、考证，1898 年康有为先后向光绪皇帝进呈了《日本变政考》、《俄罗斯彼得大帝变政考》、《突厥削弱记》、《法国革命记》、《波兰分灭记》等书，以他国变法与保守的正反两方面经验教训敦促中国的变法与革新。以康有为、梁启超为代表的文化精英的救国主张与洋务派的区别在于，文化精英们吸取了洋务派仅仅局限为器物层面的变革努力，把眼光和思维触角伸向了政治制度，他们如同当年日本明治时代的文化精英那样已经意识到西洋的崛起与西方经济、政治制度乃至思想文化的变革有关。

1871 年，刚刚完成"版籍奉还"和"废藩置县"且大局卜定的明治政府，派出由右大臣岩仓具视为特命全权大使，参议木户孝允、大藏卿大久保利通、工部大辅伊藤博文、外务少辅山口尚芳四人为特命全权副使的大型使节团，出使美国和欧洲多国。从 1871 年 12 月 23 日至 1873 年 9 月，岩仓使团历时 20 个月先后访问了美、英、德等 12 个国家，重点考察了英、德两国。通过岩仓使团的考察，日本精英阶层中主流派形成了对西方政体的基本认识，确认了制度革新是实现富国强兵关键因素的认识，分辨出西方以英、德为代表的欧美政体中的两种不同类型，并做出以学习德国为主的发展道路的选择。

1898 年 4 月，梁启超在北京发起成立保国会，聚集维新人士，联络光绪皇帝周围的开明官僚，试图依靠具有变革思想和志向的光绪皇帝发动变法，效法英、德、日等国，实行君主立宪制改革。维新派文化精英执着的努力终于产生了效果，6 月 11 日，名义上的最高统治者光绪皇帝为"痛除积弊"，拯救危机，颁布"明定国是诏"诏书，宣布实行变法。6 月 16 日，光绪皇帝召见康有为，商讨变法的具体步骤和措施，任命康有为章京行走，作为变法的智囊，其后又起用谭嗣同、杨锐、林旭、刘光第等人协助维新。

光绪皇帝根据康有为等人的建议，在短时间内连续颁布了几十道新政诏令，其主要内容有：在经济方面，设立农工商总局，开垦荒地；提倡私人办实业，奖励发明创造；设立铁路、矿务总局；鼓励商办铁路、矿业；裁撤驿站，设立邮政局；改革财政，创办国家银行，编制国家预决算。在军事方面，严查保甲，实行团练；裁减绿营，淘汰冗兵，采用新法编练陆海军。在文教方面，改革科举制度，废除八股，改试策论；改书院和淫祠（不在祀典的祠庙）为学堂；鼓励地方和私人办学，创设京师大学堂，各级学堂一律兼习中学和西学。在文化方面，准许民间创立报馆、学会；设立译书局，翻译外国新书；派人出国留学、游历。在政治方面，准许开放言路，准许各级官员及民众上书言事，严禁官吏阻隔；删改则例，撤消重叠闲散机构，裁汰冗员；取消旗人部分特权，准其自谋生计。

这一系列急促的变法，史称"戊戌变法"。在极短的时间内颁布几十道新政诏令，对于积弊陈科丛生、积重难返的晚期封建制度来说，无异于杯水车薪，但对于屡遭挫折而更趋顽固保守的清廷统治集团而言，却是刮起了一场疾风暴雨。以清政府实际的最高权力者慈禧太后为首的保守势力在最初的观望之后，断定由文化精英们策动的改革是动摇国本的篡逆，转而反对变法。为挽救陷入困境的变法，康有为、梁启超等变法中坚人士，试图依靠光绪皇帝和少数军事将领发动政变，囚禁慈禧太后，强行推进改革。然而文化精英们在晚清政治体系中势单力薄，隔膜于政治精英阶层，他们唯一的靠山是徒有其名的皇帝。无奈中的铤而走险马上变成了保守的政治精英集团反击的口实。

9 月 18 日，谭嗣同夜访被认为具有维新思想的北洋新军的直隶按察使袁世凯，策动驻守天津的袁世凯起兵勤王，诛杀保守派重臣荣禄及包围慈禧太后住处颐和园。袁世凯回到驻地天津后，遂将谭嗣同的计划告密于荣禄。荣禄当即奔赴北京到颐和园面见慈禧太后，策划镇压。9月21日，慈禧太后回宫临朝，宣布戒严，幽禁光绪皇帝，废除新政，搜捕维新党人。康有为恰巧离开北京，在上海英国领事馆的帮助下逃亡香港，梁启超乘日本兵船逃往日本。维新派骨干谭嗣同、杨锐、林旭、刘光第、杨深秀、康广仁及其他数十人被捕。9月28日，谭嗣同等六人被杀，史称"戊戌六君子"。所有戊戌新政，除京师大学堂和各地新式学堂被保留外，其余措施一律废止。

从1898年6月11日光绪皇帝颁布"明定国是诏"，到9月21日慈禧太后发动政变为止，这场由文化精英策动的体制改革，历时103天便彻底失败了，史称"百日维新"。与试图自强革新的政治精英们相比，康有为、梁启超等文化精英有比之深刻的一面，也有比之脆弱的一面。文化精英们认识到改革和富国强兵必须从制度变革入手，但却极其缺乏社会基础和政治盟友，他们甚至没有取得官僚阶层中开明人士的理解，没有形成一定的政治同盟。维新派幼稚地认为"变之自上者顺而易，变之自下者顺而难"，因此，他们把变法的希望盲目地寄希望于光绪皇帝一人身上，以期获取"廉价"的胜利。维新派的幼稚，不仅在于他们政治阅历和经验的缺乏，客观上看，还在于维新派是传统士大夫阶层的一部分，而这一社会群体无论从其生存的社会条件还是因其自身拥有的知识价值，都行将过时，都将随着他们未能挽回的旧制度而一起消亡。

（三）义和团运动："草根"救亡运动

昙花一现的文化精英救国运动转瞬即逝了，中国的民族危机还在加剧。从1894年甲午战争失败到戊戌变法时隔4年，又仅仅过了两年后，更大规模的一场救国运动到来了。不仅如此，这场声势浩大的救国运动的失败进一步引发了帝国主义列强大规模的侵略。

甲午战争中国战败，《马关条约》割地赔款使日本获得巨大利益，这引起欧洲列强瓜分中国的强烈愿望。1897年11月，山东发生"曹州教案"，两名德国传教士能方济（Franz Niez）和理加略（Richard Heule）因不明原因遇害。德国立即做出了反应，趁机出兵占据了胶州湾和胶澳（今青岛）。日本与德国对中国北方的侵占加速了中国沦为半封建半殖民地社会的进程，大量洋货输入和部分农产品的商品化，严重冲击了传统农业和传统手工业，破坏了农村自然经济。德国修建胶济铁路也冲击了传统的运输业。山东、河北一带的贫苦农民、失业手工业者和船工、搬运工深受外来经济、文化侵略之苦，集聚了强烈的仇外情绪。

山东一带民风强悍，喜欢习武健身，古来有民间结社的传统。山东多个武术流派（如梅花拳、义和拳、金钟罩、红灯照等）的习武者聚集练武，相互帮助，组成了民间组织，统称"拳民"。第二次鸦片战争后，伴随着主权沦丧，西洋传教士被准许在中国传教和成立教会。在治外法权之下，不单教会的西洋神职人员不受清政府管辖，一般中国信徒也常获教会的庇护。地方上，基督教教会每每因为文化、风俗差异等各种原因，与地方民众发生冲突。不良教民经常仗势欺人，而地方政府却往往因为惧于教会的治外法权，不愿与洋人作对而未能秉公处理，时常造成教案。甲午战争后，山东一带以教民为一方，拳民为一方，双方的矛盾冲突愈演愈烈。经常的矛盾冲突，又进一步促使拳民的排外倾向日益明显和固化，形成了民间的中外对立。

1898 年至 1899 年，山东、江苏、河南、河北一带大灾，发生饥荒，进一步加剧了中国民间的社会矛盾，社会秩序崩坏，山东、河南、江苏交界地区起义、暴动不断。在这种形势下，山东、河北一带的拳民和其他民间组织逐步汇集起来，并逐步发展成为反抗外来侵略压迫的义和团运动。义和团运动在很大程度上是由自发的、分散的团体所构成，但总体上他们具有共同的倾向，"扶清灭洋"的口号代表了义和团运动的政治倾向。

19 世纪末的中国内忧外患不断，处于风雨飘摇中的清朝统治者，以十分矛盾的态度面对势如燎原般勃兴的义和团运动，一方面害怕群众运动会伤及自身，另一方面又觉得"民心可用"，试图利用义和团向列强施加压力以自保。无论是山东等地的地方政府与官员，还是北京的清廷，都以纠结的态度和相互矛盾的政策对待迅速发展的义和团运动。这种局面给义和团运动的发展提供了机会和空间。

1899 年冬，义和团发展到河北以及天津一带。1900 年 1 月，慈禧太后不顾西方国家外交使团的抗议，发布了维护义和团的诏令。直隶总督裕禄也随之改变对于义和团的剿灭政策，转为扶助义和团，向团民发放饷银，裕禄本人还邀请义和团的首领到天津开坛聚众。6 月 10 日，同情和主张利用义和团的端郡王载漪出任总理各国事务衙门大臣，与此同时外地义和团拳民开始大举进入北京，人数最多时北京的拳民超过十万。义和团入京后，焚毁教堂，赶杀教民。6 月 20 日，德国驻华公使克林德（Klemens Freiherr von Ketteler）代表各国使团前去总理衙门交涉请求保护事宜，途中遭清兵伏击被杀。以克林德被杀为导火索，西方列强发动和组织了联军干涉。6 月 21 日，清政府正式向英、美、法、德、意、日、俄、西、比、荷、奥十一国宣战。清廷向各国宣战的同时，悬赏捕杀洋人。义和团及清政府军队围攻东交民巷的各国驻北京使馆区。

为镇压义和团起义，解救被围使馆，日本、美国、奥匈帝国、英国、法国、德国、意大利和俄国组成了约四万五千人的八国联军，于1900 年 7 月至 8 月进军天津和北京。7 月 14 日，联军占领了天津，直隶总督裕禄兵败后自杀。8 月 14 日，联军逼近北京城外，经过两天激战，于 8 月 16 日晚八国联军占领北京全城。慈禧太后及皇室其他成员在北京陷落时仓皇离开，逃往西安。慈禧太后在出走时发布上谕，将战争的责任推到义和团头上，并命令各地清军予以剿杀。义和团迅猛发展部分得益于清廷的支持，在遭到八国联军的残酷镇压和清廷态度变化后，各地义和团组织分崩离析，义和团迅速消亡。1901 年 9 月 7 日，清政府被迫签署《辛丑条约》，向各国给予总计 4.5 亿两白银的战争赔款，史称"庚子赔款"，这是中国历史上最大的一次对外赔款。

义和团运动的高潮虽说为期不过三个月，并且最终在清政府的叛卖和帝国主义列强的镇压下归于失败。但是，义和团对于帝国主义的反抗，试图挽救民族危机的斗争仍然具有不可磨灭的历史功绩。义和团的殊死搏斗和反抗精神，使帝国主义列强意识到征服中国的困难性。八国联军尽管在军事上取得了对清廷和清朝军队的彻底胜利，但是他们摄于中国民间的反抗，最终放弃了彻底殖民化的统治方式，使中国避免了印度的命运，避免了完全沦为殖民地的悲惨前景。

与洋务运动和戊戌变法的发动者相比，义和团运动组织发动和参与者的成分更为复杂，就整体而言义和团运动的参与者属于当时中国社会的下层阶级。根据对于当时山东省 89 名义和团领导人的阶级背景分析，可以看出义和团参与者的主体是农民、手工业者和小商贩。具体占比情况是：自耕农占 38.2%，佃农和雇农占 24.7%，商贩占 5.6%，工匠占 4.5%，游方者占 3.4%，兽医和卖艺者各占 1.1%。此外，地主占 22.5%。① 从中可见，义和团运动 80% 左右的参与者是下层劳动群众。

洋务运动、戊戌变法和义和团运动是中国封建社会晚期遭遇帝国主义、殖民主义侵略，面临深重民族危机的历史条件下，由不同的社会阶级阶层和集团发动的三次救亡图存的社会运动。洋务运动是政治精英的自强运动，戊戌变法是文化精英的救国努力，而与之相比义和团运动是一次发自"草根"的反抗和自救运动。政治精英、文化精英掌握着中国社会的经济、政治、文化资源，是传统社会中社会责任的承担者。但是，一个社会走向没落的时代，也是它的精英没落的时代。实践证明，中国晚期封建社会的精英没有能力挽救社会的危机，甚至没有能力改变和拯救自己。在山穷水尽之时，穷途末路之际，本无能力也无法定责任的下层劳动群众挺身而出，以求生的本能和决绝的反抗精神去寻求民族和社会的出路。当然，松散的组织和自发性使义和团运动无法形成统一的、明确的思想纲领和行动目标，义和团的基本政治倾向是维护传统的社会结构和生产生活方式以及文化传统，而在实践中显现出的思想倾向则属于民粹主义的社会主张。显然，民粹主义在历史上任何时期都不可能成为社会的常态。在 19 世纪末的民族危机中，民粹主义同样扮演了反抗者的角色，而它却不能成为建构者。

义和团运动以及此前的戊戌变法和洋务运动的发动者、参与者，是中国传统社会中最主要的三个阶级与阶层。他们面对的问题在本质上是同样的，即解救因殖民主义、帝国主义时代来临，中国面临的外部压力和民族危机，需要找到一条新的道路，需要建立起一种新的政治制度和社会模式。中国传统的封建社会中的地主阶级及其当中的政治精英集团和文化精英，农民阶级及其当中的各个阶层，形成的三种势力在 19 世

---

① 孔令仁：《十九世纪末山东的社会经济与义和团运动》，载《山东大学文科论文集刊》1980 年第 1 期，第 20—22 页。

纪后期，都有机会并且也在现实中实践了按照他们的意愿或本能救亡图存的尝试和努力。但是，三大集团的努力都没有获得成功。在殖民主义、帝国主义时代，中国问题依旧。

19世纪后期的亚洲在大致的历史条件下，中国、日本、泰国发生了性质和目标相类似的改革，中国的洋务运动和戊戌变法，日本的明治维新和泰国的朱拉隆功改革。在差不多同时发生的三场改革中，日本的明治维新、泰国的朱拉隆功改革获得了成功，这两场改革的发动者和依据的基本力量是统治阶级中的政治精英，改革的对象是传统的政治制度与体制，改革的基本原则与路径是在加强中央集权的前提下，开放经济、社会权利，调动社会积极性，为国家的工业化提供动力。日本、泰国成功的改革使两国走上了渐进的工业化发展道路，妥协与渐进成为日本、泰国近现代历史的明显特征。无独有偶，虽然经历了漫长的历史过程，期间也遭遇了挫折与困难，但日本与泰国至今在政治体制上都保留了君主制，这与19世纪后期改革成功以及受此影响的历史发展道路有关。而19世纪后期的中国，当所有三大主体阶级与集团按照自己的意愿拯救与改造中国的努力失败后，救亡图存的历史任务把中国推向了社会革命，未来的历史也最终证明了只有革命的道路才拯救了中国。

（四）辛亥革命：民主共和的新道路

1894年6月，朝鲜半岛战云密布，中日战争一触即发。一位满怀救国抱负的年轻医生只身来到天津，试图拜访当时权倾一时的直隶总督、北洋大臣李鸿章。为此，他从这年年初便精心撰写了一份数千言的改良救国方案，希望清政府能予采纳，以实现他的报国理想。文中写道：

> 窃尝深维欧洲富强之本，不尽在于船坚炮利、垒固兵强，而在于人能尽其才，地能尽其利，物能尽其用，货能畅其流——此四事者，富强之大经，治国之大本也。我国家欲恢扩宏图，勤求远略，仿行西法以筹自强，而不急于此四者，徒惟坚船利炮之是务，是舍本而图末也。

所谓人能尽其才者，在教养有道，鼓励有方，任使得法也。①

这位年轻的医生就是后来闻名遐迩的中国民主革命的伟大先行者孙中山先生。然而，正在忙于军政事务的重臣李鸿章，哪里有心情见这位名不见经传的后生，听听他"人能尽其才，地能尽其利，物能尽其用，货能畅其流"皇皇之论。孙中山黯然离去后，中日甲午战争爆发。到是年 11 月 21 日，日军攻陷战略要地旅顺，取得了自开战以来一次决定性的胜利。在日军攻占旅顺后三天，孙中山在美国檀香山成立了兴中会，准备发动革命挽救中国。② 孙中山个人的转变——从寄希望于统治者的上书进见到组织政党发动革命，在一定程度上透视出了中国时代的转变，改良的道路、从内部拯救的道路已经断绝，救亡图存必须进行革命，推翻旧制度，建立新制度。

19 世纪后半期，随着中国国门洞开，随着殖民化进程加深，中国的经济社会结构也在逐渐发生变化，工商业和贸易的发展，使工商业者、商人等新的社会阶层逐步发展增加。特别是在东南沿海和毗邻香港、澳门的广东地方，工商业和海外贸易有了很大发展，工商业者和商人的社会地位逐步提高。1840 年鸦片战争以后，大清帝国走向衰落，清政府中央的威信和影响日益下降。特别是香港、澳门被割让后，远离政治中心的南方地区的离心倾向渐浓，地方势力增强。中国国门被西方列强强行打开后，大批华人华侨漂洋过海，流落世界各地谋生。与人们的想象不同的是，海外华人华侨虽然客居海外多年，但却心系祖国。特别是在那个中华民族积贫积弱、落后挨打的年代，海外华人华侨中许多人期望改变祖国的命运，在后来的革命斗争中给予了祖国坚定的支持。到了 20 世纪初年，在中国各地，尤其是南方地区逐步聚集起了一批反对帝国主义、反对封建主义，主张走西方式的民主共和道路的社会阶层和社会力量。这批社会力量主要包括三种社会阶层和群体：工商业者、地方势力和海外华人华侨。海外华人华侨虽然居住在海外，但他们确实

---

① 孙中山：《上李鸿章书》，《孙中山选集》（上），人民出版社 2011 年版，第 2 页。
② 兴中会成立日期未见记载，此处以孙中山订立《兴中会章程》和第一批会员交纳会费为准。

是早期革命的最重要的支持者，他们中的许多人也回国参加起义，直接参与革命斗争。所以，孙中山曾经说：华侨乃革命之母。

孙中山在辛亥革命前共领导了10次武装起义，以推翻封建王朝统治，建立民主共和国。这10次起义包括：1895年的广州起义，1900年的惠州起义，1907年5月的黄岗起义、6月的七女湖起义、9月的防城起义、10月的镇南关起义，1908年2月的钦州起义、4月的河口起义，1910年2月的广州新军起义以及1911年4月27日的黄花岗起义。这10次起义中以黄花岗起义最为闻名。黄花岗起义的主要组织和参加人员有100名，从他们的个人身份信息中可以在一定程度上透视孙中山所领导的民主共和革命参加者的基本社会成分。黄花岗起义人员成分统计如下：

身份：日本留学生14人，华侨30人。
籍贯：广东62人，福建19人，广西7人，江苏4人，安徽4人，四川3人，湖南1人。
职业：工人16人，农民13人，军官15人，职业革命家10人，学生9人，教士5人，教师4人，记者3人，官员3人，商人3人，其他19人。

黄花岗起义人员具有两个明显特征，其一具有海外背景人员占有较高比例，占全体人员的44%；其二，全体为中国南方省籍人士，其中广东籍人士接近三分之二。

1900年，20世纪的第一年，八国联军占领北京。中华民族在深重的民族危机中进入了新的世纪，中国向何处去？成为整个中华民族面临的万分艰难而又必须回答的问题。

这一年，戊戌变法的维新派领袖、后来的立宪派首领梁启超发表了《立宪法议》一文，鼓吹君主立宪制。在该文中，梁启超认为世界之国分为"君主之国"、"民主之国"两类，而世界之政分为"有宪法之政（亦名立宪之政）"、"无宪法之政（亦名专制之政）"两类。"采一定之政治以治国民谓之政体。世界之政体有三种：一曰君主专制政体，二曰君主立宪政体，三曰民主立宪政体。"梁氏疾呼"君主立宪者，政体之最良者也"。[①] 戊戌变法失败后，流亡日本的梁启超看到明治维新给日本带来的历史性变革，试图效仿日本明治政体，实行君主立宪制以拯救中国。但梁启超看到的仅仅是日本明治政体的表面，而未能理解日本明治维新的社会实质。与日本明治维新相比较，1900 年的中国已经完全丧失了通过日本式改良完成政治与社会转型的机会，1900 年的中国依然不具备日本明治时期社会改良的基础与条件。

清末的中国社会不具备日本明治维新的社会基础，不具备实现制度性改革的能力，也丧失了实行社会改良的外部环境。30 多年前，日本明治维新依靠的社会基础及主要推动者是日本下层武士阶层，以及代表这个阶层的地方势力，如南方的萨摩藩、长州藩等。日本下层武士阶层和部分地方势力，既掌握一定资源，又具备改革原有体制的意愿。而中国洋务运动的推动者清廷的贵族和官僚不具有改革制度的意愿，戊戌变法的推动者部分文化精英又完全不具备推进改革所需的社会资源。因此，中国的变革，无论是洋务运动还是戊戌变法，都没有涉及中国传统的政治制度。

日、中两国在 19 世纪末几乎同期进行的社会改革的实质性差别在于：日本的明治维新因制度改革而实现了广泛的社会动员与参与。其内在社会机制，如埃德温·赖肖尔所言：明治维新把日本从一个以世袭为主决定地位的社会，变成了一个以受教育和个人成就为主决定地位的社会。这个有制度性改革导致的日本社会基本价值的改变，使日本社会获得了经济发展的最根本动力，由此推动了日本快速的工业化。而在中国无论是洋务运动还是戊戌变法，都未能实现这样的变革。

19 世纪末，中国传统社会中三大主要社会阶级阶层试图自我拯救的三次失败，为中国历史输入了更加激进和彻底变革旧制度的需要。而接续拯救运动的社会力量是逐步成长的一种新的社会力量——南方的工商业者和地方势力。

1905 年 8 月，孙中山与黄兴等人，以兴中会、华兴会等革命团体

---

① 梁启超：《立宪法议》，《饮冰室文集》之五，中华书局 1989 年版，第 1 页。

为基础，在日本东京创建了全国性的革命政党——同盟会，孙中山被推举为总理，他所提出的"驱除鞑虏，恢复中华，创立民国，平均地权"的政治纲领，主张以革命推翻清朝统治，推翻封建专制制度，建立西方式的民主共和制度，实现中国的社会改造。不久后，在同盟会机关报《民报》的发刊词中，孙中山首次提出民族、民权、民生的"三民主义"，奠定了所主张的民主共和制度的理论基础。

同盟会的成立标志着革命运动的全面展开。同盟会一方面不断地组织以同盟会会员为主的武装变动，另一方面主要在南方地区进行革命宣传和联络，试图进行更广泛的革命发动。经过长期的努力和多次起义的尝试，1911 年 10 月 10 日，由共进会和文学社两个革命团体发起和组织的武昌起义获得了成功，并在同盟会的帮助下组织起了湖北军政府。武昌起义义旗一举，风雨飘摇中的大清帝国随即土崩瓦解，一个月内江西、云南、贵州、广东、广西、浙江、江苏、安徽、福建等多数南方省份纷纷宣布独立。

武昌起义成功及南方主要省份独立后，清廷重新启用隐退的北洋军队的领袖人物袁世凯，以北洋军队为主力联合南方忠于朝廷的残余军队与南方革命党人进行对抗。袁世凯利用形势，一方面出兵武汉，同时巩固在北方的势力；另一方面借助南方的独立逼迫清廷交权。经过暂短的南北冲突，是年 12 月 18 日，以南方为主的"各省都督府代表联合会"为一方，以袁世凯的北洋军队代表为一方的"南北议和"在上海举行。12 月 25 日，孙中山回国。12 月 29 日，17 省代表会议举行临时总统选举，孙中山当选中华民国临时大总统。

1912 年 1 月 1 日，孙中山在南京宣誓就任临时总统，中华民国宣告成立。中华民国的成立结束了清王朝 260 多年的统治，也结束了中国 2000 多年来的封建专制制度。但是，辛亥革命的胜利和中华民国的建立，虽然改变了中国的政体形式，但却没有改变中国社会的政治结构。因此，辛亥革命和中华民国距离实现救亡图存的历史任务依然十分遥远。孙中山刚刚就任临时总统，握有重兵和控制北方的袁世凯便以迫使清廷退位为交换，要求孙中山让位。2 月 12 日清廷宣统皇帝宣布退位，两天后孙中山被迫提出辞职。2 月 15 日，参议院选举袁世凯为临时大总统。随即成立仅仅 3 个月的中华民国南京临时政府宣告解散，由此，辛亥革命也就彻底结束了。

三　民主政治与社会结构改造

辛亥革命结束后，中国的革命党人陷入极度的失望和消极。一生顽强奋斗不息的孙中山先生也不得不承认：当时的情况是"精神溃散，相继败走，扶桑三岛遂为亡命客集中之地矣。谈及将来事业，意见分歧。或缄口不谈革命，或期革命以十年，种种灰心，相互诟谇，二十年革命精神与革命团体，几于一蹶不振，言之不胜慨叹！"[1] 洋务运动、戊戌变法、义和团运动因其所依据的力量的自身弱点，因其不能改造中国传统的社会制度，所以纷纷流产、失败。相比之下，以推翻旧制度，进行社会革命为宗旨的辛亥革命和革命党人为什么还不能完成其历史使命？

（一）辛亥革命是有限的宪政体制革命

辛亥革命建立了形式上的民主共和政体，但并未达到通过革命建立起民主政治的实际结果。在民国初年，人们就注意到了"革命军起，革命党消"的现象[2]。为什么辛亥革命没有达到它所追求的建立一种新制度，没有完成救亡图存和振兴国家的历史任务？直接的原因是，辛亥革命仅仅改变了中国政治制度的形式，而没有改变当时中国政治制度之下的政治权力结构，即没有动摇掌握实际权力的主体社会阶层和集团，没有改变中国社会获取政治权力的实际方式与规则。辛亥革命后，掌握中国实际政治权力的是北洋军阀和各地的地方军阀，以及他们所主要依靠的地主士绅阶级。也正是由于这样的政治权力结构，中国社会在辛亥革命后以及未来几十年间陷入分裂和军阀混战的时代。因此，辛亥革命改变的仅仅是一个政治体系最表层的结构——宪政体制，即一个国家的

---

[1]　孙中山：《中华革命党成立通告》，《孙中山全集》第 3 卷，中华书局 1981 年版，第 112 页。

[2]　参见孙中山《在上海中国国民党本部的演说》，《孙中山选集》（下），人民出版社 2011 年版，第 1 页。

宪法、法律和政权机构。辛亥革命后建立了民国，制定了宪法，仿照西洋各国建立了所谓民主共和的政权体制，实行选举，实行分权制衡等。但当时中国在表面的宪政体制下面的政治权力却并未发生实质性变化。因此，正如鲁迅所言，只是"城头变换大王旗"而已。

（二）改造传统社会结构是民主建设的基础

辛亥革命后近十年，孙中山指出："现在的中华民国只有一块假招牌，以后应再有一番大革命，才能够做成一个真中华民国。"[①] 辛亥革命未能真正将中国带入民主政治的时代，进一步的原因是未能改变清末民初中国的社会结构。

清末的中国社会依然是一个沿袭了上千年的农业社会，地主阶级及其盘踞其上层的贵族阶层是中国农业社会的主导阶级，农民以及其他劳动阶级是农业社会的主体而处于封建等级社会的下层。即使到了19世纪与20世纪之交，因商品经济自然发展和鸦片战争之后国门被迫打开而带来的一定程度的工商业的发展，也仍然没有改变中国传统社会的地主、贵族和农民两大阶级的基本社会结构。

从中国近代工商业发展的情况看，1895—1900年，从甲午战争结束到八国联军进占北京，中国各地创设的资本在10000元以上的工矿企业共有104家，资本总额2300多万元。这一期间，中国民间资本投资每年仅为380万元。1901—1910年，从八国联军进占北京到辛亥革命前的10年间，中国各地创设的工矿企业共有370家，资本总额8620万元，平均每年为862万元。[②] 由此可见，到中华民国建立之时，中国的近代工商业依然是十分微弱的，中国社会依然是一个传统的农业社会，其社会结构并非因早在半个世纪之前，即洋务运动开始的社会改革而得到改变。

与近代历史上同一时期的日本明治维新相比，中日两国改革最深刻的差别在于，日本的改革涉及了社会结构的改造，而中国的改革，主要

---

① 孙中山：《在上海中国国民党本部的演说》，《孙中山选集》（下），人民出版社2011年版，第1页。

② 参见胡绳《从鸦片战争到五四运动》下册，人民出版社1981年版，第677页。

是洋务运动基本停留在了行政体制改革之上。日本明治维新所采取的重大改革措施"四民平等"和"殖产兴业",从改革的初始阶段就涉及了日本传统社会结构的改造。日本早在明治维新开始之前,在南方开放比较早的萨摩、长州两藩的近代工商业就有了很大发展,许多封建领主开始从事工矿业的开发经营。在一些地区,到德川幕府末期,已经"出现了一种资本主义型而非手工业或行会型的小规模生产体系了"。① 明治维新开始以后,"四民平等"在一定程度上消除了日本传统社会中不同等级社会成员之间的严格身份限制,开始废除武士阶层的世袭特权,鼓励了下层社会成员的从事生产和商业活动的积极性。② "四民平等"改革的实施,对于改变日本传统社会结构起到了积极作用。但是,中国以洋务运动为代表的社会改革则完全没有社会结构改造的内容。这是中日两国在同一历史阶段改革的深刻差异之处,也注定了两国改革迥然不同的结果。

从中国历史看民主政治,中国的民主政治逻辑起点在于:处于世界殖民主义、帝国主义时代的中国必须完成的历史任务——救亡图存和振兴中华。而进一步从世界范围以及东亚国家经验出发,观察救亡图存和振兴国家的历史任务的核心内容是实现社会结构的改造,只有实现对传统社会结构的改造,民主政治才能真正实现,民主政治也才具有现实的意义。

在历史的大视野中观察民主政治,我们才能真正意识到,民主政治建设绝不仅仅是一种宪政体制的建立,绝不仅仅意味着一种政治制度形式上的建立或改造。至少在中国这样的国家,在中国所处的近代历史条件下,民主政治建设的真正内涵是要在改造传统社会结构的前提下,建

---

① ［加拿大］诺曼·赫伯特:《日本维新史》,姚曾廙译,吉林出版集团有限责任公司2008年版,第51页。

② 1872年3月,日本明治政府取消了原有等级制度,代之以皇族、华族、士族和平民四种新的身份,并宣布"四民平等",后又逐步取消武士特权。四民平等改革产生的直接社会效应:一是平民可以自由择业和迁徙,为工业发展提供了大量的自由劳动力;二是明治政府用公债的形式逐步收回了华族和士族的俸禄和禄米。华族和士族的上层利用巨额公债投资于新兴工业。而四民平等产生的更为深层的社会效应是:通过社会平等以及公民权利的保障改变了传统社会中世袭罔替所包含的社会基本价值,而代之以靠个人努力和奋斗取得社会地位和新生活的价值。

立一种新政治的制度和民主形式。旧的社会结构得不到改造，一切政治制度、宪政体制的变化只能徒有其表。因此，改造传统的社会结构是近现代中国民主政治建设的重要前提和首要任务。

第二章

基本国情与民主政治

历史发展的轨迹对一个国家政治制度的影响，在政治学上被称为制度变迁的"路径依赖"。但这种"路径依赖"还不是影响一个国家政治制度的惟一因素，国情是决定一个国家政治制度的另一个重要的限制性因素。任何事物的存在和发展都需要具备一定条件，国情就是包括民主政治在内的任何一种政治制度存在的基础条件。

国情，是一个国家在特定时期的自然历史状况与特点，包括了自然国情、历史国情、现实国情、比较国情等方面。国情之中，又以幅员、人口和自然资源及其分布等为其最基本内容，因此也被称为"基本国情"。国情以及基本国情看似与政治无关，看似是一个国家的自然属性，因此，国情对于政治制度的影响与制约作用常常为人们所忽视。

一 政治制度的物质基础

一般来说，人们并不否认政治制度建立于一定经济基础之上，但不应忘记经济基础又植根于人与自然的物质交换活动之中。自然历史条件对于政治制度的形成有着限制性的制约作用。正如马克思指出的那样，"物质生活的生产方式制约着整个社会生活、政治生活和精神生活的过程。不是人们的意识决定人们的存在，相反，是人们的社会存在决定人们的意识"。① 古今中外的历史表明：任何一个国家的政治制度都不是凭空产生

---

① 《〈政治经济学批判〉序言》，《马克思恩格斯选集》第 2 卷，人民出版社 1995 年版，第 32 页。

的，更不是仅凭人们的主观意志创造的。政治制度是社会历史发展的产物，与一个国家的经济、社会、文化条件以及在发展中面临的主要问题和任务相关，而经济、社会、文化条件又建立于特定的物质基础之上。

（一）基本国情对政治制度的制约

所谓基本国情是指那些一般情况下不易通过主观因素而改变的国情。例如，领土、地理环境、人口和自然资源及其分布，这些都属于基本国情的范畴。认识民主制度，离不开对基本国情的认识。

地理环境是地域分工的基础。人类的分工从自然分工过渡到社会分工，从社会分工发展到地域分工。社会分工提高了生产效率，推动了人类走向文明进步。地域分工的形成受到自然环境、资源禀赋的影响，能够充分发挥环境和资源禀赋优势的分工结构，可以使区域获得比较优势，从而推动生产力的发展。

社会经济的发展水平影响到社会的政治结构。生产力发展，出现了经济剩余，使阶级的出现成为可能。经济上占统治地位的阶级借助于国家而成为政治上的统治阶级，即成为拥有社会公共权力的政治主体。

古代哲人已经注意到基本国情对政治制度的影响。亚里士多德在《政治学》中指出，地理环境、土地、人口都会对城邦的形成以及城邦的立宪政体、立法产生直接的影响。[①]

法国启蒙思想家孟德斯鸠是地理环境与社会制度相关性理论研究的代表人物，在他的代表作《论法的精神》中，将政治体制划分为共和、君主、专制三种，并提出了立法、行政、司法三权分立制和君主立宪学说。他强调政治、法律和地理环境的相关性，认为法律是与地理、土壤、气候、人种、风俗、习惯、宗教信仰、人口和商业等关系的综合；一个国家的气候、土壤、土地面积大小等地理因素对这个国家的人的性格、情感、风俗、法律以及政治制度都有着直接的影响，甚至有决定性的影响。孟德斯鸠研究了罗马、法国的法律的起源和变革，认为国家疆域的大小也决定了国家的政治制度，小国宜于共和体，大小适中的国家

---

① 参见亚里士多德《政治学》，吴寿彭译，商务印书馆 1983 年版，第 352—362 页。

适宜于由君主统治，而大国则宜于由专制君主统治。①

　　马克思主义重视自然地理环境对人类社会的影响，马克思、恩格斯在《德意志意识形态》中指出，应该把地理环境、人口繁衍和社会发展作为一个统一的整体来看待。"从历史的最初时期起，从第一批人出现时，三者就同时存在着，而且就是现在也还在历史上起着作用。"②马克思在《资本论》中指出："不同的公社在各自的自然环境中，找到不同的生产资料和不同的生活资料。因此，它们的生产方式、生活方式和产品，也就各不相同。"③

　　马克思和恩格斯在承认自然地理环境对人类社会影响的同时，也指出了自然地理决定论存在的片面性。他们认为，人类的活动也作用于自然界，人和自然环境的关系是一种主体与客体的关系，因此不能忽视人在自然环境面前的积极性与创造性。恩格斯在《自然辩证法》中指出，自然主义的历史观是片面的，"它认为只是自然界作用于人，只是自然条件到处决定人的历史发展，它忘记了人也反作用于自然界，改变自然界，为自己创造新的生存条件"。④马克思在《关于费尔巴哈的提纲》中指出："环境的改变和人的活动的一致，只能被看作是并合理地理解为变革的实践。"⑤人与自然的关系建立在人类实践活动的基础之上。

　　人口因素是社会物质生活的必要条件之一，也是基本国情的重要元素。人口因素包括人口的数量、质量、密度、分布和迁徙等各种状况及变动趋势。一定数量的人口是物质生产的必要前提。马克思在《〈政治经济学批判〉导言》中分析了人口的社会属性以及人口在社会生产中的地位和作用，指出人口是"全部社会生产行为的基础和主体"。⑥马克思主义人口理论认为社会生产有两种，即物质资料的生产和人类自身的生

　　① 参见孟德斯鸠《论法的精神》，许家星译，中国社会科学出版社2007年版。

　　② 《德意志意识形态》，《马克思恩格斯选集》第1卷，人民出版社1995年版，第80页。

　　③ 《资本论》，《马克思恩格斯全集》第23卷，人民出版社1972年版，第390页。

　　④ 《自然辩证法》《马克思恩格斯选集》第4卷，人民出版社1995年版，第329页。

　　⑤ 《关于费尔巴哈的提纲》，《马克思恩格斯选集》第1卷，人民出版社1995年版，第59页。

　　⑥ 《〈政治经济学批判〉导言》，《马克思恩格斯选集》第2卷，人民出版社1995年版，第18页。

产。两种生产的对立统一是人类社会存在和发展的前提。人口发展受到社会生产方式及人口本身的制约，同时，人口增长对社会发展有促进或延缓的作用。

基本国情是社会存在和发展经常的、必要的外部条件，对经济和社会发展具有影响和制约作用。但是社会发展、国家制度的决定因素是人类的实践活动。承认自然环境对人类社会的影响，有助于更加深入地认识社会政治发展的先天条件，有助于认识政治发展的规律性。当然，也不应盲目夸大自然环境对社会生活和社会发展的作用，以自然规律代替社会规律，陷入简单化的误区。

（二）雅典：小国寡民的民主制度

古希腊雅典的民主制度是人类已知最早的民主制度。雅典民主政治制度的形成与其资源禀赋有着显著的相关性。

希腊山脉纵横、地形复杂，海岸线长，且多海湾、海峡、岛屿。随着铁制农具的出现，农业生产力大幅提高，自由农民数量大增。古希腊出现了有集中的居民点、庙宇、商业区和议事广场以及其他公共建筑的城邦。复杂的地理环境又将整个希腊分为相对独立的 300 个左右的城邦。雅典是三个最大的城邦之一，面积约有 2556 平方公里。

雅典人创造了民主的概念，雅典首席将军伯里克利指出："我们的制度之所以被称为民主制度，因为政权在公民手中。解决私人争执的时候，每个人在法律上都是平等的。"[1] 小国寡民的国情造就了雅典式的直接民主形式，使之成为人类历史上直接民主的最早范例。

在民主制度出现以前，雅典由战神山议事会控制。战神山议事会执政官（最初是 9 位）的选拔是以高贵门第及富有为依据，是终身制的官职。议事会以城邦法律捍卫者、监督者和执行者的名义，对雅典城邦进行管理。世袭贵族统治之下的雅典，严刑峻法，商业阶层没有权力和社会地位，农民破产要卖身为奴，偷窃水果也会被判处死刑。雅典的自然环境适于橄榄树的生长及橄榄油的生产，同时也盛产陶器，雅典还有

---

[1]　修昔底德：《伯罗奔尼撒战争史》，谢德风译，商务印书馆 1978 年版，第 136 页。

丰富的银矿资源,这些都促进了雅典在希腊城邦国家中形成规模日益扩大的贸易活动。贸易使雅典社会富足,也造就了越来越多的富裕商人与平民。随着经济贸易的发展,社会结构的变化,世袭贵族的统治已经不再适宜于雅典社会发展的需要。

公元前594年梭伦成为雅典的执政官(archon)之一。梭伦为适应雅典社会发展需要,推动了奠定雅典民主制度的基础的改革。梭伦改革包括经济改革和政治改革两方面:在经济方面,他解放了债务奴隶,禁止以人身为担保的借贷,实行一系列有利于工商业发展的政策措施,推动货币的使用和陶器、橄榄油贸易;在政治方面,废除了世袭贵族的垄断权利,创造了每年一次的家庭财富统计,以财富的拥有量作为评定社会等级的标准。他把公民分为四级,一、二两级公民有权担任最高行政首长,即执政官。执政官任期一年,从四大部落推选的共40个候选人中抽签决定。三级公民有权参加四百人议会。全体公民都能参加定期举行的公民大会。梭伦还修改了法律,设立了陪审法庭。梭伦改革后,雅典形成了三大势力:贵族组成的平原派占据肥沃的土地;工商业奴隶主组成的海岸派;贫苦农民组成的山地派。

克利斯提尼实行的政治和社会改革进一步发展了希腊的民主制度。公元前508年克利斯提尼就任雅典首席执政官。为了打破贵族世家对城邦的掌控,他改革行政区划,设立十个地区部落,取代原来的四个氏族部落。雅典被分为城区、沿海和内地三大地区,各大地区再分为十部分,称为"三一区";从每个大区中各抽一个"三一区",合成一个地区部落。"三一区"下设德莫斯(自治村社),构成雅典公民政治、社会和宗教活动的基层单位。年满18岁的雅典男性青年,通过一定的入籍仪式在其父母所在的德莫斯内取得公民权,一些外邦人也在德莫斯内取得雅典公民权。每个地区部落每年以抽签方式各选50名30岁以上的公民,组成五百人议事会。议事会是公民大会各项提案的起草机构,负责处理国家日常行政事务。克利斯提尼的改革打破了以地域集结党派的惯例,动摇了贵族权势的根基。

雅典自然地理环境的基本特点是小国寡民,这也决定了雅典民主制度的基本特点:首先,主权在民。发达的工商业和贸易造就了一个享有公民权的较大的社会群体，这一群体基本上享有平等的立法权、选举权和监督权。全体公民都是城邦的管理者。其次，直接民主。由于全体公民数量的有限性，可以形成由公民大会担任国家最高权力机关，选举政府官员和决定重大事项。所有公民都有机会参加国民大会，决定宣战或媾和、制定和修改法律、决定财政开支等邦内一切政事。再次，轮番而治。雅典所有公民都是选举者和被选举者。所以所有公民都有机会担任城邦公职，任职期限均为一年。在所有公民都得到担任公职机会以前，不得连任。

雅典的民主制度对于贵族世袭统治而言是历史的进步，是伟大的创造，同时，也存在很大的局限性。由于参与民主的只是享有公民权的人，只有父母都是雅典人的 18 岁以上男性才享有公民权，雅典的民主只是享有公民权的男性公民的民主，妇女、外邦人和奴隶没有公民权，也不享有民主权利。雅典为了追求法律的公正性，创造了"陶片放逐法"，以公民投票的方式决定对滥用职权的城邦最高公职者进行放逐的处罚。但是多数人的意志未必总能代表真理，哲学家苏格拉底之死就集中体现了雅典民主的局限性。

归根结底，雅典的民主只是小国寡民的民主，对于自然和经济条件与雅典不同的其他希腊城邦其影响甚微。雅典实行民主制大约有百余年的时间，后来被斯巴达所征服。

（三）法国：六角形国土上的二元政体

法国启蒙思想家孟德斯鸠是最早全面阐述"三权分立"学说的思想家，同时，他也是系统阐述地理环境与国家法律及政治制度的思想家。孟德斯鸠关于国家幅员和自然条件影响政体特性的理论能否解释他的祖国的历史及政治制度的形成？

法国位于欧洲大陆的西部，是西欧面积最大的国家。法国领土呈六边形，三面临海，一面靠山。全国有 80% 的领土是平原丘陵，其中海拔 250 米以下的平原地带占法国总面积的 60%，有塞纳河、卢瓦尔河、罗讷河和加隆河等西欧四条大河。法国所处的优越地理位置及有利地形决定了它得天独厚的气候特点：西部属温带海洋性气候，南部属地中海气候，中部和东部属温带大陆性气候。法国有西欧最大的铁矿，还有煤、石油、铀和铅锌及小量的非金属矿藏。总之，法国拥有优越的地理环境和资源禀赋。

法国国名源于公元 9 世纪的法兰克王国。法兰克王国的查理曼大帝逝世后，法兰克王国一分为三。西法兰克王国，即法兰西，演变为后来的法国。路易十一在位期间，把勃艮第公国、安茹公国等纳入法兰西王国版图，15 世纪末法兰西王国基本上完成了统一。在 15 世纪末到 16 世纪初形成了中央集权的君主制国家。

从 16 世纪开始，法国资本主义生产关系开始萌芽和发展，冶金、纺织、首饰等工场大量出现。17 世纪法国在欧洲大陆确定了霸权地位，并且向北美、中美、非洲和印度扩张殖民地。17 世纪晚期，路易十四的英国和荷兰对手，把法国看作幅员辽阔、富有、强大、野心勃勃的陆地强权。[1] 18 世纪在法国部分地区资本主义经济已相当发达，出现大量手工工场，有些企业已经达到雇佣数千名工人的规模，并拥有先进设备。

在 18 世纪 60 年代末，法国经济繁荣，人口增加，财富增长，海上贸易超过英国。在大革命前近二十年中经济增长了一倍。在法国经济快速发展的同时，一场深刻的社会危机正在迫近。这一方面源于社会高速发展时期人们对社会期望值的快速提高所带来的失落感；另一方面是社会积累矛盾的迅速激化。

任何一个快速发展的社会，都会遇到满足社会需求能力与社会需求增长之间的矛盾。当社会需求增长超过了满足需求能力的提升的时候，人们会产生"相对剥夺感"。如同托克维尔指出的，"革命的发生并非总因为人们的处境越来越坏……对于一个坏政府来说，最危险的时刻通常就是它开始改革的时刻"。"每个人都在自己的环境中焦虑兴奋，努力改变处境；追求更好的东西是普遍现象"，人们的"精神却显得更不稳定，更惶惑不安；公众不满在加剧；对一切旧规章制度的仇恨在增长"[2]。

当 18 世纪中叶，法国社会矛盾日益增长和积累的时候，法国强大的君主制却暂时掩盖和压抑了各种利益纷争。法国国王以巴黎附近地区

---

① 佛朗西斯·福山：《政治秩序的起源——从前人类时代到法国大革命》，毛俊杰译，广西师范大学出版社 2012 年版，第 329 页。

② 托克维尔：《旧制度与大革命》，冯棠译，商务印书馆 1997 年版，第 210、205、209 页。

为权力基础，周边的勃艮第、诺曼底、布列塔尼、纳瓦拉、朗格多克等公国各自实行不同的法律规则，各自为政。法国社会等级森严，国王和僧侣、教士是享有封建特权的第一等级，贵族是第二等级，资产阶级、工商业者、手工业者、城市平民、农民等是第三等级。

法兰西王国的税收系统复杂，包括土地税，直接向农民征收，还有人头税和所得税等。第一等级享受不缴税的特权，第二等级的贵族利用国王的软弱争取各种免税特权，只缴很少的税，这导致普通劳动者的税收负担沉重。

在路易十四时期，皇家债务已十分沉重。政府为了解决财政问题，经常把官位卖给出资最高者。寻租一词即出自法国政府出售公职的实践。卖官实际上是出售征收特定赋税的权利，让买主获得长年累月的收入。卖官鬻爵形成了家族式公职，并且可以世袭。[1]

如同两千多年前的雅典，经济快速发展使法国社会结构发生变化，第三等级同特权阶级的矛盾日益加剧。法国大革命前夜，法兰西共和国第三等级占法国人口大约97%，第三等级对国家经济特别是财政收入影响巨大，但是社会地位很低。第三等级中既包括实力雄厚的工业资产阶级和金融资产阶级，也包括农民和手工业者。工业资产阶级和金融资产阶级的财富超过了许多大贵族，但没有社会地位。农民约1900万，占全国人口的67%。1790年法国议会委员会估计，赤贫阶层占总人口的10%，农村手工业者多数从事半工半农的生产劳动。[2]

18世纪，法国卷入一连串的战争，国力大衰，并丧失了大部分海外殖民地。1788年法国农业遭遇灾难性歉收，政府赔本抛售进口粮，面包价格依然不断上涨。工业也变得不景气，失业现象严重。而城市平民、无产者和农民的税收负担丝毫不减，这使他们收入大大下降。粮食短缺，物价暴涨，官吏领主趁机囤积居奇。法国财政出现了严重问题，财政危机显现。据1788年3月编制的预算，政府支出约六亿二千九百

---

① 佛朗西斯·福山：《政治秩序的起源——从前人类时代到法国大革命》，毛俊杰译，广西师范大学出版社2012年版，第331—332页。

② ［英］P. 琼斯：《法国大革命前的法国农民》，［英］《欧洲思想史》1990年第3期，《国外社会科学》1991年第1期。

万法郎，收入约为五亿零三百万法郎，赤字达一亿二千六百万法郎。[1]

　　自然灾害和财政破产激化了王权和贵族与财力雄厚的资产阶级及平民、农民的尖锐矛盾。1789 年的财政危机引起了连锁反应。路易十六希望召开三级会议，向第三等级征收新税以解决财政问题，税没征成，却揭开了大革命的序幕。1789 年 7 月 14 日巴黎人民起义，攻占了法国象征封建统治的巴士底狱，法国大革命爆发。8 月 26 日制宪会议通过《人权与公民权宣言》，确立了人权、法制、公民自由和私有财产权等资本主义的基本政治、经济原则。

　　法国当今的政治制度是在法国大革命以后经过多种形式的民主政治实践逐渐演变而来的。法国大革命后建立的第一共和国实行议会制，国家最高立法机构是民选立法会议。大革命后的民粹主义政治和议会民主造成的国家权力的分散和弱化，最终导致了拿破仑的上台。拿破仑把法国大革命中建立起来的法兰西第一共和国变成了法兰西第一帝国。1848 年革命造就了法兰西第二共和国，第二共和国实行总统制，行政权力集中，可以不对议会负责，结果终于演变成拿破仑三世的称帝，法兰西第二共和国变成了法兰西第二帝国。1871—1940 年的法兰西第三共和国实行议会制共和制，议会又成了政治权力中心。1946—1958 年之间的法兰西第四共和国是典型的多党议会制国家，行政权力处于十分不稳固状态，几乎半年更迭一次政府。1958 年，第二次世界大战中的法国英雄戴高乐主持拟定新宪法，他主张强化总统权力，戴高乐指出："要使我们有一个代表全国政治意愿的议会，它将通过法律，监督行政机构，而又不企图超越本身的职权。要使政府和议会合作共事，但各自的职责又区分清楚，政府和议会成员不得相互兼任。政权就应该具有这样均衡的结构。"[2] 1958 年 12 月，戴高乐当选法兰西第五共和国总统。法国沉伏百年的政治发展进入了相对稳定的时期。

　　法兰西第五共和国的政治体制是半总统制半议会制的民主共和制。根据 1962 年颁布的《法国选举法》，法国总统采取"多数两轮投票

---

　　① 参见吴心越《法国大革命前夕社会状况分析》，《常熟理工学院学报》2012 年第 1 期。

　　② ［法］戴高乐：《战争回忆录》第三卷（下），北京编译社译，世界知识出版社 1981 年版，第 637 页。

制”，由全民直接投票选举产生。总统由普选产生，任期5年（2000年以前为7年），可连选连任。总统权力较大，是国家权力的核心。总统有权任免总理和批准总理提名的部长；主持内阁会议、最高国防会议和国防委员会；有权解散议会；可不经议会将某些重要法案直接提交公民投票表决；在非常时期，总统拥有“根据形势需要采取必要措施”的全权。法国总理由总统任命，和总统一起行使行政权，但议会必须对政府行使监督职能。总理必须向议会负责，议会有权弹劾总理。

　　法国政治制度百年的演变史，似乎回应了孟德斯鸠当年的理论。法国地理环境和资源禀赋优越，这应当说是法国在欧洲大陆上资本主义生产方式和生产关系发展较早的原因之一。六角形的法国，在如今的欧洲是一个幅员较大的国家，但从世界范围看，法国是一个幅员中等的国家。在历史上，即法国大革命以前的封建专制时代，法国国王的实际控制力主要在巴黎周边，而各个公国实际上使用不同的法律，宗教改革又造成宗教分裂。中央集权制与封建领主的分权制相互纠结在一起。① 现代法国的半总统半议会制，在现代西方资本主义政治体制中属于十分独特的一种，总统适度集权，保证国家决策的效率；总理接受议会监督，更多地体现政府的民主与公开。既避免了历史上实行议会制，权力过于分散，议会陷入无休止的争论而缺乏效率；又避免了总统权力过于集中而导致专制独裁的可能。这很容易使人回想起两百多年前孟德斯鸠提出的看法：国家疆域的大小与国家的政治制度有关，小国适于民主共和，大国则适于专制君主统治。现代法国自然难有君主专制，但国土面积适中的法国，其政体也正好处于集权与分权的政体光谱的中间。

　　无论是以两百年前法国大革命时代的眼光看待，还是以现代西方多数国家民主制度的标准衡量，法兰西第五共和国的政治体制都是一个“另类”，它不是出于经典的理论设计，也不是典型的制度样板。现代法国的民主制度，植根于法兰西大地，产生于法国历史之中。

---

　　① 佛朗西斯·福山：《政治秩序的起源——从前人类时代到法国大革命》，毛俊杰译，广西师范大学出版社2012年版，第331页。

二　基本国情线："瑷珲—腾冲线"

中国现代地理学研究最重大的发现是中国人口地理学的创始人胡焕庸先生在 1935 年发现的"瑷珲—腾冲线"。"瑷珲—腾冲线"是认识当代中国基本国情的最重要的概念之一。

（一）中国人口地理分界线

1935 年胡焕庸先生在《地理学报》发表论文《中国人口之分布》，在这篇论文中，胡焕庸利用他收集的 1933 年中国分县人口统计数据，以 1 点表示 1 万人，手工绘制了第一张中国人口等值线密度图。

胡焕庸先生发现，中国东西部之间人口分布悬殊，大致以中国北端黑龙江省瑷珲县到南端云南省腾冲县之间存在的一条 45 度的斜线为界，这条线就是中国人口地理的分界线。他在论文中指出：

> 今试自黑龙江之瑷珲(今属黑河市)，向西南作一直线，至云南腾冲为止，分全国为东南和西北两部。则此东南部之面积，约占全国总面积的 36%；西北部之面积，约占全国总面积的 64%。惟人口之分布，则东南部计 4.4 亿，约占总人口 96%；西北部之人口，仅1800 万，约占全国总人口之 4%。其多寡之悬殊，有如此者。[①]

在 1956 年以前，这条人口地理的分界线以两端的城市"瑷珲—腾冲线"命名。1956 年 11 月，瑷珲县改名为爱辉县，故分界线的名称也随之变更成"爱辉—腾冲线"。到了 1983 年 4 月，爱辉县被撤销及并入黑河市，此后名称则变为如今所用的"黑河—腾冲线"。鉴于胡焕庸先生发现的重大意义以及他对中国人口地理学的贡献，这条线也被称为"胡焕庸线"。

胡焕庸先生的重大发现是以瑷珲—腾冲线为界，中国东西部之间在人口分布上的规律。此后，中国社会经历了抗日战争、解放战争、新中

---

① 参见唐博《胡焕庸与神秘的"胡焕庸线"》，《地图》2011 年第 4 期。

1935 年刊印的英文版中国人口分布图①

国建立以及改革开放，中国的经济、政治、社会、文化发生了翻天覆地
的变化，中国从一个落后的农业国家已经发展为一个迅速崛起的工业化
国家。但是，这条线所揭示的中国人口分布规律历经数十年却没有大的
变化。1987 年胡焕庸先生根据 1982 年中国内地第四次人口普查的数据
分析指出，"中国东半部面积占目前全国的 42.9%，西半部面积占全国
的 57.1%……在这条分界线以东的地区，居住着全国人口的 94.4%；
而西半部人口仅占全国人口的 5.6%"。② 到 2000 年第五次人口普查时，
胡焕庸线东南半壁依旧人口密集，土地面积占全国的 43.8%，人口却
占 94.1%；而西北半壁依旧人口稀疏，土地面积占全国的 56.2%，人
口仅占 5.9%。与 1935 年相比，无论是人口分布比例，还是人口密度之
比，都没有发生太大变化。③

---

① 唐博：《胡焕庸与神秘的"胡焕庸线"》，《地图》2011 年第 4 期。
② 20 世纪初期蒙古宣布独立，并且于 1924 年 11 月 26 日宣布成立蒙古人民共和国。1946 年
1 月 5 日，中华民国承认蒙古人民共和国独立。所以，1982 年计算人口分布线时，瑷珲腾冲线两
侧的国土面积占比与 1935 年相比发生变化，西部从 64% 变为 57.1%；东部从 36% 变为 42.9%。
③ 唐博：《胡焕庸与神秘的"胡焕庸线"》，《地图》2011 年第 4 期。

统计结果表明，进入 21 世纪以后，中国经济快速发展，大量劳动力流向沿海地区，人口集中于瑷珲—腾冲线以东的状况不仅没有缓解，反而在加剧。国家统计局 2011 年发布的第六次全国人口普查数据显示，与 2000 年人口普查相比，东部地区的人口比重上升 2.41 个百分点，中部、西部、东北地区的比重都在下降，其中西部地区下降幅度最大，下降 1.11 个百分点；其次是中部地区，下降 1.08 个百分点；东北地区下降 0.22 个百分点。[①] 另据第六次全国人口普查数据，瑷珲—腾冲线以东省份的总人口超过 12 亿。从一定意义上讲，"瑷珲—腾冲线" 这条几十年前发现的 "基本国情线" 所包含的内容，如今变得更加深刻了。

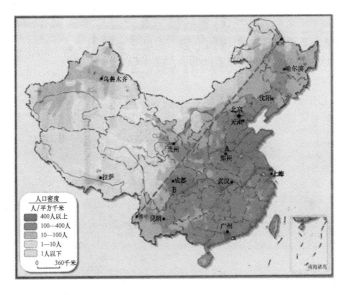

中国人口地理分界线

图片来源：唐博：《胡焕庸与神秘的 "胡焕庸线"》，《地图》2011 年第 4 期。

（二）人口分布反映的自然条件

20 世纪 80 年代，中国学者发现，在中国存在一个自东北向西南延伸的生态环境过渡带（或称脆弱带），在过渡带上表现出独特的生态脆

---

① 马建堂：《第六次全国人口普查主要数据发布》，中央政府门户网站。http：//www. gov. cn/gzdt/2011—04/28/content_ 1854048. htm。

弱性。1995 年，学者们陆续撰文论证了生态环境脆弱带基本上沿胡焕庸线分布。① 瑷珲—腾冲线揭示的人口分布规律之所以几十年不变，正是因为这条线实际上是中国的自然地理分界线及气候分界线。

中国地形西高东低呈阶梯状分布，分为三个阶梯，第一级阶梯是平均海拔 4000 米以上的高原，主要包括青藏高原，巴颜喀拉山，唐古拉山，喜马拉雅山，横断山脉，以及柴达木盆地；第二级阶梯以高原、盆地为主，主要包括内蒙古高原、黄土高原、云贵高原和塔里木盆地、准噶尔盆地、四川盆地等，平均海拔为 1000—2000 米；第三级阶梯以平原、丘陵为主，主要包括三大平原（东北平原、华北平原、长江中下游平原）和三大丘陵（辽东丘陵、山东丘陵、东南丘陵），平均海拔在 500 米以下。第一阶梯和第二阶梯的大部分，即海拔高于 1000 米的国土，基本都处在瑷珲—腾冲线以西。而适于人类生活和发展生产的平原和丘陵地区，大部分处于瑷珲—腾冲线以东区域。

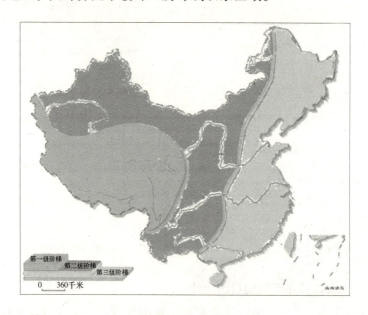

中国地形三阶梯

图片来源：中国学科网，www.zxxk.com。

---

① 张林：《"胡焕庸线"揭示的人口分布规律仍未被打破》，《科学时报》2010 年 1 月 20 日。

中国幅员辽阔，跨纬度较广，各区域之间距海远近差距较大，加之地势高低不同，地形类型及山脉走向多样，因而气温降水的组合多种多样，形成了多种多样的气候。东部属季风气候，西北部属温带大陆性气候，青藏高原属高寒气候。

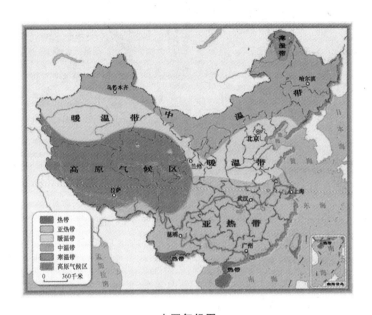

中国气候图

图片来源：中国学科网，www.zxxk.com。

中国的 400 毫米等降水量线与瑷珲—腾冲线大致重合。400 毫米等降水量线是半湿润区、半干旱区的分界线，线的两边地理、气候迥异。400 毫米等降水量线的东南，是受太平洋及印度洋季风气候影响的湿润地区，以平原、河流、丘陵、喀斯特和丹霞地貌为主要地理结构，适宜农业发展。线的西北方是很少甚至不受东南季风影响的干旱地区，以草原、沙漠和雪域高原地貌为主。

由于地理环境和气候的影响，瑷珲—腾冲线以东自古就适合发展农业，在近代则发展起大规模的城市群，聚集了大量人口；线以西自然条件恶劣，生态环境脆弱，自古即以畜牧业为主，人烟稀少。瑷珲—腾冲人口分布线是自然地理环境对人类活动影响所导致的结果。

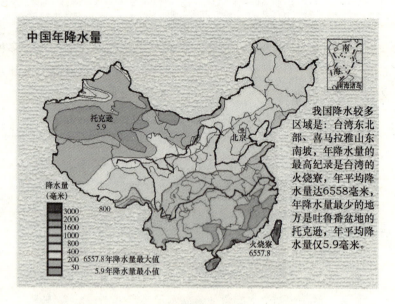

我国降水较多区域是：台湾东北部、喜马拉雅山东南坡，年降水量的最高纪录是台湾的火烧寮，年平均降水量达6558毫米，年降水量最少的地方是吐鲁番盆地的托克逊，年平均降水量仅5.9毫米。

中国雨量分布图

图片来源：中国学科网，www.zxxk.com。

（三）资源分布失衡

除人口分布存在东西部之间的巨大差异之外，中国在各种资源分布方面也存在严重的不平衡。

中国土地资源有四个基本特点：绝对数量大，人均占有少；类型复杂多样，耕地比重小；利用情况复杂，生产力地区差异明显；地区分布不均，保护和开发问题突出。中国山地面积约占国土面积的2/3，沙质荒漠、戈壁合占国土总面积的12%以上，耕地所占国土面积比例略高于10%。

水资源分布不均衡。河流和湖泊是中国主要的淡水资源。中国人均径流量为2200立方米，是世界人均径流量的24.7%。各大河的流域中，以珠江流域人均水资源最多，人均径流量约4000立方米。长江流域稍高于全国平均数，约为2300—2500立方米。滦河流域是全国水资源最紧张的地区，人均径流量不足250立方米。

与中国水资源的分布南多北少的情况相反，耕地的分布却是南少北多。中国小麦、棉花的集中产区华北平原，耕地面积约占全国的40%，而水资源只占全国的6%左右。水、土资源配合欠佳的状况，进一步加剧了中国北方地区缺水的程度。

中国水能资源蕴藏量达 6.8 亿千瓦，居世界第一位。70% 分布在西南四省、市和西藏自治区，其中以长江水系为最多，其次为雅鲁藏布江水系。黄河水系和珠江水系也有较大的水能蕴藏量。目前，已开发利用的地区，集中在长江、黄河和珠江的上游。

中国矿产资源分布的主要特点是，地区分布不均匀。如铁矿主要分布于辽宁、冀东和川西；煤矿主要分布在华北、西北、东北和西南区，其中山西、内蒙古、新疆等省区最集中。这种分布不均匀的状况，虽有利于大规模开采，但也给运输带来了很大压力。为使分布不均的资源在全国范围内有效地调配使用，就需要加强交通运输建设，发展大规模物流。[①]

（四）资源的跨区域调配

由于地域辽阔，且资源分布不平衡，中国自古代就实行资源的跨区域调配。由于地理气候的原因，中国古代粮食产地集中在江浙、两湖、两广一带。古代最主要的资源调配是通过漕运实现"南粮北调"。始建于公元前 486 年，南起杭州，北到涿郡（今北京），全长 2700 公里的大运河见证了中国延续 2000 多年的南北物资调配。明朝京杭大运河从南向北运粮的漕船达 9000 多艘；清朝每年从南方征收北运的漕粮多达 400 万石。"南粮北调"的格局一直延续到 20 世纪 70 年代。70 年代以后，由于北方农业综合开发，农业技术进步，商品粮基地建设和水利设施的改善，中国中部和北方逐渐成为粮食主产区。粮食调配的格局逐渐变为"北粮南运"。

我国煤炭资源多集中在山西、陕西及内蒙古西部。新中国诞生以后，大规模的工业化、城市化使华东、华南地区成为用煤大户，"北煤南运""西煤东运"成为资源调配的主要内容。煤炭资源的调配集中在北、中、南三大运输通道上。北通道有大秦、丰沙大、京原三条铁路，约承担西煤东运总运量的 55%，除供应京、津、冀地区外，大部分在

---

① 参见《自然资源》，《中国概况》，《中华人民共和国年鉴》，中国政府门户网站。http://www.gov.cn/test/2005—07/27/content_ 17405. htm。

秦皇岛港转海运，并有一定数量运往东北地区。新建的神木—黄骅铁路也是西煤东运的主要线路，煤炭在黄骅港转海运。中通道有石太铁路，约承担西煤东运总运量的 25%，大部分经石德铁路转青岛港海运。南通道有太焦、邯长、侯月和南同蒲铁路，约承担西煤东运总运量的 20%，经新菏兖日铁路从日照港转海运。

进入 21 世纪以后，作为西部大开发的重要内容的西气东输、西电东送、南水北调三大工程先后启动。中国为解决资源不平衡而进行的战略性资源调配进入新的阶段。

西气东输工程是 2000 年启动的西部大开发的标志性建设工程，是我国仅次于长江三峡工程的又一重大建设项目。我国西部地区的塔里木、柴达木、陕甘宁和四川盆地蕴藏着 26 万亿立方米的天然气资源，约占全国陆上天然气资源的 87%。"西气东输"主要是通过输气管道把新疆塔里木盆地的天然气输往长江三角洲地区。输气管道途经 11 省区，全长 4000 公里，设计年输气能力 120 亿立方米，最终输气能力 200 亿立方米。2004 年 10 月 1 日全线贯通并投产。2008 年初，西气东输二线工程正式开工，这是世界最长的跨国天然气管道，可将我国新疆地区生产以及从土库曼斯坦进口的天然气输往沿线中西部地区和长三角、珠三角地区，使 3 亿市民受益，并可稳定供气 30 年以上。

西电东送工程是开发贵州、云南、广西、四川、内蒙古、山西、陕西等西部省区的电力资源，输送到电力紧缺的广东、上海、江苏、浙江和京津唐地区。《国家"十五"计划纲要》提出了建设"西电东送"北、中、南 3 条大通道。北部通道是将黄河上游的水电和山西、内蒙古的坑口火电送往京津唐地区；中部通道是将三峡和金沙江干支流水电送往华东地区；南部通道是将贵州、广西、云南三省区的水电资源以及云南、贵州两省的火电资源开发出来送往广东、海南等地。

1952 年毛泽东主席视察黄河时提出设想："南方水多，北方水少，如有可能，借点水来也是可以的"，从此南水北调工程开始了长达 50 年的民主论证和科学比选历程。[①] 经过近半个世纪的准备，中国开始了人

---

① 参见王浩《南水北调工程：中国水情的必然选择》，《光明日报》2013 年 10 月 2 日。

类有史以来最大规模的跨流域调水工程。南水北调的主要目标是解决北方地区，尤其是黄淮海流域的水资源短缺问题，规划区人口 4.38 亿人。调水工程分别从长江上、中、下游调水，输往缺水的西北、华北地区。调水线路分为西线、中线和东线三部分。西线工程将抽调位于中国西北部的长江源头水域的水来补充北方的黄河水源；中线工程从长江支流汉江上的丹江口水库引水，沿伏牛山和太行山山前平原开渠输水直至北京；东线起点为江苏的江都，将穿安徽、过河南、下山东、至河北，最终到达天津。2002 年年底，南水北调工程全面启动。

三　中国国情对政治制度的约束与要求

中华文明诞生于华夏空间，周围有高山、大漠、瀚海环抱与护卫，在黄河、长江两大"母亲河"的哺育下成长。独特的自然地理环境和资源、人口分布，自古以来对于中国的社会结构、政治制度有着重要的影响。中国的基本国情要求中国的政治体制要具备以下功能：有利于维护国家统一和领土完整；有利于民族团结和睦；有利于资源的调配和防灾减灾。中华文明、中华民族长盛不衰，华夏文明成为全世界唯一延续五千年未曾中断的文明，正是因为中国历代政治制度能够大体适应中国的基本国情，社会因素、政治因素与自然因素达成了一定程度的契合。

（一）两河文明孕育古代政治制度

中国古代是农业文明，在当时的生产技术条件下完全仰赖天时，靠天吃饭。古代形成的华夏民族的生存空间，其主体位于黄河、长江两河流域，处于温带季风性气候和亚热带季风性气候两个季风带上，长江流域主要为亚热带季风性气候，黄河流域主要为温带季风性气候。季风性气候常使农业生产处于不稳定的状态，中国自古以来旱涝灾害频发，为害不浅。另一方面，在两河之间、两个气候带之间物资交流、相互补充协调，又成为维系华夏民族整体生存状态的重要条件与机制。南北气候常有相反相成的作用，正所谓"东方不亮西方亮，黑了南方有北方"。

从战国时代起，华夏大地上就有跨流域的水利工程。始建于隋代的跨越两大气候带、几大流域，贯穿南北的京杭大运河，就是中华文明史上，沟通南北、兼济天下的重要经济调剂体系。而这一经济调剂体系为统一的中华文明提供了坚实的经济基础。

孟子提出过天下之"定于一"的政治原理，只有一统，才有安定，这至少是华夏民族的政治原理。毛泽东在《七律·读〈封建论〉》中写到："劝君少骂秦始皇，焚坑事件要商量。祖龙魂死业犹在，孔学名高实秕糠。百代多行秦政治，十批不是好文章。熟读唐人封建论，莫从子厚返文王。"这也是对中国千年政治发展规律的重申。

唐人柳宗元的《封建论》对于中国古代中央集权制形成的原因已有深刻分析。柳宗元《封建论》中写道：

> 在彼其初与万物皆生，草木榛榛，鹿豕狉狉，人不能搏噬，而且无毛羽，莫克自奉自卫，荀卿有言：必将假物以为用者也。夫假物者必争，争而不已，必就其能断曲直者而听命焉。其智而明者，所伏必众；告之以直而不改，必痛之而后畏；由是君长刑政生焉。故近者聚而为群。群之分，其争必大，大而后有兵有德。又有大者，众群之长又就而听命焉，以安其属。于是有诸侯之列。则其争又有大者焉。德又大者，诸侯之列又就而听命焉，以安其封，于是有方伯、连帅之类。则其争又有大者焉。德又大者，方伯、连帅之类，又就而听命焉，以安其人，然后天下会于一。

柳宗元的意思是：人类在原始阶段，是生活在其他万物中间的，那时野草树木杂乱丛生，野兽成群四处奔走，人不能像野兽那样用爪牙来搏斗，而且身上也没有毛羽来抵御严寒，不能光靠自身的力量来供养自己、保卫自己，正如荀卿曾经说过的，"人类一定要利用外物作为自己求生的工具"。利用外物来求生的一定要相争，争个不停，一定去找那些能判断是非的人而听从他的命令。那又有智慧又明白事理的人，服从他的人一定很多；他把正确的道理告诉要求判断是非的人，那些不肯改悔的，一定在吃了苦头之后才惧怕；因此君长和刑法、政令就产生了。这样，居处相近的人便结成群。分成了许多群以后，群和群之间相争的规模一定会大，这样就产生了用武器来镇压和用道德来安抚的统治。又出现了比一群之长更有威德的人，各个群的首领又到他那里去听从命令，来安定自己管辖的部属。于是产生了许多诸侯，他们相争的规模就更大了。又有比诸侯威德更大的人，许多诸侯又到他那里去听从命令，来安定他们的封国。于是又产生了"方伯"、"连帅"这样一些诸侯领袖，那么他们相争的规模就更大了。这样就又出现了比"方伯"、"连帅"威德更大的人，"方伯"、"连帅"一类的诸侯领袖，又到他那里去听从命令，来安定他们的百姓，这样天下就统一于天子一个人了。

　　历史学家黄仁宇在其所著《中国大历史》中提出："易于耕种的纤细黄土、能带来丰沛雨量的季候风，和时而润泽大地、时而泛滥成灾的黄河，是影响中国命运的三大因素。它们直接或间接地促使中国要采取中央集权式的、农业形态的官僚体系。"[①] 他在著作中分析指出，黄河流域的土壤适宜精耕细作的农耕社会，黄河的经常泛滥要求有一个最好坐落于上游的中央政权，有威望动员所有的资源，也能指挥有关的人众，才可以在黄河经常的威胁之下，给予应有的安全保障。《春秋》中有一段记载，提及公元前 651 年周王力不能及，齐侯乃召集有关诸侯互相盟誓，不得修筑有碍邻国的水利，不在天灾时阻碍谷米的流通。这个"葵丘之盟"在约 350 年后经孟子提及。《孟子》一书中提到治水的有 11 次之多，可见其重要性。华夏空间中经常受到水灾和旱灾的轮流困扰。从秦末到清末的 2117 年内，华夏大地上共发生水灾 1621 次和旱灾 1392 次，平均每年有灾荒 1.392 次。[②] 灾荒是导致古代社会动荡的主要原因，早在《春秋》里就有邻国的军队越界夺取收成的记载。由于降水等雨线两端自然气候的不同，西北在古代多为游牧民族而东部早已是农耕社会，防卫的需要也应当是形成中央集权国家的重要原因之一。

　　华夏空间具有的相对封闭的自然边界，由此形成了相对独立的空间。在同一空间中的不同人群、集团竞取及争夺有限的资源、财富。竞争产生胜利者与失败者，失败者臣服于胜利者，胜利者保护失败者，故

① 黄仁宇：《中国大历史》，生活·读书·新知三联书店 2007 年版，第 23 页。
② 同上书，第 26 页。

而形成稳定的政治与社会秩序。这样的竞争在各个地区与各个层级上不断被上演、重复，逐级上升，最终形成了顶层的胜利者、最终的胜利者，从而形成了整体的秩序——统一的国家，即柳宗元所说的"天下会于一"。也就是说，在华夏空间之中，在两河文明之上的人群的社会关系、组织形式，必然是走向一统、走向统一。这是在特定自然条件下的社会竞争的必然结果，这是中华文明中的基本政治发展规律，这也就是我们这个千年文明古国形成并长期保持统一的民族国家的基本原因。

（二）统一与发展：国情对当代中国政治制度的要求

当代中国的国情如何？毛泽东当年形容中国的特点是："一穷二白"，邓小平说：中国"人口多、底子薄"，陈云补充说：十亿人口，八亿在农村。老一辈革命家对国家的精辟描述，概括出了新中国成立初期到改革开放初期中国国情的基本特点。

改革开放以来，经过30多年的快速发展，中国的国情发生了显著的变化。1949年中华人民共和国建立的时候，中国是世界上最贫困的国家之一，人口众多，经济落后。1949年中国人均国民收入只有66元，人均预期寿命35岁，这一年中国的钢产量只有15.8万吨，仅为印度的八分之一。从1953—1978年中国经济以平均6.1%的速度增长。1978年，中国国内生产总值为3645亿元，在世界主要国家中位居第10位，人均国民收入190美元，位于全世界最不发达的低收入国家行列。改革开放使中国经济进入到持续性的快速发展阶段，1978年至2012年，中国经济平均增长速度高达9%以上。中国GDP总量世界排名由1978年的第10位跃居至当前的第2位，占世界经济的比重由1980年的1.9%稳步升至2011年的10.5%。在经济高速发展的同时，人民生活也获得了巨大改善，1979年至2012年，我国城镇家庭人均可支配收入和农村家庭人均纯收入平均实际增速分别达到8%和7.5%；2012年我国人均GDP超过6000美元，已经由20世纪80年代中期之前的低收入国家进入到中等收入国家行列。

改革开放使中国工业化、城市化进程大大加快，中国社会发展进程总体上进入了工业化的中期阶段。目前，中国城镇化率超过了50%。

但在快速工业化、城镇化发展的同时，中国的基本国情也存在着不变的一面，存在着较改革开放以前更加不均衡的一面。

经济区域发展不均衡和资源分布不均衡是中国国情的显著特征之一，"瑷珲—腾冲线"就是这种不均衡的基本国情的标志。改革开放以来，在中国经济社会发生历史性发展变化的同时，区域发展不均衡和资源分布不均衡的这两种不均衡性也进一步加剧，应当说，"瑷珲—腾冲线"的意义变得更加深刻了。中国现实国情条件，对于中国的当代政治制度、当代中国民主政治的发展提出两个方面的重大要求。

第一，当代中国政治制度必须具备保持国家统一的功能。

中国幅员辽阔、人口众多，经济快速增长，资源分布和发展不均衡，地区差异明显。改革开放以来，中国工业化、城市化快速发展使中国经济整体上出现发展速度和水平不同的若干巨大的经济功能区，如："长三角"、"珠三角"、"环渤海经济圈"、东北地区和中部五省区、西南地区和西北地区七大功能区。

以"长三角"和"珠三角"两大功能区为例。"长三角"是长江入海之前的冲积平原，其范围北起通扬运河，南抵钱塘江、杭州湾，西至南京以西，东到海边，包括上海市全部，江苏省南部、浙江省的杭嘉湖平原和安徽省东部，面积约 5 万平方千米，是一片坦荡的大平原。"长三角"是中国经济发展速度最快、经济总量规模最大、最具有发展潜力的经济板块。长三角地区占全国土地面积约 1%，人口约占全国人口总数的 6%，却创造了近 20% 的国内生产总值和全国四分之一的财政收入。"长三角"地区是世界级重要工业制造业基地。全球 500 强企业已有 400 多家在这一地区落户，其中，在上海设立地区总部和中国总部的就有逾 200 家。

"珠三角"，亦分为"小珠三角"和"大珠三角"。"小珠三角"是西江、北江和东江入海时冲击沉淀而成的三角洲，面积大约 5.6 万平方公里，位于广东省中南部，珠江下游，毗邻港澳，与东南亚地区隔海相望，海陆交通便利，被称为中国的"南大门"。2012 年，"小珠三角"地区生产总值达 47897.25 亿元，人均 GDP 达 13454 美元。"大珠三角"指广东、香港、澳门三地构成的区域。"大珠三角"面积 18.1 万平方公里，户籍总人口 8679 万，坐落着世界第三大都市群。以经济规模论，

"大珠三角"已经超过"长三角"地区。

"长三角"和"珠三角"地区无论区域面积、人口、产业结构、经济发展水平在中国乃至当今世界都处于领先和优势地位，产业结构具有完整性，经济规模巨大，人口众多。这样的经济区域具有独立生存和发展的潜质。世界历史上的众多经验表明，特定区域的经济规模迅速扩张和产业结构的相对完整性可能带来政治上的分裂倾向。20 世纪 80、90 年代之交东欧原社会主义国家发生政治剧变，部分国家解体，国家内部不同区域经济结构性差异就是其中重要原因之一。在这方面南斯拉夫解体中的经济原因最为典型。始于 20 世纪 50 年代的改革给南斯拉夫经济注入了活力，南斯拉夫经济发展在东欧地区处于先进地位。由于与欧洲国家经济联系较为密切等原因，南斯拉夫经济布局逐步发生变化，出现了以轻工贸易为主的经济区域，如克罗地亚、斯洛文尼亚，以及以重工业、资源输出为主的经济区域，如塞尔维亚等。经济布局的差异以及由此带来的经济利益的分化成为南斯拉夫政治剧变以及随即发生分裂战争的经济根源。

中国人口占世界人口近五分之一，为世界第一，国土面积为世界第三，经济规模世界第二。如此巨大的规模和内部差异性，使中国必须具备平衡不同区域发展的能力，必须具备控制地区差距进一步扩大和逐步创造条件缩小地区差距的能力。平衡与控制能力取决于中央政府的制定调配政策的能力，而中央政府制定政策的能力又要以国家的政治权力结构为依托。因此，在中国这样一个世界上最大的国家里，国家的政治制度、政治体制必然要具有一定的集中性，在这一方面必然要不同于世界上其他任何国家。2001 年 4 月，时任国家主席、中共中央总书记的江泽民提出了中国政治体制改革的三项标准，即"发展人民民主、保障国家统一和安全、促进经济社会发展"。[1] 这种独特的发展民主政治，进行政治体制改革的标准，是中国独特的国情的产物。

第二，当代中国政治制度必须具备保障国民经济持续协调发展的

---

[1] 江泽民：《政治体制改革的目的是完善社会主义政治制度》，《江泽民文选》第 3 卷，人民出版社 2006 年版，第 235 页。

功能。

任何一个国家的政治制度都具有保障国民经济发展的功能，但中国的政治制度的经济保障功能具有自身的特点，这样的特点即来自中国的基本国情，尤其是中国自然资源、经济资源的特殊分布。中国的经济发展有赖于中国的制度、中国人民的辛勤劳动创造，同时也有赖于中国的资源禀赋、经济禀赋。自然资源、经济资源分布不均衡是中国的特殊国情。

资源是一个国家经济发展最基础的条件。中国在拥有自然资源方面有两个世界之"最"：一是水能资源在世界上最丰富；二是煤炭资源丰富，目前煤炭产量世界第一，煤炭探明储量世界第三。根据 2005 年的调查，我国大陆水能资源理论蕴藏量在 1 万千瓦及以上的河流共 3886 条，水能资源理论蕴藏量以年电量计为 60829 亿千瓦时，经济可开发装机容量 40180 万千瓦，年发电量 17534 亿千瓦时。以此计算目前我国已开发水能资源约为 20%。我国煤炭资源也十分丰富，据 2000 年时的统计，全世界煤炭探明可采储量为 9842.11 亿吨，其中美国为 2466.43 亿吨，俄罗斯为 1570.10 亿吨，中国为 1145 亿吨，位居第三。

我国水能和煤炭资源丰富成为支持经济发展的有利条件，但不利在于水能和煤炭资源的分布极不均衡，集中分布在人口稀少、经济欠发达的中西部地区，即大致在"瑷珲—腾冲线"以西或在"瑷珲—腾冲线"沿线，远离东南沿海经济发达、资源集中使用、消费的区域。以水能计，我国长江流域水能占全国总体的 53.4%，雅鲁藏布江及西藏其他河流占 15.4%，西南国际诸河流占 10.9%，黄河占 6.1%，珠江占 5.8%，其他占 8.4%。煤炭资源的分布情况也极不平衡，总体呈现北多南少、西多东少。从区域情况看，华北地区最多，占全国保有储量的 49.25%，其次为西北地区，占全国的 30.39%，依次为西南地区 8.64%，华东地区 5.7%，中南地区 3.06%，东北地区 2.97%。

与此形成反差的是我国人口和生产能力、消费市场主要集中于东部沿海地区。中国的人口占世界人口近五分之一，随着经济社会快速发展，人民生活水平迅速提高，人力资源和消费市场资源成为中国拥有的水能和煤炭等自然资源以外的两大经济资源。2012 年我国社会消费品零售总额已经达到 210307 亿元人民币，中国消费市场和居民消费能力为世界所瞩目。但我国 90% 以上的人口以及相应的市场资源集中在东南部地区，即"瑷珲—腾冲线"以东。主要集中东南沿海地区及上海、北京、广州、天津等排名前 20 位的城市，消费力约占全国城市消费力的 35.6%。

中国资源与人口的倒置分布，造成了中国经济布局严重的不均衡性。由此产生的结果是，中国经济活动中的大规模的资源转移和资源流动，其中最为主要的、也是最为人瞩目的是：西煤东送、西电东输、西气东输和南水北调。

2012 年中国煤炭总产量为 36.6 亿吨，其中约 40% 由产地省区净调出。预计到 2015 年，我国煤炭产量将达到 39 亿吨，煤炭调出省区净调出量将达到 16.6 亿吨，到那时全国煤炭铁路运输需求将达到 26 亿吨。在西煤东送的同时，以远程送电的形式向东部经济发达和消费集中区域输送能源。2012 年仅南方电网全年西电东送售电量达到 1005.2 亿千瓦时。2014 年中国的南水北调工程的东线和中线将进入运行阶段，南方之水将滋润北方大地。南水北调工程规划最终调水规模为 448 亿立方米，其中东线 148 亿立方米，中线 130 亿立方米，西线 170 亿立方米。

中国要发展，中国要实现工业化、城镇化和现代化，必须解决资源分布的严重不均衡问题。资源分布不均衡的基本国情，社会发展的需要，要求中国必须具备在全国范围内大规模统筹调配资源能力的政治制度。

国情决定了政治制度选择的可能性空间。中国的基本国情决定了当代中国社会面临的根本任务是实现国家的发展、实现现代化。在这一时代主题之下，中国的政治制度，必须能够充分调动和发挥广大人民群众建设国家、追求幸福美好生活的积极性、主动性、创造性，同时又必须能够集中民力和民智，有利于在全国范围内合理有效调配资源、有利于保卫国家安全和保障社会的安定团结。对于当代中国的政治制度来说，只有满足国家和人民发展所需要的这些条件，才是一个可供选择和有生命力的制度，才是一个真正为中国人民所需要的制度，因而也才是一个真正民主的制度。

　　当代中国之所以形成了以共产党领导、人民当家作主和依法治国相统一为主要特征的民主政治制度，从根本上讲，实在是当代中国国情下的现实选择。

第三章

当代中国的民主政治建设

社会主义的理论与实践的基本价值在于，社会成员的经济平等以及建立在经济平等基础上的政治民主。以实现社会主义、共产主义为理想的共产党人将民主视为基本政治诉求。马克思和恩格斯在《共产党宣言》中提出："工人革命的第一步就是使无产阶级上升为统治阶级，争得民主。"[①] 中国共产党的基本价值追求也是社会解放和人民民主。中国共产党建党之后，历经大革命、土地革命战争、抗日战争、解放战争的长期奋斗，建立了中华人民共和国。新中国成立后，中国共产党取得了长期执政地位，开始了社会主义的民主政治建设的探索。

一　新民主主义革命时期的民主理论与实践

中国共产党的早期领导人在建党前，就致力于中国民主道路的探索。建立民主政治制度的不懈努力贯穿于整个新民主主义革命阶段。

（一）建党前后的民主理论

在中国共产党建立以前，中国共产党早期领导人受到西方科学民主思想和马克思主义革命理论的影响，开始积极宣传科学、民主的思想和共产主义理论。1915 年，中国共产党创始人和早期领导人陈独秀创办《新青年》，率先喊出"民主与科学"的口号。三年后，陈独秀指出："西洋人因为拥护德、赛两先生（民主与科学——作者注），闹了多少

---

① 《共产党宣言》，《马克思恩格斯选集》第 1 卷，人民出版社 1972 年版，第 272 页。

事，流了多少血，德、赛两先生才渐渐从黑暗中把他们救出，引导光明世界。我们现在认定只有这两位先生，可以救治中国政治上道德上学术上思想上一切的黑暗。若因为拥护这两位先生，一切政府的压迫，社会的攻击笑骂，就是断头流血，都不推辞。"① 另一位中国共产党创始人和早期领导人李大钊在 1917 年撰文，将民主政治称之为"事宜的政治"，"惟民主义②为其精神，代议制度为其形质之政治"。③ 李大钊在 1921 年 12 月发表的《由平民政治到工人政治》一文中指出，"德谟克拉西（Democracy 音译——作者注）与社会主义在精神上亦复相同。真正的德谟克拉西，其目的在废除统治与屈服的关系，在打破擅用他人一如器物的制度，而社会主义的目的，亦是这样"。"凡此社会上不平等不自由的现象，都为德谟克拉西所反对，亦为社会主义所反对。"④

中国共产党建党之后，将民主视为基本政治诉求。1922 年 6 月，中共中央发表《中国共产党对于时局的主张》中指出："民主政治当然由民主派掌握政权，但所谓民主派掌握政权，决不是在封建的军阀之下选一个民主派人物做总统或是选几个民主派的人物组织内阁的意思，乃是由一个能建设新的政治组织应付世界的新环境之民主党或宗旨相近的数个党派之联合，用革命的手段完全打倒非民主的反对派官僚军阀，来掌握政权的意思。"⑤ 这是中国共产党的文件中第一次表明党对民主政治的立场。

1922 年 9 月，党的第一份机关报《向导》发刊词指出："近代民主政治，若不建设在最大多数人的真正民意之上，是没有不崩坏的。"⑥

---

① 陈独秀：《〈新青年〉罪案之答辩书》，《独秀文存》，安徽人民出版社 1987 年版，第 243 页。

② 原文注释：惟民主义是英文 Democracy 在当时的汉译。Democracy（民主）一词在当时有广狭二义。其狭义仅指国家的组织形式，清末以来常译作"民主"、"民政"、"民治"、"平民政治"等。

③ 李大钊：《民彝与政治》，《李大钊文集》第 1 卷，人民出版社 1999 年版，第 150 页。

④ 李大钊：《由平民政治到工人政治》，《李大钊文集》第 4 卷，人民出版社 1999 年版，第 144 页。

⑤ 中央档案馆编：《中共中央文件选集》第 1 册，中共中央党校出版社 1989 年版，第 35—36 页。

⑥ 同上书，第 568 页。

1925 年末，毛泽东在为《政治周报》撰写的发刊词中写道，革命的真正目的是："为了使中华民族得到解放，为了实现人民的统治，为了使人民得到经济的幸福。"① 这是目前所见毛泽东关于民主问题较早的论述。

中国共产党在早期的革命实践中认识到，中国共产党是为人民利益奋斗的政党，中国革命必须发动群众，依靠群众才能成功。1922 年，中共二大制定的《关于共产党的组织章程决议案》指出，共产党"应当是无产阶级中最有革命精神的大群众组织起来为无产阶级之利益而奋斗的政党，为无产阶级做革命运动的急先锋"，"我们既然是为无产群众奋斗的政党，我们便要'到群众中去'要组成大的'群众党'"，"党的一切运动都必须深入到广大的群众里面去"。②

（二）中央苏区的民主实践

大革命失败以后，中国共产党走上建立根据地、武装夺取政权的道路，先后建立了十几块根据地。在革命根据地，发动群众，依靠群众，成为关系红军生存和发展壮大的重要政治保障。在 1929 年《中共中央给红军第四军前委的指示信》（即《九月来信》）中，专门就"红军与群众"做了具体指示，信中指出："党的指导绝不要忽略群众日常生活上许多未解决的问题。"应该"从群众日常生活斗争引导到政治斗争以至武装斗争。这种斗争才是群众本身所需要的……才会团结广大群众在党的周围"③。《九月来信》第一次明确地提出"群众路线"的概念，阐述了发动群众、依靠群众的重要意义。

中央苏区创造了中国最早的基层民主制度——苏维埃代表大会制度。1931 年 11 月，在中央苏区的江西瑞金召开了中华工农兵苏维埃第

---

① 毛泽东：《〈政治周报〉发刊理由》，《毛泽东文集》第 1 卷，人民出版社 1993 年版，第 21 页。

② 《关于共产党的组织章程决议案》，新华网《新华资料》。http：//news. xinhuanet. com/zil-iao/2003--01/19/content_ 695995. htm。

③ 周恩来：《中共中央给红军第四军前委的指示信》，《周恩来选集》，人民出版社 1980 年版，第 35 页。

一次代表大会，出席大会的代表共有 610 人，其中 90% 为工农兵代表。会议宣布成立中华苏维埃共和国临时中央政府，通过了《中华苏维埃共和国宪法大纲》以及劳动法、土地法等重要法令。《中华苏维埃共和国宪法大纲》规定了中华苏维埃政权的性质："中国苏维埃政权所建设的是工人和农民的民主专政的国家。"[①]

　　毛泽东认为，不仅人民需要民主，军队也需要民主。1928 年 11 月，他在《井冈山的斗争》中指出："中国不但人民需要民主主义，军队也需要民主主义。军队内的民主主义制度，将是破坏封建雇佣军队的一个重要的武器。"[②]

　　在中央苏区广泛的民主实践中，形成了苏区精神。这一精神主要包括：①民主平等的精神。在民主政治建设过程中，临时中央政府不仅通过法律法规对公民的民主权利给予充分的尊重，而且在制度和组织上加以切实的保障，从而推动了苏区群众对新政权的积极参与。据 1933 年的统计，中央苏区的兴国、胜利、公略、长胜、博生等县，选民的参选率普遍高达 70%—80%，兴国的部分乡甚至达到了 90% 以上。毛泽东曾誉之为中国历史上"最宽泛的民主"。②执政为民的精神。代表必须向自己的选民负责，贪污腐化、欺凌百姓的官员根本无法在苏维埃政府中立足，只有能够为群众服务，维护群众利益的代表才能得到群众的选票。③廉洁奉公的精神。只有那些廉洁奉公的代表才能被选入各级苏维埃政府中。更为人们所津津乐道的是，"苏区干部好作风，自带干粮去办公，穿着草鞋分田地，夜走山路打灯笼"的歌谣在中央苏区被广泛地传唱。④无私奉献的精神。通过广泛的民主政治建设，苏区群众已经在事实上成为了新政权的主人。在政治生活中，苏区群众不仅能够完全按自己的意志来选举最满意的代表，而且对苏维埃政府的信仰也有了很大的提高，并认定苏维埃政府是"我们穷人自己选举、自己管理的政

　　① 《中华苏维埃共和国宪法大纲》，新华网《新华资料》。http://news. xinhuanet. com/ziliao/2004—11/27/content_ 2266970. htm。

　　② 毛泽东：《井冈山的斗争》，《毛泽东选集》第 1 卷，人民出版社 1964 年版，第 67—68 页。

府"。因此，在历次反"围剿"战争中，苏区群众无私地为革命奉献一切。[①] 中华苏维埃共和国存在的时间虽然很短，但是，作为我们党建立工农民主政权的一次伟大尝试和实践，将永远载入史册。

（三）抗日战争时期的民主政治建设

1935 年 10 月，中央红军主力长征到达陕北后，陕北成为中共中央所在地。1937 年"七七"事变，抗日战争全面爆发后，其正式更名为陕甘宁边区，成为最重要的抗日根据地及八路军、新四军和其他人民抗日武装的战略总后方。八路军、新四军和其他人民抗日武装，挺进敌人后方，开辟敌后战场，先后建立了晋察冀、晋冀鲁豫、晋绥等十九个抗日民主根据地。在坚持抗战的同时，中共中央十分重视抗日民主根据地的民主政治建设，要求根据地成为"抗日的先进地区、全国民主化的推动机和新中国的雏形"，[②] 毛泽东多次强调，要使边区成为民主的模范，推动整个国家的民主化。

在中国共产党的领导下，各抗日根据地建立抗日民主政权。抗日民主政权的各级权力机关是各抗日根据地的各级参议会。一般有边区（省）、县、乡三级，在山东，省与县之间还有行署和专区一级的参议会。

1937 年 6 月 20 日陕甘宁边区提出了《民主政府施政纲领》。1937年底，边区在普选的基础上产生了 500 多名边区议会议员，但由于战争环境和其他原因，边区议会未能及时召开。1939 年 1 月 17 日至 2 月 4日，陕甘宁边区召开了第一届参议会第一次会议，选出了议长、副议长，政府主席、副主席，制定了施政纲领。

1940 年刘少奇在《论抗日民主政权》指出，抗日根据地的民主制度建设是抗日战争实力的制度保障，"抗日各阶级联合的抗日民主政权，是抗日民族统一战线的最高形式。它只有在平等原则上，采用完全的民主制度，才能组织成功。这也是领导中国抗战与革命到最后胜利的最好的最有力的形式。没有这种政权的建立，没有抗日统一战线的大大

---

① 参见杨会清《苏区时期的民主政治建设与苏区精神》，《学习时报》2009 年 7 月 6 日。

② 毛泽东：《目前形势与党的任务报告提纲》，《毛泽东文集》第 2 卷，人民出版社 1993 年版，第 54 页。

巩固和扩大，不实行民主政治，抗日战争是不能胜利的"①。

1941年5月1日中共中央批准了边区中央局起草的《陕甘宁边区施政纲领》，全面地体现了中国共产党团结抗日的基本路线和边区新民主主义社会的基本方针。其中，在民主政治方面有三条尤为引人注目：一是在政权建设上规定实行"三三制"原则，即共产党员占三分之一，非党的左派进步人士占三分之一，中间派占三分之一。突出体现了边区政权的统一战线性质和共产党人愿与各抗日党派及无党派人士民主合作的精神；二是人权保障政策，即"保证一切抗日人民的人权、政权、财权及言论、出版、集会、结社、信仰、居住、迁徙之自由权"。以民主保障抗日的胜利，以民主推动中国的进步；三是廉政政策，纲领规定："厉行廉洁政治，严惩公务人员之贪污行为，禁止任何公务人员假公济私之行为，共产党员有犯法者从重治罪"，同时提出"实行俸以养廉原则"。②

1941年11月，陕甘宁边区召开第二届参议会第一次会议，选举的常驻议员和政府委员中，共产党员只占三分之一。开明绅士李鼎铭被选为陕甘宁边区政府副主席。

毛泽东的民主思想来源于他的群众路线的思想。应当说，毛泽东早期的民主思想就是他的群众路线思想。群众路线这个术语是周恩来等人最早使用的，但群众路线无疑是毛泽东关于中国革命一系列战略策略思想的核心。毛泽东之所以是那个时代中国共产党人中最能够从实际出发、最实事求是的人，是与他内心坚定地相信、依靠和发动中国人民的信念分不开的。1943年，毛泽东在《关于领导方法的若干问题》中明确指出，"在我党的一切实际工作中，凡属正确的领导，必须是从群众中来，到群众中去。这就是说，将群众的意见（分散的无系统的意见）集中起来（经过研究，化为集中的系统的意见），又到群众中去做宣传解释，化为群众的意见，使群众坚持下去，见之于行动，并在群众行动中考验这些意见是否正确。然后再从群众中集中起来，再到群众中坚持

①　刘少奇：《论抗日民主政权》，《刘少奇选集》（上），人民出版社版1981年版，第173页。

②　刘政：《抗日根据地的民主政治建设》，《中国人大》2004年7月14日。

下去。如此无限循环，一次比一次地更正确、更生动、更丰富。这就是马克思主义的认识论"。①

（四）解放战争时期的民主政治建设

抗日战争胜利前夕，中国共产党决定把各党派和无党派的代表人物团结在一起，成立民主的临时联合政府，以便实行民主的改革。1945年4月24日在中国共产党第七次全国代表大会上，毛泽东所作的政治报告《论联合政府》全面阐述了中国共产党的民主政治主张，指出："在广泛的民主基础之上，召开国民代表大会，成立包括更广大范围的各党各派和无党无派代表人物在内的同样是联合性质的民主的正式的政府，领导解放后的全国人民，将中国建设成为一个独立、自由、民主、统一和富强的新国家。一句话，走团结和民主的路线，打败侵略者，建设新中国。"在报告中，毛泽东更为系统地阐述了党的群众路线的问题，他指出："我们共产党人区别于其他任何政党的又一个显著的标志，就是和最广大的人民群众取得最密切的联系。全心全意地为人民服务，一刻也不脱离群众；一切从人民的利益出发，而不是从个人或小集团的利益出发；向人民负责和向党的领导机关负责的一致性；这些就是我们的出发点。"② 刘少奇在党的七大上作《关于修改党章的报告》时，也专门讲解了党的群众路线问题。他指出"党的群众路线，是我们党的根本的政治路线，也是我们党的根本的组织路线"。它是和"一切剥削阶级对待人民群众的观点及其与人民群众的关系，根本不相同的"③党的阶级路线和思想路线。

1945年7月13日，中国解放区人民代表会议筹备委员会召开全体会议，9月17日，解放区纲领起草委员会提出了《解放区纲领草案》，

---

① 毛泽东：《关于领导方法的若干问题》，《毛泽东选集》第3卷，人民出版社1991年版，第899页。

② 毛泽东：《论联合政府》，《毛泽东选集》第3卷，人民出版社1991年版，第1029—1030、1094—1095页。

③ 刘少奇：《关于修改党章的报告》，《刘少奇选集》上卷，人民出版社1981年版，第342—343页。

其中在民主政治建设方面提出的主要内容有：实行真正普遍平等自由的选举制和人民代表大会制，由人民选举产生的各级人民代表会议为各该级的最高权力机关，并选举产生同级政府；在各解放区成立区域（边区专署县）的民主联合政府或者政府，任何党派不得在各级政权机构的人员中占三分之一以上；实行地方自治，即凡属地方性质之事务，在不违背上级民主政权规定的原则下，各区域政府或省政府要制定施政纲领和法规，等等。这个纲领草案提出了人民代表大会制的民主政体问题，为此后制定的《陕甘宁边区宪法原则》规定了基本原则。①

1945 年 8 月，中共中央发表《对目前时局的宣言》，明确提出"和平、民主、团结"三大口号，阐明中国共产党在和平民主团结的基础上，实现全国的统一，建设独立自由与富强的新中国的主张。

1946 年 6 月，国民党挑起了全面内战，国内形势发生了急剧的变化。中国共产党决定从"三三制"为特征的抗日民主政府向人民民主政府转变，从参议会制向人民代表会议制过渡。1949 年 6 月，毛泽东发表《论人民民主专政》，在总结了中国革命的基本经验之后，毛泽东指出："人民的国家是保护人民的。""我们的经验，集中到一点，就是工人阶级（经过共产党）领导的以工农联盟为基础的人民民主专政。"②

1948 年 1 月 30 日，毛泽东总结了部队开展民主运动的经验，起草了《军队内部的民主运动》的指示，将军队内部的民主生活概括为实行政治、经济、军事三大民主，指出："部队内部政治工作方针，是放手发动士兵群众、指挥员和一切工作人员，通过集中领导下的民主运动，达到政治上高度团结、生活上获得改善、军事上提高技术和战术的三大目的。"③

中国共产党早期领导人的民主思想，最初借鉴于西方的自由民主理论，在建党以后，转向探索马克思主义的民主理论。新民主主义革命时

---

① 参见柳云《解放战争时期中国共产党的民主政治建设》，《党史博采》2008 年第 6 期。

② 毛泽东：《论人民民主专政》，《毛泽东选集》第 4 卷，人民出版社 1991 年版，第 1476、1480 页。

③ 毛泽东：《军队内部的民主运动》，《毛泽东选集》第 4 卷，人民出版社 1991 年版，第 1275 页。

期，中国共产党经历了三次国内革命战争和抗日战争，在极为艰苦的战争环境中，仍然不断探索在中国实现民主的道路。

这一阶段，在民主理论和实践方面，主要取得了几个成果：一是确立了人民主权的思想。在中国共产党人民主权思想中，群众路线是人民主权的中国化表达。群众路线思想是人民主权思想在中国革命和社会主义建设中的具体体现，群众路线思想把人民主权思想贯穿于中国政治运行的整个过程之中，成为一种在中国影响深远的政治价值和社会意识。二是对人民政权的组织形式做了积极的探索。先后实践了苏维埃共和国、边区议会制等人民民主政权，最终形成了人民代表大会制的构想。三是初步形成了中国共产党领导下的多党合作制的理论框架，抗日民主根据地民主政权的建设和建立统一战线的实践，为新中国成立后民主政治制度的建设奠定了基础。

1949 年 10 月 1 日，中华人民共和国宣告成立。实现人民当家作主的时代终于到来。

二　新中国建立后的民主政治建设

新中国成立以后，我国建立了社会主义法律体系，建立了人民代表大会制度、中国共产党领导的多党合作和政治协商制度以及民族区域自治制度等多种社会主义民主的实践形式，为人民行使当家作主的权利提供了有效途径。

（一）制定第一部《宪法》

1949 年 9 月，中国人民政治协商会议召开，会议通过了《中国人民政治协商会议共同纲领》。《共同纲领》明确规定了新中国的国体和政体："中华人民共和国为新民主主义即人民民主主义的国家，实行工人阶级领导的，以工农联盟为基础的、团结各民主阶级和国内各民族的人民民主专政"，"中华人民共和国的国家政权属于人民。人民行使国家政权的机关为各级人民代表大会和各级人民政府。各级人民代表大会由人民用普选方法产生之"。"国家最高政权机关为全国人民代表大会。

全国人民代表大会闭会期间，中央人民政府为行使国家政权的最高机关。"① 在新中国成立初期，百废待兴，还不具备制宪的条件，《共同纲领》在当时的历史条件下，起到了临时宪法的作用，在我国宪政史上有着重要的历史意义。

新中国成立以后，国家的独立和统一已经实现，各民族人民在平等友爱互助的基础上团结了起来，国民经济得到了恢复，社会主义建设和社会主义改造事业已经开始。召开全国人民代表大会，制定宪法的条件已经具备。1952 年 11 月，中共中央决定，立即准备召开全国人民代表大会，制定宪法。1953 年 1 月，中央人民政府委员会第 20 次会议通过了《关于召开全国人民代表大会和地方各级人民代表大会的决议》，决定成立以中共中央主席毛泽东为首的宪法起草委员会，全面筹备制宪工作。1953 年 2 月《中华人民共和国选举法》颁布。1953 年 12 月，中国历史上第一次全国规模的普选开始，近 3 亿选民参加了选举。全国人民选出了基层代表 566.9 万人、全国人大代表 1226 人。

为了起草宪法，毛泽东及其主要领导人广泛阅读和研究了包括社会主义国家和资本主义国家的世界各类宪法。毛泽东借鉴了 1918 年苏俄宪法把列宁写的《被剥削劳动人民权利宣言》作为第一篇的做法，决定在宪法总纲前面写一段序言。宪法"序言"成为中华人民共和国宪法的一个特色，并保留至今。毛泽东亲自修改了《宪法草案初稿说明》，集中反映了起草宪法的指导思想。关于宪法草案从法律上保证国家民主问题，《宪法草案初稿说明》指出，"国家的社会主义化从根本上保证国家的民主化。同时国家的社会主义化也要求国家的进一步民主化。宪法草案关于国家机构和人民权利的各项规定从法律上保障了国家民主化的发展"。宪法草案经全国人民大讨论，又做了一些必要修改。

1954 年 9 月 20 日第一届全国人民代表大会第一次会议通过、颁布《中华人民共和国宪法》。新中国的第一部宪法在中国民主发展史上具有划时代的意义。宪法是我国人民一百多年来英勇斗争的历史经验的总

---

① 《中国人民政治协商会议共同纲领》，《建国以来重要文献选编》第 1 册，中央文献出版社 1992 年版，第 2 页。

结，体现了广大人民的意志，是我国民主政治建设的纲领性文件，是社会主义建设的保证。

宪法规定了中华人民共和国的性质，国家的国体、政体，规定了新中国民主政治制度的三大制度：人民代表大会制度、共产党领导的多党合作政治协商制度、民族区域自治制度。

宪法序言中指出，中华人民共和国的人民民主制度，也就是新民主主义制度，保证我国能够通过和平的道路消灭剥削和贫困，建成繁荣幸福的社会主义社会。我国人民在建立中华人民共和国的伟大斗争中已经结成的以中国共产党为领导的各民主阶级、各民主党派、各人民团体的广泛的人民民主统一战线，今后在动员和团结人民完成国家过渡时期总任务和反对内外敌人的斗争中，将继续发挥其作用。

宪法对新中国成立后的社会主义改造任务也做了规定，指出从中华人民共和国成立到社会主义社会建成，是一个过渡时期。国家在过渡时期的总任务是逐步实现国家的社会主义工业化，逐步完成对农业、手工业和资本主义工商业的社会主义改造。中华人民共和国依靠国家机关和社会力量，通过社会主义工业化和社会主义改造，保证逐步消灭剥削制度，建立社会主义社会。为了完成消灭剥削制度，实现社会主义工业化的需要，进行了社会主义改造。实现这些目标，必须坚持工人阶级领导的以工农联盟为基础的人民民主专政。

宪法体现了中华人民共和国国体与政体的统一。宪法总纲规定了中华人民共和国的国体是工人阶级领导的、以工农联盟为基础的人民民主国家。宪法第二条规定了中华人民共和国的政体：中华人民共和国的一切权力属于人民。人民行使权力的机关是全国人民代表大会和地方各级人民代表大会。全国人民代表大会、地方各级人民代表大会和其他国家机关，一律实行民主集中制。

国体与政体作为国家的两个方面，是相互关联、辩证统一的。毛泽东在《新民主主义论》中指出，所谓国体就是社会各阶级在国家中的地位。国体规定了国家的性质，政体适应国体的要求。人民代表大会制度是我国的政体，是实现人民当家作主的根本政治制度，是人民当家作主的法律保障。宪法充分体现了人民当家作主的精神，规定国家机关必须依靠人民群众，经常保持同群众的密切联系，倾听群众的意见，接受群众的监督。一切国家机关工作人员必须效忠人民民主制度，服从宪法和法律，努力为人民服务。

宪法序言中指出，我国各民族已经团结成为一个自由平等的民族大家庭。在发扬各民族间的友爱互助、反对帝国主义、反对各民族内部的人民公敌、反对大民族主义和地方民族主义的基础上，我国的民族团结将继续加强。国家在经济建设和文化建设的过程中将照顾各民族的需要，而在社会主义改造的问题上将充分注意各民族发展的特点。为了体现民族大家庭中各民族的自由平等，宪法第三条规定，中华人民共和国是个统一的多民族的国家；各民族一律平等；少数民族聚居地方实行区域自治；各民族自治地方都是中华人民共和国不可分离的部分。

（二）人民代表大会制度的形成和建立

人民代表大会是中国根本的政治制度。从中央苏区的苏维埃代表大会到陕甘宁边区的参议会，中国共产党探索了多种民主政权的形式。1940 年毛泽东在《新民主主义论》中第一次明确提出了人民代表大会的制度构想："中国现在可以采取全国人民代表大会、区人民代表大会直到乡人民代表大会的系统，并由各级代表大会选举政府。"[1]

北京和平解放以后，中共中央即开始筹备建立各级人民民主政权。由于当时尚不具备普选人民代表的条件，中共中央决定暂时采取各界人民代表会议作为过渡形式。参加代表会议的代表一部分由各界协商产生，一部分由人民政府邀请。周恩来总理曾经就代表大会和代表会议的区别做过解释："关于政权制度方面，大家已经同意采用基于民主集中制原则的全国人民代表大会的制度，现在凡是通过普选方式产生出来的会，我们叫做大会。例如人民代表大会。凡是通过协商方式产生的会，我们就叫做会议，例如人民政治协商会议。大会和会议名称的区别就在这里。"[2]

---

① 毛泽东：《新民主主义论》，《毛泽东选集》第 2 卷，人民出版社 1991 年版，第 677 页。

② 周恩来：《关于人民政协的几个问题》，人民网，《中国政协新闻》。http://www. people. com. cn/GB/34948/34968/2618182. html。

1949 年 8 月 26 日，中共中央发出 3 万以上人口的城市及各县一律召开各界人民代表会议的指示。中共中央多次指示，一再强调要把召开各界人民代表会议"当作一件大事去办，否则将损害党的政治威信"。从 1949 年 8 月至 12 月，毛泽东亲自起草的关于召开各界人民代表会议的文电就达 19 篇。中央人民政府和政务院政务会议先后通过并公布了各级人民代表会议组织通则，规定了各界人民代表会议的组成、任期和职权等。1951 年 4 月，政务院发出《关于人民民主政权建设工作的指示》，要求各级人民政府必须按照各级人民代表会议组织通则的规定，按期召开人民代表会议，各级人民政府的一切重大工作应向人民代表会议提出报告，并在代表会议上进行讨论和审查，一切重大问题应经人民代表会议讨论决定。从 1950 年到 1952 年，在全国范围内形成了一个民主建政的高潮，其主要内容就是召开各界人民代表会议。到 1952 年底，地方各级人民代表会议已全部召开，其中省一级的人民代表会议和三分之一以上的县、三分之二以上的市，以及绝大部分乡的人民代表会议，已经代行人民代表大会的职权。[①]

经过几年的过渡，召开全国人民代表大会的时机已经成熟。第一届全国人民代表大会第一次会议于 1954 年 9 月召开，通过了新中国的第一部宪法，标志着作为我国根本政治制度的人民代表大会制度的正式确立。

人民代表大会制度包括以下方面：①人民代表大会制度的性质。宪法规定，"中华人民共和国的一切权力属于人民。人民行使国家权力的机关是全国人民代表大会和地方各级人民代表大会"。这是人民代表大会制度的根本原则和核心内容。全国人民代表大会是最高国家权力机关。全国人民代表大会是行使国家立法权的唯一机关。②人大代表选举制度。宪法规定了人民代表选举的原则、方法、组织和程序，各级人民代表的任期等。选举制度的确定是人民实现宪法规定的选举权、被选举权的制度保障。③人民代表大会制度组织原则和运作原则。宪法规定了人民代表大会与人民的关系，各级人民代表大会由人

---

① 参见刘政《建国初期民主建政的主要形式》，《中国人大》2002 年第 9 期。

民民主选举产生，对人民负责，受人民监督；人民代表大会与国家行政机关、司法机关、检察机关的关系，国家由行政机关、司法机关、检察机关经全国人民代表大会选举产生，对人民代表大会负责，并接受它的监督；中央国家机关和地方国家机关的关系，即中央和地方的国家机构职权的划分。

从中华人民共和国建立到"文化大革命"爆发前，共召开了3届全国人民代表大会，10次会议。人民代表大会可以体现人民的意志，对实现人民当家作主发挥了重要作用。但是，从1965年1月起到1975年的10年间，全国人民代表大会没有召开大会，处于停滞状态。

（三）中国特色政党制度的形成和建立

中国共产党领导的多党合作和政治协商制度是具有中国特色的政党制度，是中华人民共和国的一项基本的政治制度。中国共产党是执政党，各民主党派是参政党。中国多党合作制度的八个民主党派是中国国民党革命委员会、中国民主同盟、中国民主建国会、中国民主促进会、中国农工民主党、中国致公党、九三学社、台湾民主自治同盟。这些政党在新民主主义革命时期明确支持中国共产党，并积极响应中国共产党提出召开新政治协商会议、成立民主联合政府的主张，愿意在中国共产党的领导下，共同为建立新中国而奋斗。1949年9月，中国人民政治协商会议第一次全体会议的召开，标志着人民政协这一实现多党合作和政治协商的重要机构的建立，也标志着中国多党合作制度的确定。

中央统战部1950年3月在北京中南海怀仁堂召开了第一次全国统战工作会议，部长李维汉作了题为《人民民主统一战线的新形势与新任务》的报告，阐明了民主党派的性质、作用和中共对民主党派的基本方针政策。李维汉在报告中指出，各民主党派都是阶级联盟的性质，不是单一阶级的政党。中共同各民主党派关系的基本原则是'：既要在政治上和思想上以《共同纲领》为准则，团结他们共同奋斗，同时又必须在组织上尊重他们的独立性，与他们诚恳地协商、建议和说理，必要时进行适当的批评，而不是从组织上去控制它们。会议期间，周恩来到会作了两次报告，指出，我国的人民民主专政是共产党领导的人民民主统一战线的政权，民主党派在人民民主统一战线中起着相当重要的作用，我们对民主党派在抗战时有"团结、抗战、进步"的口号，今天应是"团结、建设、进步"。毛泽东在听取会议汇报时指出："无产阶级只有解放全人类，才能最后解放自己。中国工人阶级单求得自己的解放不行，必须求得四个阶级（工人阶级、农民阶级、小资产阶级和民族资产阶级——作者注）的共同解放。"①

1954年12月，人民政协第二届全国委员会第一次会议在北京举行。毛泽东主持了大会开幕式，周恩来在《政治报告》中系统阐述了人民政协的五点任务：①协商国际问题。②对全国人民代表大会和地方同级人民代表大会的候选人名单，以及中国人民政治协商会议各级组成人员的人选进行协商。③协助国家机关，推动社会力量，解决社会生活中各阶级间相互关系问题；并联系人民群众，向国家有关机关反映群众的意见和提出建议。④协商和处理政协内部和党派、团体之间的合作问题。⑤在自愿的基础上，学习马克思列宁主义和努力进行思想改造。②这是对中国特色的政治协商制度的全面的、权威性的解读。

以毛泽东为核心的第一代领导集体反复强调多党合作和政治协商制度的重要意义。1956年3月，毛泽东在《论十大关系》中首次提出了"长期共存，互相监督"③的方针。1957年4月，周恩来在中国浙江省委扩大会议的讲话对此做了解释："长期共存，互相监督，主要是讲中国共产党跟其他民主党派的关系。""长期共存、互相监督的方针，实际上是扩大民主。我们是六亿人口的国家。要把六亿人的生活搞好，建设社会主义，没有互相监督，不扩大民主，是不可能做得好的。"④1957年4月，邓小平在题为《共产党要接受监督》的报告中，把这一方针阐述得更为透彻："有监督比没有监督好，一部分人出主意不如大

① 《新中国的建立和社会主义过渡时期的统一战线》，（1949.10至1956.9）中共中央统战部网站。http://www.zytzb.org.cn/publicfiles/business/htmlfiles/tzb2010/s1489/200911/575718.html。
② 同上。
③ 毛泽东：《论十大关系》，《毛泽东文集》第7卷，人民出版社1999年版，第36页。
④ 周恩来：《长期共存，互相监督》，《周恩来统一战线文选》，人民出版社1984年版，第350页。

家出主意。共产党总是从一个角度看问题，民主党派就可以从另一个角度看问题，出主意。这样，反映的问题更多，处理问题更全面，对下决心会更有利，制定的发展政策会比较恰当，即使发生了问题也比较容易纠正。"①

1956 年八大《关于政治报告的决议》明确指出："继续巩固以工农联盟为基础的人民民主统一战线，是加强人民民主专政的必要条件。""必须继续团结国内各民族中的一切爱国人士，继续团结国外各地的华侨。必须按照长期共存、互相监督的方针，继续加强同各民主党派和无党派人士的合作，并且充分发挥人民政治协商会议和各级协商机构的作用。在一切政府机关、学校、企业和武装部队中，共产党员都必须负责建立起同党外工作人员合作共事的良好关系。"②

在新中国成立初期，中国共产党高度重视处理好与民主党派的关系，发挥政治协商制度的重要作用，妥善处理共产党同民主党派之间的矛盾。从中华人民共和国建立到"文化大革命"爆发前共召开四届全国政协会议，12 次会议。对组织参加各民主党派、人民团体和各族各界人士参政议政，对国家的大政方针和群众生活的重要问题进行政治协商，并通过建议和批评发挥了民主监督的重要作用。

十分遗憾的是，"文化大革命"爆发前，党内"左"的思想开始逐渐蔓延。1964 年 5 月，中共中央召开工作会议，毛泽东在会上提出中国会不会出修正主义的问题，并且点名批评了中央统战部。他说："统战部是同国内资产阶级打交道的，但是里面却有人不讲阶级斗争"，"要把资产阶级的政党变成社会主义政党，并且定了五年计划，软绵绵地软下来了，就是要向资产阶级投降"。中央统战部部长李维汉被多次点名批判，并被撤销职务。从 1965 年 1 月至 1978 年 2 月的 13 年间，全国政协没有召开会议，处于停滞状态。

---

① 邓小平：《共产党要接受监督》，《邓小平文选》第 1 卷，人民出版社 1989 年版，第 272—273 页。

② 《新中国的建立和社会主义过渡时期的统一战线》，（1949.10 至 1956.9）中共中央统战部网站。http://www.zytzb.org.cn/publicfiles/business/htmlfiles/tzb2010/s1489/200911/575718.html。

（四）建立民族区域自治制度

民族区域自治制度是我国的基本政治制度之一，在中央政府的统一领导下，各少数民族聚居的地方实行区域自治，设立自治机关，行使自治权的制度。

坚持各民族平等，加强民族团结是中国共产党的一贯主张。在新民主主义革命时期，在革命根据地就已经开始探索符合我国国情的民族区域自治制度。1941 年 5 月陕甘宁边区政府颁布的《陕甘宁边区纲领》规定："依据民族平等原则，实行蒙回民族与汉族在政治经济文化上的平等权利，建立蒙回民族的自治区。"1945 年 10 月，中央在关于内蒙古工作方针的指示中指出："对内蒙古的基本方针，在目前是实行民族区域自治。"1947 年 5 月 1 日，党领导建立了我国第一个省一级的内蒙古自治区，为实行民族区域自治积累了宝贵的经验。

新中国成立前后，中国共产党立即着手研究少数民族地区民主政治制度的建立。1949 年人民政协筹备期间，毛泽东就是否实行联邦制的问题征求了李维汉的意见。李维汉在研究之后，认为我国同苏联国情不同，不宜实行联邦制。单一制的国家结构形式，更加符合中国的实际，在统一的国家内实行民族区域自治，更有利于民族平等原则的实现。中央采纳了这个意见。① 1949 年 9 月，周恩来在向政协代表作《关于人民政协的几个问题》的报告时提出："今天帝国主义者又想分裂我们的西藏、台湾甚至新疆，在这种情况下，我们希望各民族不要听帝国主义者的挑拨。为了这一点，我们国家的名称，叫中华人民共和国，而不叫联邦。……我们虽然不是联邦，但却主张民族区域自治，行使民族自治的权力。"② 1949 年颁布的《共同纲领》将实行民族区域自治作为我国的一项基本国策。

1952 年 8 月，中央人民政府委员会第十八次会议批准了《中华人民共和国民族区域自治实施纲要》。纲要规定：各民族自治机关都是中

---

① 中共中央统战部编：《民族问题文献汇编》，中共中央党校出版社 1991 年版，第 10 页。

② 周恩来：《关于人民政协的几个问题》，《周恩来统一战线文选》，人民出版社 1984 年版，第 140 页。

央人民政府统一领导下的一级地方政权，并受上级人民政府的领导。各民族自治区依自治权限，得制定本自治区单行法规。纲要还规定了自治区在发展经济事业、财政等方面的权限，以及发展民族的文化、教育、艺术和卫生事业等方面的原则。

1954 年宪法从国家根本大法的高度明确了民族区域自治的法律地位。民族区域自治制度是中国政治制度的组成部分，经过实践检验，符合中国国情。民族区域自治制度保障了各民族的平等，彻底改变了旧中国各民族间的严重隔阂，甚至相互歧视的状况。民族区域自治促进了少数民族地区经济的发展和文化的传承，充分保障了少数民族的合法权益和利益。在保证国家统一的前提下，实行民族区域自治，有助于把各民族人民热爱祖国统一的感情和热爱自己民族的感情结合起来。有利于维护国家的统一和繁荣，以及抵御外来的侵略、分化和颠覆。

新中国成立后仅用了两年多的时间，全国就建立起各级民族自治区 130 个。宪法颁布以后，新疆维吾尔自治区于 1955 年 10 月成立；宁夏回族自治区于 1958 年 10 月成立；广西壮族自治区于 1958 年 12 月成立；西藏自治区于 1965 年 9 月成立。

新中国成立以后，在社会主义民主制度建设方面成就显著。宪法的颁布为社会主义民主制度奠定了基础；人民代表大会制度、共产党领导的多党合作和政治协商制度、民族区域自治制度等，构成了我国社会主义民主政治的基本制度框架。

在新中国社会主义民主政治制度建设过程中，毛泽东做出了伟大的贡献。中国社会主义民主制度的建立，新中国第一部宪法的诞生无不倾注了他的心血。

但是，毛泽东的民主思想也存在着一定的片面性与缺陷，强调集中，忽视民主；法制不健全，强调党的各项决议，忽视法律规范。尤其是他的晚年，忽视国家法律，有法不依，最终错误地发动了"文化大革命"。"文化大革命"的爆发有其深刻的原因，其中，民主与法制被破坏是重要原因。《关于建国以来党的若干历史问题的决议》指出：党的主要领导人"主观主义和个人独断作风日益严重，日益凌驾于党中央之上，使党和国家政治生活中的集体领导原则和民主集中制不断受到削弱以至破坏"。"种种历史原因又使我们没有能把党内民主和国家政治社会生活的民主加以制度化、法律化，或者虽然制定了法律，却没有应有的权威。这就提供了一种条件，使党的权力过分集中于个人，党内个人专断和个人崇拜现象滋长起来，也就使党和国家难于防止和制止'文化大革命'的发动和发展。"①

"文化大革命"破坏了法制，使全国人民代表大会以及各地人民代表大会失去最高权力机关的职能，政协全国委员会机关暂停办公，各民主党派、工商联被迫停止活动，公民权利得不到保障，造成了民主政治的大倒退。

三　改革开放的历史转折

许多人认为，十一届三中全会最重要的意义是开启了中国的经济体制改革。实际上，中国的政治体制改革与经济体制改革是同步开始的。

（一）拨乱反正，规划政治体制改革蓝图

1978 年，一场改变中国历史的深刻变革即将拉开序幕。作为中国改革的总设计师，邓小平意识到，要实现中国的现代化，仅从经济体制方面改革是不可能的，必须进行政治体制改革，而中国的政治体制改革是一个复杂的工程，必须循序渐进地推进。邓小平大声疾呼再不改革"我们的现代化事业和社会主义事业就会被葬送"。② 同时，他强调改革必须循序渐进，"政治体制改革很复杂，每一个措施都涉及千千万万人的利益，所以，政治体制改革要分步骤，有领导，有秩序地进行"。③

1978 年 10 月，邓小平在中国工会第九次全国代表大会的致词中指出：实现四个现代化是一场革命，"这场革命既要大幅度地改变目前落

---

① 《关于建国以来党的若干历史问题的决议》，人民出版社 1981 年版，第 32—33 页。

② 邓小平：《解放思想，实事求是，团结一致向前看》，《邓小平文选》第 2 卷，人民出版社 1994 年版，第 150 页。

③ 邓小平：《一切从社会主义初级阶段的实际出发》，《邓小平文选》第 3 卷，人民出版社 1993 年版，第 252 页。

后的生产力，就必然要多方面地改变生产关系、改变上层建筑，改变工农业企业的管理方式和国家对工农业企业的管理方式，使之适应现代化大经济的需要"。① 1978 年 12 月 13 日，邓小平在《解放思想，实事求是，团结一致向前看》中再次强调："要正确地改革同生产力迅速发展不相适应的生产关系和上层建筑。"②

十一届三中全会充分肯定了改革的必要性。全会公报指出："实现四个现代化，要求大幅度地提高生产力，也就必然要求多方面地改变同生产力发展不适应的生产关系和上层建筑，改变一切不适应的管理方式、活动方式和思想方式，因而是一场广泛、深刻的革命。"③

1980 年 8 月邓小平在中共中央政治局扩大会议上做了题为《党和国家领导制度的改革》的讲话。在讲话中，邓小平总结了"文化大革命"的深刻教训，分析了现行政治体制存在的种种弊端及其产生的原因，分析了政治体制改革的必要性。邓小平指出：要充分发挥社会主义制度的优越性，应当努力实现三个方面的要求："（一）经济上，迅速发展社会生产力，逐步改善人民的物质文化生活；（二）政治上，充分发扬人民民主，保证全体人民真正享有通过各种有效形式管理国家、特别是管理基层地方政权和各项企业事业的权力，享有各项公民权利，健全革命法制，正确处理人民内部矛盾，打击一切敌对力量和犯罪活动，调动人民群众的积极性，巩固和发展安定团结、生动活泼的政治局面；（三）为了实现以上两方面的要求，组织上，迫切需要大量培养、发现、提拔、使用坚持四项基本原则的、比较年轻的、有专业知识的社会主义现代化建设人才。""重点是切实改革并完善党和国家的制度，从制度上保证党和国家政治生活的民主化、经济管理的民主化、整个社会生活的民主化，促进现代化建设事业的顺利发展。"④

---

① 邓小平：《工人阶级要为实现四个现代化作出优异贡献》，《邓小平文选》第 2 卷，人民出版社 1994 年版，第 135—136 页。

② 邓小平：《解放思想，实事求是，团结一致向前看》，《邓小平文选》第 2 卷，人民出版社 1994 年版，第 141 页。

③ 《十一届中央委员会第三次全体会议公报》，《人民日报》1978 年 12 月 24 日。

④ 邓小平：《党和国家领导制度的改革》，《邓小平文选》第 2 卷，人民出版社 1994 年版，第 322、336 页。

在中共十二大上，中共中央对政治体制改革进行了广泛深入的调查研究。1986年10月，中共中央成立了政治体制改革研讨小组，就中国政治体制的沿革和利弊、改革的宗旨、目标、内容、步骤和基本原则等，进行了反复研究和讨论，最后形成了政治体制改革总体设想。

在研究政治体制改革的过程中，社会上出现了否定社会主义制度而主张资本主义民主的声音。1979年，邓小平发表了《坚持四项基本原则》的重要讲话，针对"文化大革命"的经验教训郑重提出：把社会主义民主建设提到关系社会主义事业成败兴衰的高度加以认识，阐明了社会主义民主是社会主义的本质要求，阐明了民主政治建设与实现社会主义现代化的关系。邓小平指出："如果离开四项基本原则，抽象地空谈民主，那就必然会造成极端民主化和无政府主义的严重泛滥，造成安定团结政治局面的彻底破坏，造成四个现代化的彻底失败。"[1] "我们的制度是人民代表大会制度，共产党领导下的人民民主制度，不能搞西方那一套。"[2]

邓小平的一系列讲话系统地论述了政治体制改革的目的、意义、主要内容和必须遵循的原则，形成了较为完整的政治体制改革的基本思想。邓小平关于政治体制改革的思想，概括起来最重要有几点：实现现代化必须充分发扬民主，调动群众积极性；从制度上保证党和国家政治生活的民主化、经济管理的民主化、整个社会生活的民主化；旗帜鲜明地坚持四项基本原则，不搞西方式民主。

（二）80年代初的四大改革

改革开放初期，旧体制遗留的问题十分突出。首先是干部队伍不能适应改革开放的新形势，其次是旧的行政体制不利于调动群众的积极性；多年积累的大民主也不利于安定团结政治局面的形成。要改革必须首先解决这些问题。

1. 废除领导干部终身制

实现四个现代化急需大批人才，领导干部终身制成为一个影响新一

---

① 邓小平：《坚持四项基本原则》，《邓小平文选》第2卷，人民出版社1994年版，第176页。

② 邓小平：《改革的步子要快》，《邓小平文选》第3卷，人民出版社1993年版，第240页。

代干部培养使用的现实问题。领导干部终身制一直是困扰国际共产主义运动的一个问题。它违背人的生理、思想发展规律，不利于干部队伍的正常更替，不利于执政党思想意识的与时俱进。十一届三中全会以后，在以邓小平为核心的第二代领导集体的积极推动下，我们党比较成功地解决了这个问题。在废除领导干部终身制的同时，干部人事制度改革也迅速展开。

（1）建立顾问委员会和干部离退休制度。邓小平关于废除领导干部终身制、建立干部离退休制度的思想大致经历了两个发展阶段：1956年八大到1975年全面整顿为酝酿阶段。在这一阶段，我国干部队伍老化的问题尚不突出，组织路线与政治路线的矛盾也尚未显现，但邓小平已经敏锐地注意到了这一问题，他在八大上《关于修改党章的报告》的讲话、1962年11月《执政党的干部问题》的讲话、1975年7月《军队整顿的任务》的讲话等场合，谈到了放手提拔年轻干部、解决干部能上不能下以及在军队设顾问等问题。1977年复出以后为提出阶段。在这一阶段，我国干部队伍老化的现象已经比较突出，"文化大革命"时期混进干部队伍的"三种人"凭借着年龄上的优势威胁着十一届三中全会以来的路线、方针、政策（王洪文在1975年曾说过"十年之后再看"），部分老干部思想僵化，不能适应党的路线、方针、政策的转变。在这种情况下，邓小平以对党和国家命运高度负责的精神，在众多场合，特别是《思想政治路线的实现要靠组织路线来保证》（1979年7月）、《党和国家领导制度的改革》（1980年8月）、《老干部第一位的任务是选拔中青年干部》（1981年7月）等讲话中，从不同角度反复地强调这一问题。邓小平力陈领导干部终身制的危害，提出了干部"四化"（革命化、年轻化、知识化、专业化）、设立顾问委员会作为过渡措施、建立干部离退休制度、实行领导职务任期制等解决措施。这些思想为我国解决领导干部终身制指明了方向。

在以邓小平为核心的中央领导集体的积极推动下，我们党为解决领导干部终身制问题采取了一系列措施：①在1982年中共十二大上，干部"四化"标准被写进党章，成为干部工作的重要方针。②十二大还决定在中央和省一级设立党的顾问委员会，以发挥老干部的参谋作用。

③1978 年以后，党和国家先后出台了《国务院关于安置老弱病残干部的暂行规定》、《关于丧失工作能力老同志不当十二大代表和中央委员会候选人的决定》、《中共中央关于建立老干部退休制度的决定》和《关于老干部离职休养制度的几项规定》等文件，推动离退休制度的建立，十二大党章也明确规定废除领导干部终身制，实行离退休制度。④1982年宪法对国家领导人和地方各级领导机构的任期进行了明确的规定，并规定全国人大常委会正副委员长，中华人民共和国正副主席，国务院总理、副总理、国务委员，最高人民法院院长、最高人民检察院检察长连续任职不得超过两届。

（2）实行"干部四化"。邓小平指出，为了让建设四个现代化所急需的大批人才脱颖而出，保证党的事业后继有人，后来居上，必须"勇于改革不合时宜制度、人事制度，大力培养、发现和破格使用优秀人才，坚决同一切压制和摧残人才的现象作斗争"①。他明确提出了选拔干部的标准是"德才兼备"，德即是坚持社会主义道路和党的领导，才即是"年轻化、知识化、专业化"。② 这个标准被概况为"干部四化"，即革命化、年轻化、知识化、专业化。

干部制度的改革主要集中于以下方面：①干部录用制度。1982 年劳动人事部发布《吸收录用干部问题的若干规定》，提出实行"公开招收、自愿报名、坚持考试、德智体全面衡量、择优录用"的办法。②干部任用制度。采用考任制、聘任制、选任制相结合的方式录用干部。③干部考核制度。1979 年中央组织部发布《关于实行干部考核制度的意见》，要求到 1981 年把干部考核制度普遍建立起来。④机关岗位责任制。1982 年底，劳动人事部发布《关于建立国家行政机关岗位责任制的通知》，要求政府部门建立健全岗位责任制。⑤干部管理制度。1984 年，中央决定改革干部管理体制，扩大下级党委的干部管理权限和企业、事业单位干部人事自主权。实行干部分类管理，以建立公务员制度为重点，推进企业领导人、专业技术人员从"国家干部"中分离

---

① 邓小平：《党和国家领导制度的改革》，《邓小平文选》第 2 卷，人民出版社 1994 年版，第 326 页。

② 同上。

出来，将所有干部划分为机关、事业、企业三大类。

2. 废除人民公社政社合一体制

1982 年 1 月 1 日，中共中央批转《全国农村工作会议纪要》，充分肯定联产承包责任制，反映了亿万农民要求按照中国农村的实际状况来发展社会主义农业的强烈愿望。1983 年中央 1 号文件，指出联产承包制是在党的领导下我国农民的伟大创造，是马克思主义农业合作化理论在我国实践中的新发展。

农村联产承包责任制的普遍推广，实行了 20 多年的人民公社政社合一的体制已不能适应农村生产力发展的需要。政社合一体制最早出现于农业合作化过程中，第一个比较正式的政社合一机构是当时在浙江舟山的蚂蚁岛上出现的乡社合一的渔业生产合作社。政社合一体制大规模兴起于 1958 年人民公社化的浪潮之中，为《中共中央关于在农村建立人民公社问题的决议》（1958 年 8 月）、《关于人民公社若干问题的决议》（1958 年 12 月中共八届六中全会通过）所确认。

政社合一体制最初的出现带有自发性质，是基层出于精简机构的目的而实行的。但是在人民公社化运动中，它被赋予了促进国家消亡、向共产主义过渡的含义。作为一级政权机构，人民公社有义务服从上级行政指令；作为一级经济机构，人民公社有一定的权力调动本公社范围内的劳动力。在国民经济调整时期，中央大力纠正急于向共产主义过渡的错误，强调"三级所有，队为基础"的人民公社体制，政社合一体制却得以保留。

在实行家庭联产承包责任制、国家缩小对农副产品统购统销的范围以后，国家对农业剩余的摄取演变为定额提取，国家对农村劳动力的无偿调拨也日益减少直至完全取消，政社合一体制的保障功能不再发挥作用；加上公社、合作社作为经济机构在家庭联产承包责任制实行后也趋于瓦解，政社合一的体制连精简机构的意义在很多地方也不复存在；在这种情况下，政社合一体制的瓦解就在所难免了。1980 年 4 月，四川省广汉县向阳镇率先摘下人民公社的牌子，将它分解为乡政府和乡农工商总公司。1982 年宪法规定县、自治县以下行政区为乡、民族乡、镇，从而明确了恢复乡、镇一级政府的方向。1983 年中共中央 1 号文件也把政社分设作为农村改革的重要步骤提出。

1983 年 10 月中共中央、国务院发布了《关于实行政社分开，建立乡政府的通知》，在全国农村恢复了乡政府，即恢复了乡镇政权的建制，实现了政社分开。1987 年 11 月第六届全国人民代表大会常务委员会第 23 次会议通过了《村民委员会组织法（试行）》，于 1988 年 6 月 1 日开始试行，在全国农村基层普遍地建立了村民委员会。从此在中国县以下的农村基层就出现了一种新的政治模式即"乡政村治"（乡镇政权＋村民自治）。

3. 简政放权

高度集中的经济体制和行政体制，是我国在"一五"时期照搬苏联经验开展大规模经济建设的过程中建立的。这一体制对于集中有限的资源于重点建设、在较短的时期建立起一个独立的比较完整的工业体系和国民经济体系具有不可替代的作用，但其弊端也是十分明显的，最突出的是不利于调动地方和基层单位的积极性、主动性和创造性，发挥它们在资源配置和利益协调中的作用。因此，毛泽东在《论十大关系》中提出了发挥中央与地方两个积极性和允许工厂在统一领导下保持一定独立性的设想。在毛泽东的有生之年，我国也曾两度大规模地向地方放权：一次是"大跃进"时期，目的是利用地方政府的冒进情绪推进"大跃进"（地方和基层在"一五"时期完全缺乏自主权，因此基本没有资源约束、预算约束的观念，同时也对中央经济管理机关心存不满，有意与反冒进的后者唱反调，所以普遍存在一股冒进情绪）；另一次是三线建设时期，目的是为了形成十大经济协作区乃至各省自成体系的经济布局，以防备敌人大规模入侵。两次放权都引起了严重的总量失衡、比例失调，以收权而告结束。

十一届三中全会以后，我国经济发展的战略目标逐渐发生了转变，由过去的建立独立的比较完整的工业体系和国民经济体系转向以提高人民生活水平、增强国家综合实力为中心，在这种情况下，高度集中的经济体制和行政体制就越来越不适应生产力发展的需要了，新的简政放权就在所难免了。1978 年 12 月，十一届三中全会前夕，邓小平在中央工作会议上强调要发扬经济民主，特别是扩大厂矿企业和生产队的自主权，以调动国家、地方、企业、劳动者个人四个方面的积极性。在《党和国家领导制度的改革》的讲话中，邓小平又指出我国原有体制的最大弊端就是权力过分集中，再次强调了简政放权的问题。十一届三中全会以后，特别是 1979 年 4 月中央工作会议确定对国民经济实行"调整、改革、整顿、提高"的新"八字"方针以后，新的简政放权相继铺开。

与以往两次放权仅限于向地方政府放权不同的是，这次简政放权的重点在于向企业和生产单位放权。

（1）在农业方面，除了重申国民经济调整时期已经提出的尊重人民公社、生产大队、生产队的自主权，反对上级瞎指挥，反对无偿调拨农村的人力物力财力，保护自留地、家庭副业和集市贸易等主张①以外，主要是通过不断收缩统购派购的范围，来减少国家对生产队、农户的生产经营的干预。从 1979 年起，国家一方面恢复了统购派购产品的议价收购，允许完成统购派购任务的农产品在市场上按国家规定的浮动范围议价买卖；另一方面，国家不断减少统购派购的农副产品的种类，降低统购派购的比重，直至 1985 年 1 月 1 日国务院发出《关于进一步活跃农村经济的十项政策》，规定从 1985 年开始，除个别品种以外，国家不再向农民下达统购派购任务。

（2）在工业企业方面，为了推动扩权试点的工作，1979 年 7 月，国务院颁布了《关于扩大国营企业经营管理自主权的若干规定》、《关于国营企业实行利润留成规定》、《关于提高国营工业企业固定资产折旧率和改进折旧费使用办法的暂行规定》、《关于开征国营工业企业固定资产税的暂行规定》、《关于国营工业企业实行流动资金金额信贷的暂行规定》五个文件，通过一系列措施特别是把企业的利润分配由过去企业基金制改为利润留成制，扩大企业的经营自主权。1984 年 5 月《关于进一步扩大国营工业自主权的暂行规定》（即扩权 10 条），在生产经营计划、产品销售、产品价格、物资选购、资金使用、资产处置、机构设置、劳动人事、工资奖金和联合经营 10 个方面，进一步扩大企

---

① 《中共中央关于加快农业发展若干问题的决定》，1979 年 9 月。

业的自主权。

（3）放松对城乡个体经济发展的限制。为了解决城镇就业问题，搞活经济，在鼓励发展城镇集体经济的同时，允许适当发展城镇个体经济①；在农村，允许专业户发展，允许农户利用机动车船跨地区、跨省长途贩运。（1983年1号文件）

在中央与地方之间，主要是①改变以往财政统收统支的局面，实行"划分收支，分级包干"的体制，颁布《国务院关于实行"划分收支，分级包干"财政管理体制的规定》（1980年2月）。②下放干部管理权限，变"下管两级"为"下管一级"（1984年7月）

4. 废除"四大自由"，恢复法制

在1978年十一届三中全会召开前的重要的准备会议——中央工作会议上，邓小平着重谈到了民主问题。当时我们党和国家面临的中心问题是"解放思想"，邓小平提出："民主是思想解放的重要条件。"而如何实行民主呢？他指出："为了保障人民民主，必须加强法制。必须使民主制度化、法律化，使这种制度和法律不因领导人的改变而改变，不因领导人的看法和注意力的改变而改变。现在的问题是法律很不完备，很多法律还没有制定出来。往往把领导人说的话当作'法'，不赞成领导人说的话就叫做'违法'，领导人的话改变了，'法'也就跟着改变。"② 邓小平把建立法制作为民主政治建设的基本前提与保证。

改革开放以来，我国的社会主义法制建设有了根本性的转变和长足的进步。党的十一届三中全会提出：为了保障人民民主，必须加强社会主义法制，使民主制度化、法律化，使这种制度和法律具有稳定性、连续性和极大的权威，做到有法可依，有法必依，执法必严，违法必究。从现在起，应当把立法工作摆到全国人民代表大会及其常务委员会的重要议程上来。1982年，标志着我国的社会主义民主法制建设进入了一个新的阶段。

---

① 《中共中央、国务院关于广开门路，搞活经济，解决城镇就业问题的若干决定》，1981年10月。

② 邓小平：《解放思想，实事求是，团结一致向前看》，《邓小平文选》第2卷，人民出版社1994年版，第146页。

大鸣、大放、大字报、大辩论，号称"四大自由"，兴起于 1957 年反右斗争之中，是反右扩大化的一个重要因素。但是，从那时起，这"四大自由"一直被毛泽东视为发扬社会主义民主的重要形式，在历次政治运动得到应用，在"文化大革命"中更是发挥到了极致。1975 年宪法首次以国家根本大法的形式把"四大自由"确认下来，1978 年宪法继承了这一点（只不过把相关条文从"总纲"转移到了"公民的基本权利和义务"）。实践证明，"四大自由"破坏社会主义法制，助长无政府主义，不仅不利于社会主义民主的发挥，反而会为压制社会主义民主提供口实。

"文化大革命"结束以后，特别是十一届三中全会以后，随着人们对"文化大革命"的反思，"四大自由"也逐渐成为反思、批判的对象，而刚刚抬头的自由化思潮对这一形式的借用，更加促进了党和国家领导人对"四大自由"的反思。1980 年 1 月，邓小平在中共中央召集的干部会议上所作的《目前的形势和任务》的报告指出："'四大'，即大鸣、大放、大字报、大辩论，这是载在宪法上的。现在把历史的经验总结一下，不能不承认，这个'四大'的做法，作为一个整体来看，从来没有产生积极的作用。应该让群众有充分的权利和机会，表达他们对领导的负责的批评和积极的建议，但是'大鸣大放'这些做法显然不适合达到这个目的。因此，宪法有关'四大'的条文，根据长期实践，根据大多数干部和群众的意见，党中央准备提请人大常委员会和全国人大审议，把它取消。"① 同年 2 月召开的中共十一届五中全会正式作出决定，向全国人民代表大会建议，取消宪法中关于"四大自由"的条文。同年 4 月，五届全国人大常委会第十四次会议开会讨论这一议题，人大常委会法制委员会副主任杨秀峰列举了四条取消"四大自由"的理由：妨碍公民行使正当的民主权利；给少数企图颠覆无产阶级专政、推翻共产党的领导的坏人提供了可乘之机；会使一些人用来大搞派性，制造混乱，干扰正常的工作、生产、教学和生活秩序；容易泄露党和国家

---

① 邓小平：《目前的形势和任务》，《邓小平文选》第 2 卷，人民出版社 1994 年版，第 257 页。

的重要机密。与会者几乎一致赞成取消"四大",提请五届人大三次会议审议。同年9月,五届人大三次会议作出决定,取消宪法中关于"四大"的规定。

　　新时期的民主政治建设是从反思"文化大革命",纠正其错误开始的。"文化大革命"最大的问题与失败在于对法制的破坏,毫无疑问邓小平是最有感受的。邓小平说过:"'文化大革命'时搞'大民主',以为把群众哄起来,就是民主,就能够解决问题。实际上一哄起来就打内战。我们懂得历史的经验教训。"① 1980年,邓小平在回答如何避免或防止"文化大革命"重演问题时指出:"我们这个国家有几千年封建社会的历史,缺乏社会主义的民主和社会主义的法制。现在我们要认真建立社会主义的民主制度和社会主义法制。只有这样,才能解决问题。"② 恢复和发展社会主义法制是邓小平对民主政治新探索的起点。

(三) 推进政治体制改革

　　新中国建立初期,以人民代表大会制度、中国共产党领导的多党合作和政治协商制度、民族区域自治制度为主要内容的中国民主政治制度已经形成。但是,"文化大革命"时期,人民代表大会制度和多党合作政治协商制度都受到严重破坏,处于停滞状态。政治体制改革,完善中国的民主政治制度的任务包括恢复原有的三大制度,在此基础上建立新的制度。

　　1. 恢复和改革人民代表大会制度

　　粉碎"四人帮"以后,全国人大常委会恢复了活动,地方各级人民代表大会陆续召开。1978年2月26日五届全国人大一次会议举行,人民代表大会在停止13年之后终于恢复了。

　　十一届三中全会确定了经济体制改革和在政治体制改革的大方向,人民代表大会制度是否也需要改革?如何进行改革?针对社会上出现的

---

　　① 邓小平:《加强四项基本原则教育,坚持改革开放政策》,《邓小平文选》第3卷,人民出版社1993年版,第200页。

　　② 邓小平:《答意大利记者奥琳埃娜·法拉奇问》,《邓小平文选》第2卷,人民出版社1994年版,第348页。

推崇西方式民主制度的思潮，邓小平认为人民代表大会制度是中国社会主义基本政治制度的性质不能改变，他指出："我们的制度是人民代表大会制度，共产党领导下的人民民主制度，不能搞西方那一套。"① "关于民主，我们大陆讲社会主义民主，和资产阶级民主的概念不同。西方的民主就是三权分立，多党竞选，等等。我们并不反对西方国家这样搞，但是我们中国大陆不搞多党竞选，不搞三权分立、两院制。我们实行的就是全国人民代表大会一院制，这最符合中国实际。"②

1979 年 7 月五届全国人大第二次会议通过了《地方各级人民代表大会和各级人民政府组织法》，规定县级以上地方各级人民代表大会设立常委会，作为本级人大的常设机关，地方各级人民政府向本级人大及其常委会负责并报告工作。

这一阶段，在坚持和完善人民代表大会制度方面最重要的成就是充分发挥了了人大立法和监督的职能。

（1）立法工作改革。十一届三中全会要求，全国人民代表大会及其常务委员会要把立法摆到重要议程上来。一个多月后，五届全国人大常委会第六次会议决定设立全国人大常委会法制委员会，彭真被任命为这个委员会主任。

1979 年 3 月至 6 月，短短三个多月的时间，五届全国人大二次会议制定了刑法、刑事诉讼法、选举法、地方组织法、人民法院组织法、人民检察院组织法和中外合资经营企业法七部法律。我国立法工作在停滞了 20 多年后又重新启动并取得重大突破，全国人民欣喜地看到依法治国时代的到来。

1980 年 9 月 10 日，五届全国人大三次会议通过了关于修改宪法和成立宪法修改委员会的决议。全国人大常委会委员长叶剑英任宪法修改委员会主任委员，宋庆龄、彭真任副主任委员，胡乔木任秘书长，委员有 103 人。

1982 年 5 月 4 日，全国人大常委会决定，将宪法修改草案交全国

---

① 邓小平：《改革的步子要快》，《邓小平文选》第 3 卷，人民出版社 1993 年版，第 240 页。

② 邓小平：《会见香港特别行政区基本法起草委员会委员时的讲话》，《邓小平文选》第 3 卷，人民出版社 1993 年版，第 220 页。

人民讨论。经过 4 个月的全民大讨论，吸收了全民讨论中的意见和建议，宪法修改草案又补充、修改了近百处。1982 年 12 月 4 日，五届全国人大五次会议举行全体会议采用无记名投票方式对宪法进行表决。到会的 3040 名代表参加了投票，投票结果，赞成票 3037 票。1982 年宪法的制定过程及公开表决情况本身就是共和国法制史上的标志性事件。

1982 年宪法完善了人民代表大会制度。①增设全国人大专门民族、法律、财政经济、教育科学文化、外事、华侨等委员会。人民代表大会闭会期间，专门委员会在全国人大及其常委会领导下，负责研究、审议和拟订有关议案，开展调查研究。②完善了委员长会议制度。规定全国人大常委会委员长、副委员长、秘书长组成委员长会议，处理全国人大常委会的重要日常工作。③规定人民代表大会常务委员会的组成人员不得担任国家行政机关、审判机关、检察机关的职务。④赋予地方人大及其常委会制定地方法规的权限。这是我国立法体制的一项重大改革。

（2）加强监督职能。1982 年宪法颁布以后，人大几次召开会议进一步细化了宪法有关人大监督的原则性规定。六届全国人大第五次会议通过了全国人大组织法，对全国人大的监督职权具体化。规定了人事监督中的罢免案提出人的资格；规定了工作监督中的质询案提请人、对象及答复方式；规定了人大各专门委员会的职权。1986 年，六届全国人大常委会第十八次会议对地方各级人大和地方各级政府组织法进行了修改，对人大及其常委会履行监督职能做了进一步的规定和完善。1987年 11 月通过了全国人大常委会议事规则，把最高人民法院和最高人民检察院纳入了常委会质询。1989 年 4 月召开的全国人大第二次会议通过的全国人大议事规则，又在全国人大组织法的基础上对人大如何履行监督职能给予了具体化和规范化。

人大会议还细化了人大对立法权运作过程的监督的基本程序：法律草案先在常委会上听取法律草案的初步说明。然后将法律草案交全国人大法律委员会或有关的专门委员会审议修改。同时把草案发给各地方各部门广泛征求意见。对一些重要的法律草案，在报上公布广泛征求全民意见，然后再提交常委会审议。法律草案要展开充分的讨论后才表决通过；对重要条款争论较大，有较多不同意见时，暂不付表决，不勉强通过，经进一步调查研究修改后，再提请会议审议表决。

2. 推动政党制度改革

"文化大革命"期间，统一战线遭到严重破坏，民主党派遭到重创并停止活动，人民政协机构也被戴上"投降主义"、"修正主义"的帽子，被诬蔑为"政协是牛鬼蛇神的黑窝子"。在"人大、政协不要了"、"政治岂能协商"的压力下，政协全国委员会机关从1966年8月起被迫暂停办公。① 粉碎"四人帮"以后，邓小平非常重视恢复多党合作政治协商制度，加强新时期的统一战线。

1978年2月，邓小平当选为政协第五届全国委员会主席，他亲自主持修订了《中国人民政治协商会议章程》。他指出："人民政协是发扬人民民主、联系各方面人民群众的一个重要组织。中国的社会主义现代化建设事业，继续需要政协就有关国家的大政方针、政治生活和四个现代化建设中的各项社会经济问题，进行协商、讨论，实行互相监督，发挥对宪法和法律实施的监督作用。"②

1979年6月，邓小平在全国政协五届二次会议上发表重要讲话，科学分析了我国社会阶级状况的变化和统一战线内部结构的变化，明确提出了新时期统一战线和人民政协的任务。1979年10月，邓小平在出席全国政协、统战部招待各民主党派和工商联的宴会上发表讲话，指出："在中国共产党的领导下，实行多党派的合作，这是我国具体历史条件和现实条件所决定的，也是我国政治制度中的一个特点和优点。""各民主党派和工商联，都是我国革命的爱国的统一战线的重要组成部分。各民主党派和工商联同我们党有过长期合作、共同战斗的历史，是我们党的亲密朋友。在争取新民主主义革命胜利和建立中华人民共和国的斗争中，各民主党派都发挥了重要的作用。""在新的历史时期中，

① 《"文化大革命"对统一战线的严重破坏（1966.6 至 1976.9）》，中共中央统战部网站。http：//www.zytzb.org.cn/09/theory/lishi/200909/t20090927_ 575720.html。

② 邓小平：《新时期的统一战线和人民政协的任务》，《邓小平文选》第 2 卷，人民出版社1994 年版，第 187 页。

各民主党派和工商联仍然具有重要的地位和不容忽视的作用。"①

邓小平在我党对民主党派"长期共存、互相监督"的方针基础上增加了"肝胆相照、荣辱与共"②，更加突出了多党合作制的重要意义，丰富和发展了统一战线理论。

改革开放以后，政治协商成为共产党领导下的多党合作制主要形式。1982年，人民政协的性质、作用被载入宪法，为人民政协履行职能、开展工作提供了法律依据。

1989年春，邓小平提议拟定民主党派成员参政和履行监督职责的方案。中共中央与各民主党派共同研究协商制定，于同年12月30日颁布了《中共中央关于坚持和完善中国共产党领导的多党合作和政治协商制度的意见》（以下简称《意见》）。《意见》明确规定："中国共产党是社会主义事业的领导核心，是执政党。各民主党派是各自所联系的一部分社会主义劳动者和一部分拥护社会主义的爱国者的政治联盟，是接受中国共产党领导的，同中共通力合作，共同致力于社会主义事业的亲密友党，是参政党。"这一表述确定了各民主党派在中国政治舞台上的地位是参政党，不是在野党，更不是反对党。《意见》还规定了民主党派和无党派人士参政的基本点：参加国家政权，参与国家大政方针和国家领导人选的协商，参与国家事务的管理，参与国家方针、政策、法律的制定与执行。民主党派享有宪法规定的权利和义务范围内的政治自由、组织独立和法律地位平等。参政议政的形式：一是中共中央主要领导人邀请民主党派主要领导人和无党派的代表人士举行民主协商会，就中共中央将要提出的大政方针进行协商。二是中共中央主要领导人根据形势需要，举行高层次、小范围的谈心活动，就共同关心的问题自由交谈，沟通思想，征求意见。三是由中共召开民主党派、无党派民主人士座谈会，通报或交流重要情况，传达重要文件，听取民主党派、无党派民主人士提出的政策性建议或讨论某些专题。四是有的座谈会委托中共

①　邓小平：《各民主党派和工商联是为社会主义服务的政治力量》，《邓小平文选》第2卷，人民出版社1994年版，第203—205页。

②　邓小平：《各民主党派和工商联是为社会主义服务的政治力量》，《邓小平论统一战线》，中央文献出版社1991年版，第250页。

全国政协党组举行。五是重大事件随时通报。参政议政形式和制度的确立，加强了中共和各民主党派、无党派民主人士的合作，进一步推动了统一战线向前发展。[1]

3. 恢复和巩固民族区域自治制度

"文化大革命"期间，民族区域自治制度也受到破坏。民族自治地方有的被撤销，有的被并入相邻地区，自治权被剥夺殆尽，民族区域自治的法制建设出现严重倒退。[2] 四人帮在少数民族地区人为地制造和扩大阶级斗争，迫害少数民族干部，制造了大量的冤、假、错案。改革开放以后，民族区域自治制度亟待恢复和发展。

1979 年 4 月 25 日，中共中央在北京召开全国边防工作会议，明确了新时期民族工作的任务，强调一定要执行民族区域自治政策，尊重少数民族的平等地位和自治权力。中共中央政治局委员、中央统战部部长乌兰夫在大会上作了题为《全国人民团结起来，为建设繁荣的边疆，巩固的边防而奋斗》的报告。报告指出，必须坚持民族问题长期存在的观点，尊重少数民族的平等地位和自治权利；必须坚持国家帮助和自力更生相结合的方针，加速边疆、民族地区的经济文化建设。[3]

1980 年邓小平在中共中央政治局扩大会议讲话中提出："要使各少数民族聚居的地方真正实行民族区域自治。"[4] 1981 年 6 月，中共十一届六中全会通过的《关于建国以来党的若干历史问题的决议》反思了对少数民族自治权利尊重不够的教训，特别强调必须坚持实行民族区域自治，加强民族区域自治的法制建设，保障各少数民族地区根据本地情况贯彻执行党和国家政策的自主权。

1981 年 8 月，邓小平在同新疆自治区领导谈话时，提出要制定民

---

① 《中共中央关于进一步加强中国共产党领导的多党合作和政治协商制度建设的意见》，人民网，中国共产党新闻。http://cpc.people.com.cn/GB/64107/65708/65722/4444523.html。

② 参见《民族工作改革 30 年回顾》，中华人民共和国国家民族事务委员会网站，http://www.seac.gov.cn/gjmw/zt/2008—12—16/1229136024131890.htm。

③ 参见《全国边防工作会议》，中华人民共和国国家民族事务委员会网站，http://www.seac.gov.cn/gjmw/zt/2008—12—15/1229136023815597.htm。

④ 邓小平：《党和国家领导制度的改革》，《邓小平文选》第 2 卷，人民出版社 1994 年版，第 339 页。

族区域自治法。1982 年宪法，恢复了 1954 年宪法关于民族区域自治的规定，还增加了若干的新规定，如规定民族自治地方的人大常委会中应当有实行区域自治的民族的公民担任主任或者副主任；自治区主席、自治州州长、自治县县长由实行区域自治的民族的公民担任；自治机关在国家计划的指导下，自主安排和管理地方性的经济建设事业，自主管理本地方的教育、科学、文化、卫生、体育事业等；以确保民族区域自治政策的正确贯彻执行。1984 年 5 月全国人大第六届代表大会第二次会议审议通过了《中国关于民族区域自治制度的基本法律》（简称《民族区域自治法》）。《民族区域自治法》是实施宪法规定的民族区域自治制度的基本法律，用法律形式将民族自治地方的自治机关行使自治权固定下来，体现了国家充分尊重和保障各少数民族管理本民族内部事务权利的精神，从法律上保障国家的统一，民族的平等、团结和经济的共同发展。1987 年 10 月，邓小平在接待外宾时，再次强调中国特色的民族区域自治制度，指出："解决民族问题，中国采取的不是民族共和国联邦的制度，而是民族区域自治的制度。我们认为这个制度比较好，适合中国的情况。我们有很多优越的东西，这是我们社会制度的优势，不能放弃。"①

4. 建立基层群众自治制度

基层群众自治制度是中国的基本政治制度之一，指在中华人民共和国宪法的框架下，在中国共产党及其基层组织的领导下，城乡居民共同管理自己事务的制度。基层群众自治组织，由城乡居民民主选举，实现民主决策，民主管理，民主监督，直接行使相关政治权利。实行基层群众自治制度，扩大基层民主是我国改革开放以来民主政治取得的一项重要成就。

城市居民自治组织出现于新中国成立初期，一些城市由群众自发组织了防护队、防盗队和居民组等名称不一的群众性自治组织。1953 年 6 月 8 日，彭真给毛泽东等中央领导写了《关于城市街道办事处、居民委

---

① 邓小平：《我们干的事业是全新的事业》，《邓小平文选》第 3 卷，人民出版社 1993 年版，第 257 页。

员会组织和经费问题的报告》。报告指出，城市街道居民委员会的性质应当是群众性自治组织，而不是基层政权组织。它的主要任务是把工厂、商店、机关、学校以外的街道居民组织起来，在居民自愿的原则下，办理有关居民的公共福利事务，宣传政府的政策和法令，发动居民响应政府的号召，向基层政权反映居民的意见。居民委员会应当由居民小组通过选举产生，在城市基层政权或者派出机关的统一领导下进行工作。

1954 年 12 月召开的第一届全国人大常委会第四次会议制定并颁布了《城市居民委员会组织条例》，以法律的形式肯定了居民委员会的性质、地位和作用。到 1956 年底，城市居民委员会在全国各个城市普遍建立起来。在大跃进时期，许多居民委员会也变成城市人民公社，"文化大革命"期间，居民委员会不是被解散，就是变为"革命居民委员会"。党的十一届三中全会以后，城市居民委员会作为居民自治组织得到恢复和发展。1980 年 1 月，全国人大常委会重新公布了《居民委员会组织条例》、《人民调解委员会暂行通则》和《治安保卫委员会暂行通则》。1982 年宪法首次以根本法的形式明确了居民委员会的性质、任务和作用："城市和农村按居民居住地区设立的居民委员会或者村民委员会是基层群众性自治组织。居民委员会、村民委员会的主任、副主任和委员由居民选举。居民委员会、村民委员会同基层政权的相互关系由法律规定。居民委员会、村民委员会设人民调解、治安保卫、公共卫生等委员会，办理本居住地区的公共事务和公益事业，调解民间纠纷，协助维护社会治安，并且向人民政府反映群众的意见、要求和提出建议。"为了充分保障城市居民的自治和各项民主权利，在经过多年调查研究和总结《居民委员会组织条例》实施经验和教训的基础上，1989 年 12 月 26 日，全国人大常委会第十一次会议通过了《城市居民委员会组织法》。

农村的居民自治组织是在实行联产承包责任制以后出现的。实行联产承包责任制以后，取消了政社合一，乡级政府取代了人民公社。如何实行与新的农业生产组织形式相适应的农村基层管理成为重要问题。但是，很多地方村一级组织涣散，公共事务无人负责，各种问题滋生蔓延。

　　一些地区农民自发组织起来，通过建立自治组织实现自我管理。1980 年 2 月 5 日，广西壮族自治区宜山三岔公社合寨大队的果作生产队，85 户农民代表在一棵五人合抱的大樟树下，以无记名投票的方式，选举产生了全村新的管理组织——村民委员会。村委会制定了村规民约，负责全村的公共事务。在广西壮族自治区罗城县也建立了农民自我管理的组织，有的叫"村治安领导小组"，有的叫"村管会"。从 1981 年春天起，统一改称村民委员会。这个经验很快引起了反响，全国很多地方纷纷效仿。

　　农村基层组织的建设问题引起了中央的高度关注。1982 年中央一号文件《全国农村工作会议纪要》指出"最近以来，由于各种原因，农村一部分社队基层组织涣散，甚至陷于瘫痪、半瘫痪状态，致使许多事情无人负责，不良现象滋长蔓延。这种情况应当引起各级党委高度重视，在总结完善生产责任制的同时，一定要把这个问题切实解决好"。

　　1982 年宪法明确了村民委员会的法律地位，规定了村民委员会的性质、任务和组织原则。宪法颁布以后，全国普遍开展了建立村民委员会的活动。一般以原生产大队为基础建立村民委员会，以生产队为基础建立村民小组。1983 年，在建立乡镇政府的同时，全国开始普遍建立村委会组织。1987 年六届全国人大常委会第二十三次会议通过《中华人民共和国村民委员会组织法（试行）》后，各地在依法民主选举实践中进行了不少创新，在选举方式上实现了由等额到差额、由间接到直接、由公开表决到秘密投票的转变。

　　在 20 世纪 80 年代，中国农村居民占总人口 80% 以上，农村居民自治制度的建立，实现了农民充分行使自己的权利自我管理、自我教育、自我服务、自我监督，促进了农村经济的发展、公益事业的发展和社会的稳定。有了农村的发展稳定，才可能有中国经济社会的发展稳定。邓小平多次讲过：民主就是要调动广大人民群众和基层的积极性。他在 1987 年接待外宾时指出："调动积极性是最大的民主。至于各种民主形式怎么搞法，要看实际情况。"[①] "把权力下放给基层人民，在农村就是

---

① 邓小平：《改革的步子要快》，《邓小平文选》第 3 卷，人民出版社 1993 年版，第 242 页。

下放给农民，这就是最大的民主。"①

四　中国特色社会主义民主政治制度形成

经过 10 年左右的探索，中国政治体制改革的目标、基本原则和内容已经确定，中国民主政治制度的四项基本制度已经建立起来。党的十三届四中全会以后，党的第三代、第四代中央领导集体继续探索中国特色民主政治发展道路。

（一）中国政治发展道路的提出与论述

2002 年 5 月 31 日，时任中共中央总书记的江泽民在中央党校省部级干部进修班毕业典礼上的讲话中指出，推进政治体制改革，要从我国国情出发，坚定不移地走自己的政治发展道路，坚持社会主义政治制度的自我完善和发展。第一次提出了中国政治发展道路的概念。

党的十三届四中全会以后，江泽民成为党和国家的最高领导人。此时，国内 1989 年的"政治风波"刚刚平息，国际上苏联、东欧一片动荡，处于社会大变动的前夜。中国社会主义的前途面临严峻考验，在不少人眼里中国社会向何处去又成了问题。在这个关键的历史时刻，江泽民明确表示，在坚持四项基本原则的前提下，继续探索，着力创新，把中国民主政治制度建设推进到一个新的阶段。

在 1989 年之后，中国的政治发展面临两个问题：一是还要不要改革、要不要继续推进民主政治建设，二是要什么样改革、什么样的民主政治。对于第一个问题，江泽民给予明确回答，他指出："无论在什么情况下，我们都要牢牢掌握社会主义民主的旗帜。"② 对于第二个问题，则需要审时度势，制订正确的战略和策略。江泽民强调：中国的民主政治建设必须走自己的路。

---

① 邓小平：《一切从社会主义初级阶段的实际出发》，《邓小平文选》第 3 卷，人民出版社 1993 年版，第 252 页。

② 江泽民：《坚持和完善人民代表大会制度》，《江泽民文选》第 1 卷，人民出版社 2006 年第 1 版，第 111 页。

江泽民旗帜鲜明地提出：绝不照搬西方民主政治模式，决不照抄西方民主、自由、人权观念。在《江泽民文选》中，前后 40 次提到坚持四项基本原则；前后 29 处谈到反对西化、分化的问题。

党的十四大报告明确提出，"同经济体制改革和经济发展相适应，必须按照民主化和法制化紧密结合的要求，积极推进政治体制改革"。①发展民主必须同健全法制紧密结合，实行依法治国，建设社会主义法治国家，并把依法治国确立为党领导人民治理国家的基本方略。

1998 年，在学习邓小平理论工作会议上的讲话中，江泽民提出，发展社会主义民主政治，必须处理好党的领导、人民民主和依法办事这三者的关系，"党的领导是关键，发扬民主是基础，依法办事是保证"。②这是对"三统一"的较早的概括和表述。

江泽民在党的十六大报告中指出："发展社会主义民主政治，最根本的是要把坚持党的领导、人民当家作主和依法治国有机统一起来。""三统一"原则是中国特色社会主义政治发展道路最核心的内容，它的确立，标志着中国特色社会主义政治发展道路的正式形成。

党十七大报告中胡锦涛谈到坚定不移发展社会主义民主政治时说，人民民主是社会主义的生命。人民当家作主是社会主义民主政治的本质和核心。胡锦涛在党的十八大报告进一步明确了这三者之间的关系："坚持党的领导、人民当家作主、依法治国有机统一，以保证人民当家作主为根本，以增强党和国家活力、调动人民积极性为目标，扩大社会主义民主，加快建设社会主义法治国家，发展社会主义政治文明。"胡锦涛宣布，中国已经成功开辟和坚持了中国特色社会主义政治发展道路，为实现最广泛的人民民主确立了正确方向。

（二）进一步完善人民代表大会制度

党的十四大以后，人民代表大会制度进一步得到完善。完善人民代

---

① 江泽民：《加快改革开放和现代化建设步伐，夺取有中国特色社会主义事业的更大胜利》，《十四大以来重要文献选编》（上），人民出版社 1995 年版，第 28 页。

② 参见《江泽民论有中国特色社会主义（专题摘编）》，中央文献出版社 2002 年版，第 301 页。

表大会制度更多地表现为支持人民通过人民代表大会行使国家权力；支持人大及其常委会充分发挥国家权力机关的作用，依法行使立法、监督、决定、任免等职权；健全国家权力机关组织制度，增强依法履职能力。

1. 扩大人民民主

人民代表大会作为代表人民行使国家权力的机关，更加体现了主权在民的原则，保证人民能够通过人民代表大会行使管理国家的权力。

第一，扩大基层代表和普通劳动者的比例。全国人大代表中增加了基层人大代表和普通劳动者的比例。党的十六大以来，《选举法》历经2004、2010 年两次修改，城乡每一代表所代表的人口数由 8：1 到 4：1再到 1：1，真正实现了地区、民族、人人"三个平等"。第十二届全国人大代表选举首次实行城乡按相同比例选举人大代表。在 2987 名代表中，来自基层的代表达到 401 名，占代表总数 13.4%，比上一届提高5.18 个百分点；其中农民工代表 31 位。代表中党政领导干部的人数约减少了 7 个百分点。

第二，人大代表积极参政议政。提交议案、建议是人大代表履行职责的重要形式，也是反映民情、民意的主要渠道。1982 年通过的全国人民代表大会组织法确定了代表议案规则。30 名以上代表联名，可向全国人代会提出议案，经议案审查委员会等机构审查后，议案可列入人代会议程，或者交人大有关专委会、全国人大常委会审议，也可以将议案转为建议。从 2003 年到 2012 年，人大代表在历次人大会议上提交议案 6314 个，建议 66850 个，建议答复 65472 个，解决和建议解决的占建议总量 70% 以上。[①] 十届、十一届全国人大代表周晓光，十年提交232 份议案 198 份建议，其中 203 份议案 189 份建议被采纳，农民专业合作社法、各级人民代表大会常务委员会监督法、企业破产法等 3 件已正式立法，行政强制法等 10 件已列入国务院立法计划。

第三，建立人民代表联系群众制度。党的十七大明确提出要"保障人大代表依法行使职权，密切人大代表与人民的联系"以后，全国许多地区建立和完善人民代表联系群众制度。上海市人大在 2008 年颁

①　参见《中国人大》2003 年第 2 期，第 19 页。

布了《关于加强市人大代表与人民群众联系的若干意见（试行）》，内容包括制定宗旨及代表联系人民群众的总体要求，代表联系原选举单位和人民群众的内容和形式、联系的重点及具体要求，代表对了解的有关社情民意予以研究处理的方式和途径，市和区县人大常委会的有关服务保障工作等。至 2013 年，上海所有 99 个社区（街道）都设立了人大代表联络室。

第四，拓宽民众政治参与的渠道。在有约 3 亿网民的中国，网络日益成为公众政治参与的重要平台和崭新渠道。自 2009 年起，每年人大召开会议时全国人大会议新闻中心均设立"网络访谈室"，让网民通过互联网与人大代表进行在线交流，让网络成为百姓参与全国人代会的"议政厅"。

2. 实行科学立法、民主立法

科学立法即是在立法的过程中"坚持科学的理论指导，坚持科学的方法机制，坚持科学的评价标准"[1]。2000 年《立法法》提出："立法应当从实际出发，科学合理地规定公民、法人和其他组织的权利与义务，国家机关的权力与责任。"2006 年 3 月吴邦国在《全国人民代表大会常务委员会报告》提出："要在总结经验的基础上，进一步推进科学立法、民主立法，使之制度化、规范化和程序化。"党的十七大报告将科学立法、民主立法写入政治报告。

科学立法主要包括几个方面：第一，对立法计划和立法规划进行评估。第二，立法论证。重视法律法规的合理性、可行性，增强可操作性、可执行性的论证。第三，立法后评估。让立法后评估"常态化"，把执法检查与立法后评估有机结合起来，切实提高立法的针对性和实效性。第四，立法精细。在大规模立法已经结束之后，在制定或修改法律法规时，精雕细刻，提高立法质量。[2]

2002 年 9 月，全国人大常委会法工委就文物保护法的修改问题在北京举行了首次立法论证会。全国人大法律委、教科文卫委和国家文物

---

① 张德江：《坚持科学立法民主立法切实提高立法质量》，《人民日报》2013 年 06 月 03 日。
② 参见万其刚《关于以人为本与立法的几个问题》，中国人大网。http：//www. npc. gov. cn/npc/xinwen/rdlt/sd/2012—08/17/content_ 1732831_ 2. htm。

局的有关负责人出席了会议，参加会议的还有我国文物和法律方面的专家，著名博物馆和私人博物馆的馆长，博物馆协会、收藏协会，部分地方文物保护部门的代表。

北京市人大常委会从 2008 年起，试行立法前的立项论证，对立法必要性、立法时机、立法思路、预期立法效果等进行评估。广东省人大常委会也出台了规定，广东的每一部地方性法规都要通过立法论证、立法公开、立法听证、立法评估和立法专家咨询。

立法后评估是指立法机关对法规实施情况进行调查研究，重点研究法规实施后取得的成效，实施中存在的问题，分析法规中各项制度设计的合法性、操作性和针对性，以便修改完善法律制度。2010 年全国人大常委会对《科学技术进步法》和《农业机械化促经法》进行了立法后评估，采用问卷调查、实地调研、案例分析等多种方式进行，开启了全国性法律的立法后评估，为实现科学立法积累了宝贵经验。

民主立法也是提高法律质量的重要途径。近年来，在民主立法方面，更是取得了长足的进步。越来越多的人大立法实行了开门立法，鼓励公众参与立法，收集立法信息，尽力使各方面的利益和要求都能得到体现和表达，制定出符合公众利益的法律、政策。

《物权法》的立法过程最具代表性。《物权法》起草工作始于 1993 年。从 2002 年 12 月起，全国人大其及常委会先后进行了 8 次审议，创造了全国人大立法史上单部法律草案审议次数之最。在起草和审议期间，向社会全文公布征求意见，并召开了 100 多次座谈会、立法论证会听取各方意见。2007 年十届全国人大五次会议近 3000 名人大代表以 2799 票赞成、52 票反对、37 票弃权的表决结果，通过了《物权法》。《物权法》的诞生，是人大民主立法的一个范例。

个人所得税法的修改也充分体现了民意对于法律制定修改的影响。2005 年 9 月全国人大有关部门首次就税法举行联合听证会，10 月 27 日通过的修改后的《中华人民共和国个人所得税法》吸收了听证意见，将费用扣除标准由草案规定的 1500 元提高到 1600 元。这次听证会是全国人大及其常委会立法史上首次召开立法听证会，被誉为中国民主立法的里程碑。2011 年 4 月，国务院提请全国人大常委会审议再次修改的个人所得税法修正案草案，4 月 25 日，全国人大常委会办公厅将一审后的草案全文公布，向社会征求意见。在 36 天的时间内，共收集到 23 万多条意见。在汇总分析的基础上，立法机关将这些意见向公众进行了反馈。6 月 27 日，被提交全国人大常委会会议审议的个税法修正案草案（二审稿），维持了 3000 元的起征点，但将第 1 级税率由 5% 修改为 3%，以进一步降低纳税人中的中低收入人群的税负。个人所得税税法的修改过程，透视了中国民主政治建设的巨大进步。

2003 年以后，有 50 余部法律草案通过中国人大网和相关媒体向社会公开，广泛征求人民群众的意见。最近 5 年，中国立法机关先后向社会公布 48 件法律草案，30 多万人参与提出修改意见，收到修改意见 180 万条；其中最多的是劳动合同法修正案草案收到 55 万多条意见。立法机关召开立法听证会、座谈会听取公众对法律草案的意见，实现了法律草案公开征求意见的常态化。

2011 年 3 月 10 日，吴邦国委员长宣布中国特色社会主义法律体系已经形成。经过 60 多年的建设，实现了从无法可依到有法可依的历史性转变，为实施依法治国基本方略、建设社会主义法治国家奠定了坚固的法制基础。

中国法律体系以宪法相关法、民法商法、行政法、经济法、社会法、刑法、诉讼与非诉讼程序法等多个法律部门的法律为主干，由法律、行政法规、地方性法规三个层次的法律规范构成的，国家经济建设、政治建设、文化建设、社会建设、生态文明建设实现有法可依。截至 2012 年底，除现行宪法和 4 个修正案外，我国现行有效的法律 243 件，行政法规 721 件，地方性法规和民族自治地方的自治条例、单行条例 9200 余件。

3. 推动依法监督

人大监督制度，是作为国家根本政治制度的人民代表大会制度的重要组成部分。我国从 20 世纪 80 年代就开始了监督法的酝酿、起草，直到 2006 年 8 月全国人大常委会第二十三次会议审议通过《中华人民共和国各级人民代表大会常务委员会监督法》。监督法的颁布实施将人大常委会监督法制化、规范化、经常化，对于各级人大常委会依法行使监督职权，增强监督实效，促进依法行政和公正司法，具有重要意义。人大常委会的监督主要是工作监督和法律监督。

工作监督，是对"一府两院"的工作的监督，包括是否符合宪法和法律，是否符合人民的根本利益，是否正确贯彻人大及其常委会的决议、决定，是否正确行使职权等进行监督。主要内容：①围绕党和国家工作大局，抓住关系改革发展稳定大局和群众切身利益、社会普遍关注的热点问题，如"三农"问题、义务教育、环境保护、安全生产、拆迁补偿等，开展专项工作监督。②对计划和预算执行情况的监督。监督的具体形式，就是在每年中期，听取和审议本年度上一阶段计划、预算的执行情况；审查和批准计划、预算在执行中所必须作的部分调整方案；听取和审议关于上一年度预算执行情况和其他财政收支的审计工作报告。③对法律法规实施情况的监督。监督的形式主要是执法检查。常委会每年抓住几部实施中问题较多、人民群众普遍关心的法律法规，集中力量，深入检查，针对法律法规实施中的主要问题，一查到底，举一反三，起到改进工作、警示后来的作用，推动法律法规的正确实施。2010 年以来，全国人大常委会共开展了 13 次执法检查，安排听取和审议了国务院和最高人民法院、最高人民检察院的 31 个专项工作报告，开展了 9 次专题询问。①

法律监督的具体内容和形式是对规范性文件是否符合宪法和法律规定所进行的监督。规范性文件除宪法和法律外，还包括两类：一是行政法规、地方性法规、自治条例和单行条例、国务院部门规章、地方政府规章。这些规范性文件，都是我国法的渊源，是中国特色社会主义法律体系的组成部分。二是上述文件之外其他由国家机关制定的决议、决定、命令等。这些规范性文件不是我国法的渊源，但也是普遍适用的。法律监督的形式，一是执法检查，它既是工作监督的一种形式，又是法律监督的一种形式；二是备案审查；三是撤销同宪法和法律相抵触或者

---

① 国务院新闻办：《2012 年中国人权事业的进展》白皮书，国务院新闻办网站。http://www.scio.gov.cn/zfbps/ndhf/2013/Document/1322525/1322525.htm。

不适当的规范性文件。①

（三）发展协商民主

1991 年江泽民提出社会主义民主有两种形式，他指出："人民通过选举、投票行使权利和人民内部各方面在选举和投票之前进行充分协商，尽可能就共同性问题取得一致意见，是我国社会主义民主的两种重要形式。"② 2006 年发布的《中共中央关于加强人民政协工作的意见》，首次以正式文件的形式论证了"在我们这个幅员辽阔、人口众多的社会主义国家里，关系国计民生的重大问题，在中国共产党领导下进行广泛协商，体现了民主与集中的统一。人民通过选举、投票行使权利和人民内部各方面在重大决策之前进行充分协商，尽可能就共同性问题取得一致意见，是我国社会主义民主的两种重要形式"③。2007 年 11 月 15 日，国务院新闻办公室发表《中国的政党制度》白皮书，第一次确认了选举民主和协商民主的概念，并强调"选举民主与协商民主相结合，是中国社会主义民主的一大特点。在中国，人民代表大会制度与中国共产党领导的多党合作和政治协商制度，有着相辅相成的作用"。十八大报告首次提出"社会主义协商民主是我国人民民主的重要形式"。强调"要完善协商民主制度和工作机制，深入进行专题协商、对口协商、界别协商、提案办理协商，积极开展基层民主协商，推进协商民主广泛、多层、制度化发展"④。协商民主作为中国社会主义民主政治体制的重要组成部分，已经广泛渗透到国家政治社会生活中，呈现广泛、多层、制度化特点，并且在不断地丰富和发展。

关系到国家经济社会发展重大决策的宏观层面的民主协商包括三个

---

① 乔晓阳：《人大常委会监督的内容和原则》，中国人大网。http：//www. npc. gov. cn/npc/bmzz/falv/2006—11/08/content_ 1384043. htm。

② 江泽民：《在七届全国人大四次会议、全国政协七届四次会议党员负责人会议上的讲话》，《江泽民论有中国特色社会主义》（专题摘编），中央文献出版社 2002 年版，第 347 页。

③ 《中共中央关于加强人民政协工作的意见》，中央政府门户网站。http：//www. gov. cn/jrzg/2006—03/01/content_ 215306. htm。

④ 胡锦涛：《坚定不移沿着中国特色社会主义道路前进 为全面建成小康社会而奋斗》，中国共产党新闻。http：//cpc. people. com. cn/n/2012/1118/c64094—19612151. html。

方面：①中国共产党与民主党派无党派人士之间的政治协商。中国共产党作为执政党，在经济社会重大问题决策之前，在党内外进行广泛协商，坚持协商于决策之前和决策之中。十六大以来，仅中共中央、国务院及委托有关部门召开的民主协商会、座谈会和情况通报会达 197 次，就事关国计民生的重大问题充分征求各民主党派、无党派人士的意见建议。②国家政权机关的立法、决策协商。包括人大的开门立法和政府与社会的决策协商对话。③人民政协的政治协商。2008 年至 2012 年，中国人民政治协商会议第十一届全国委员会共开展各类协商活动 420 多场次。2010 年以来，全国政协共收到提案 16743 件，其中各民主党派中央、全国工商联提案 882 件，召开 6 次专题议政性常委会和专题协商会，进行 296 次调研视察活动。加强同民主党派的政治协商。中共中央在作出重大决策前，一般都邀请民主党派主要领导人和无党派代表人士召开民主协商会、小范围谈心会、座谈会等，通报情况，听取意见，共商国是。①

　　微观层面的民主协商主要是各地针对地方经济社会发展中与群众切身利益关系密切的问题，如教育、医疗、环保、住房等方面的决策，采用民主恳谈、听证会、咨询会等多种形式开展的民主协商。

　　浙江省温岭是全国最早开展民主恳谈的。1999 年 6 月，浙江在全省开展农业农村现代化教育。台州温岭市委确定松门镇为试点镇。松门镇党委希望改变多年来形成的单向灌输说教的集中性教育模式。为此，松门镇党委在市委工作组的指导下，在开展教育活动前派出干部到基层进行调研，请群众提意见，提建议。调研组向群众询问他们最关心的问题，最不满意什么，最想解决什么。在调研中，松门镇党委和市委工作组逐渐意识到，改革开放以来，由于经济、社会环境发生了很大变化，在基层，尤其在农村，人民群众和党组织疏远了，感情淡漠了，群众对干部的意见很多。如何解决这些问题，松门镇党委一班人认为，要高度重视基层和农村中出现的新情况，必须采取新的方式来解决新形势下出

---

① 国务院新闻办：《2012 年中国人权事业的进展》白皮书，国务院新闻办网站。http://www.scio.gov.cn/zfbps/ndhf/2013/Document/1322525/1322525.htm。

现的新问题。有人提出搞类似记者招待会的形式，把群众召集起来，共同就村镇公共事务提意见。在这一创意的启发下，松门镇党委和市委工作组决定设立"农业农村现代化教育论坛"，这便是民主恳谈的最初形态。1999 年 6 月，第一期"农业农村现代化教育论坛"正式在松门镇召开。有 100 多名群众自发前来参加会议，大家从大到村镇建设发展规划，小到邻里纠纷等事宜，畅所欲言，热烈讨论，论坛效果非常之好。2000 年 8 月，温岭市委在松门镇召开了现场会，组织各乡镇、街道和市政府职能部门的负责人观摩。会上将此前已经在各地开展的、形式多样的"民情恳谈"、"村民民主日"、"农民讲台"、"民情直通车"等活动形式，统一命名为"民主恳谈"。民主恳谈建立了一种群众事前参与基层公共事务决策，事中进行民主监督，事后进行民主评议的比较完整的新的民主形式。

浙江省温州乐清市自 2007 开始实行人民听证制度。这年 4 月，乐清市人大常委会决定，在常委会期间以专题会议的形式，市人大代表、旁听市民、乡镇人大主席团成员和机关人员，听取各位副市长年初、年中、年末关于分管涉及教育、环保、城建、交通、社会治安等"一府两院"相关专项工作情况报告。人大代表、旁听市民对报告发表意见。对听证会上发言者的内容，人大方面经过归纳整理后形成书面意见，经主任会议讨论后，函告市政府。网络和电视媒体对听证会的整个过程进行现场直播。2008 年 8 月乐清市人大出台的关于人民听证议事方式的暂行规定，则让"人民听证"制度成为乐清市人大常委会的一项常规性制度。把人民听证同人大工作监督有机结合起来，进一步加强和改善了人大监督，促进了法治政府建设，扩大了公民有序政治参与。

目前全国不少地方都大力推进多种多样的民主协商实践，正在全社会形成一种重视协商、崇尚协商的民主氛围，有效地保障了人民群众的民主权利。

（四）进一步完善民族区域自治

1992 年 1 月，中央民族工作会议把"坚持与完善民族区域自治制度，全面贯彻落实《民族区域自治法》"，作为民族工作的一项主要任务。1997 年 9 月，党的十五大把民族区域自治制度与人民代表大会制度、共产党领导的多党合作和政治协商制度一道，确立为我国必须长期坚持的基本政治制度。2001 年 2 月，九届全国人大二十次会议通过了新修改的《民族区域自治法》。修改后的《民族区域自治法》明确了民族区域自治是国家的一项基本政治制度，规定了帮助民族自治地方发展是上级国家机关的职责，扩大了民族自治地方的自主权，要求有关上级国家机关和地方要制定配套的法规和规章，等等。2002 年 11 月，党的十六大又进一步把坚持和完善民族区域自治制度纳入到建设社会主义政治文明的总体要求和进程中。

2003 年 3 月，胡锦涛在参加全国政协十届一次会议少数民族界委员联组讨论时指出，"要抓紧制定民族区域自治法的实施细则，把法律的一些原则规定具体化，确保这一法律得到全面贯彻落实"。2005 年 5 月 19 日，国务院颁布了《实施〈中华人民共和国民族区域自治法〉若干规定》。从加快经济社会发展、培养各类人才、维护民族团结、明确法律责任和建立监督机制等方面作了具体规定。将帮助民族自治地方加快经济发展放在突出位置，规定了上级人民政府及其职能部门在规划、基础设施项目安排、西部开发、资源开发和生态环境保护、财政转移支付、金融、外贸等方面对民族自治地方给予支持；规定了促进民族自治地方发展教育、科技、文化、卫生、体育和健全社会保障体系的内容，体现了重视民族自治地方经济社会事业协调发展的特点；在政治方面强调巩固民族团结，既规定了开展促进民族团结进步的各项活动、加强民族法规政策的宣传教育的内容，又规定了要妥善处理影响民族团结的问题，禁止破坏民族团结和制造民族分裂行为的内容。①

目前，55 个少数民族都有本民族的全国人大代表和全国政协委员，人口超过 100 万的少数民族都有本民族的全国人大常委会委员。

（五）发展基层群众自治

1982 年宪法从国家根本法的高度确立了城乡基层群众性自治组织

---

① 《〈国务院实施中华人民共和国民族区域自治法若干规定〉解读》。国家民族事务委员会网站。http：//www. seac. gov. cn/gjmw/zt/2005—07—21/1165635562750126. htm。

的法律地位。村民自治是中国特色社会主义民主政治制度的重要组成部分，广大农民通过民主选举、民主决策、民主管理和民主监督，实现村民自治，做到自我管理、自我服务和自我教育。

1987 年 1 月，第六届全国人大常委会第二十三次会议通过了《中华人民共和国村民委员会组织法（试行）》。该法试行期间，全国大部分地区都普遍实行了村民自治，并取得了令人瞩目的成就。1998 年 11 月 4 日，第九届全国人大常委会第五次会议正式制定了《村民委员会组织法》，为村民自治的发展壮大提供了重要的法律依据。2007 年中共十七大报告把"基层群众自治制度"确立为我国社会主义民主政治的四项制度之一。2010 年 10 月第十一届全国人大常委会第十七次会议通过了《中华人民共和国村民委员会组织法（修订草案）》，进一步完善了村民自治制度。

截至 2012 年底，全国绝大多数省份已开展了 8—9 轮的村委会换届选举工作。全国 98% 以上的村委会实行了直接选举，村民平均参选率达到 95%。村委会女性成员比例有所提高。全国 95% 的村实现村务公开，90% 以上的县制订村务公开目录，91% 的村建立村务公开栏。全国每年约有 170 万名村干部进行述职述廉，对 23 万多名村干部进行经济责任审计，村民评议村干部近 209 万人次。①

1989 年 12 月 26 日，《城市居民委员会组织法》经第七届全国人大常委会第十一次会议通过，并于 1990 年 1 月 1 日颁布实施。1999 年国家在 26 个城区开展了社区建设的试点和实验工作。到 2004 年底，全国城市已经建立了符合新型社区建设要求的 71375 个居民委员会。城市社区居民自治的主要内容也是实行民主选举、民主决策、民主管理和民主监督。2010 年 11 月中共中央办公厅、国务院办公厅印发的《关于加强和改进城市社区居民委员会建设工作的意见》（以下简称《意见》），明确了城市社区居民委员会与城市社区居民自治的关系：社区居民委员会是社区居民自治的组织者、推动者和实践者。《意见》对于完善社区民

---

① 国务院新闻办：《2012 年中国人权事业的进展》白皮书，国务院新闻办网站。http://www.scio.gov.cn/zfbps/ndhf/2013/Document/1322525/1322525.htm。

主管理制度作出具体规定，要求"进一步健全社区党组织领导的充满活力的社区居民自治机制，推广社区党员或党员代表议事制度，深入开展以居民会议、议事协商、民主听证为主要形式的民主决策实践，以自我管理、自我教育、自我服务为主要目的的民主管理实践，以居务公开、民主评议为主要内容的民主监督实践，全面推进居民自治制度化、规范化、程序化。积极探索网上论坛、民情恳谈、社区对话等有效形式，鼓励社区居民和驻区单位广泛参与，切实保障社区居民的知情权、参与权、决策权、监督权"。[①]

2010 年至 2012 年，全国绝大多数城市社区开展了新一轮换届选举，直接选举率在 30% 以上。城市社区居民委员会女性成员达到 49.42%。通过居民会议议事协商和民主听证等形式，社区各类主体都可以平等参与社区公共事务和民主决策。[②]

---

① 中共中央办公厅、国务院办公厅：《关于加强和改进城市社区居民委员会建设工作的意见》，新华社，2010 年 11 月 9 日。http：//news. xinhuanet. com/politics/2010—11/09/c＿12755 666. htm。

② 国务院新闻办：《2012 年中国人权事业的进展》白皮书，国务院新闻办网站。http：//www. scio. gov. cn/zfbps/ndhf/2013/Document/1322525/1322525. htm。

第四章

保障权利与集中权力的统一

民主是一个需要不断建设和发展的社会进程。经过长期反复的实践探索，在不断总结中国自身经验教训和借鉴国际经验教训的基础上，如何在当代中国建设和发展民主政治的问题终于得到了回答和解决，这就是要在中国政治制度的运行中以及一切民主政治实践中，把共产党领导、人民当家作主和依法治国有机统一起来。实现共产党领导、人民当家作主和依法治国的有机统一，是对当代中国建设和发展民主政治的规律性的基本认识。中国民主政治的"三统一"，是一种符合现代中国社会发展要求的、行之有效的民主运行策略，它提供了保障人民权利和集中国家力量的双重功能。"三统一"是当代中国民主实践最重要的经验之一。

一　民主政治发展的策略选择

民主是中国共产党人的社会理想和一贯追求。早在新中国成立之前，毛泽东就提出了"人民民主"的概念，提出了没有民主主义就没有社会主义的观点，并明确地宣布将实行民主作为未来新中国的政治目标。1939 年，毛泽东在纪念"五四"讲话中指出：中国革命的目的就是建立一个"人民民主主义的共和国"。① 这是毛泽东第一次明确提出人民民主的概念。在毛泽东的思想里，民主与社会主义是紧密联系在一

① 毛泽东：《青年运动的方向》，《毛泽东选集》第 2 卷，人民出版社 1991 年第 2 版，第 563 页。

起的。1944 年毛泽东在给博古的信中写道："有人说我们忽视或压抑个性，这是不对的。被束缚的个性如不得解放，就没有民主主义，也就没有社会主义。"① 在这一时期，毛泽东在同黄炎培的谈话中还提出了著名的跳出"周期率"的理论，他认为：社会主义国家的民主政治是"人人起来负责"的政治。② "人人起来负责"，体现了毛泽东在新中国建立之前关于未来社会主义社会中实行民主制度的原则性设想。

（一）实践之惑："民主"还是"集中"

在建立国家政权、建立社会主义制度，在执政条件下推行民主政治，民主实践者面对的问题，远不是革命战争时期在未取得政权时设想的"人人起来负责"那般简单。"人人起来负责"的政治是否意味着直接民主？如果并不意味着一种可以实施的政体形式，而仅仅是一种政治原则或民主政治原理，如何在实践中形成和建立一整套民主政治制度体系，就成为摆在新中国缔造者和建设者们面前亟须解决的重大问题。

以毛泽东为代表的中国共产党人把人民主权，这个来自西方的带有浓重学术色彩的概念转换成了一个中国式、通俗化的表述：人民当家作主。在新中国成立之初的政治术语中，"解放"、"翻身"是使用十分频繁的政治象征性词汇。民主的价值目标，对民主政治的向往和追求，随着中华人民共和国的建立，很快就转变成为具体的政治行为，并进一步成为制度安排问题。在民主变得具体之后，民主原则与实施形式之间的差别和冲突问题就浮现出来，逐渐变为需要解决的问题，并进一步显现为一对相互冲突的矛盾。

1949 年 10 月 24 日，毛泽东在一次谈话中讲道："中国已归人民，一草一木都是人民的，任何事情我们都要负责并且管理好。"③ 这时距举行开国大典不过三周的时间，毛泽东已经感受到作为执政者的责任，中国的事情原则上说是"人民当家作主"，实际上"任何事情我们都要

---

① 毛泽东：《致秦邦宪》，《毛泽东书信选集》，中央文献出版社 2003 年版，第 239 页。
② 参见黄炎培《八十年来》，文史资料出版社 1982 年版，第 148、149 页。
③ 毛泽东：《同绥远负责人的谈话》，《毛泽东文集》第 6 卷，人民出版社 1999 年版，第 14页。

负责并管理好"。在中国共产党成为执政党后的"第一时间",中国共产党的领袖感受到了民主政治的内在矛盾——价值与形式之间的矛盾,其表现是代议制中人民的"主权"与代理人的"治权"之间的矛盾。民主政治的价值与形式的内在矛盾,在国际共产主义运动与马克思主义话语体系里的表达形式是:民主与集中的矛盾。在中华人民共和国刚刚建立的时候,国家领导层已经感受到了这个民主还是集中之间的权衡问题。

　　新中国建立之初,国家面临的首要任务是医治中国社会因长期战争、动乱留下的创伤,执政党和新政权的主要任务是恢复和发展国民经济,为即将到来的国家的工业化、现代化做准备。对此,毛泽东等中国共产党的领导人有着十分明确的理念和认识。早在 1944 年 8 月,毛泽东在致另一位中共重要领导人秦邦宪的信中,已经明确地论述了未来社会主义社会民主政治的物质基础和实现途径。毛泽东写道:"新民主主义社会的基础是工厂(社会生产,公营的与私营的)与合作社(变工队在内),不是分散的个体经济。分散的个体经济——家庭农业与家庭手工业是封建社会的基础,不是民主社会(旧民主、新民主、社会主义,一概在内)的基础,这是马克思主义区别于民粹主义的地方。简单言之,新民主主义社会的基础是机器,不是手工。我们现在还没有获得机器,所以我们还没有胜利。如果我们永远不能获得机器,我们就永远不能胜利,我们就要灭亡。现在的农村是暂时的根据地,不是也不能是整个中国民主社会的主要基础。由农业基础到工业基础,正是我们革命的任务。"① 毛泽东的这段论述传递了一个十分清晰的思想——实现国家工业化是建立民主政治的基础,未来的民主政治建设首先要从建设现代工业开始。新中国成立后,中国的民主政治要从恢复经济、尽快实行工业化入手。

　　1951 年 2 月,抗美援朝战局逐步稳定下来,② 毛泽东即提出了"三年准备、十年计划经济建设"的中国经济发展战略。经过几年努力,

---

　　①　毛泽东:《给秦邦宪的信》,《毛泽东文集》第 3 卷,人民出版社 1996 年版,第 207 页。
　　②　1951 年 1 月,中国人民志愿军和朝鲜人民军取得第三次战役胜利,"联合国军"退至"三八线"以南,朝鲜战局趋于稳定。

到 1953 年国民经济有了显著恢复。经过进一步的准备，中央政府于 1955 年正式制定和实施了新中国第一个《五年计划纲要》。优先发展重工业是第一个"五年计划"期间的重点，主要体现在建设苏联援建的 156 项骨干工程。与此同时，毫无建设经验的中国全面学习苏联建设和管理的方式方法。"一五计划"期间也是中国全面学习苏联、效仿苏联建立计划经济管理体制的年代。

苏联式的计划经济体制是高度集中统一的管理体制，无论在宏观还是微观层面上都实行集中统一指挥和领导。在宏观层面上，要建立和实行中央计划当局对国民经济的全面集中统一计划管理。在微观层面上，则实行"一长制"。建立在计划经济基础上的政治体制必然受到经济体制的制约和塑造。事实上，新中国成立之初，中国实行的政治体制同样是集中统一的，以为中央计划当局的政策、法规的贯彻实施提供行政和人事方面的保障。从民主政治的角度看，这一时期的政治体制是以"集中"为基本取向的。

效仿苏联建立起来的一系列制度构成了新中国成立初期政治体制的最初框架。1956 年初，在被誉为探索适合中国国情建设社会主义道路"开篇之作"的《十大关系》中，毛泽东提出："为了建设一个强大的社会主义国家，必须有中央的强有力的统一领导，必须有全国的统一计划和统一纪律，破坏这种必要的统一，是不允许的。"[①] 这反映出在新中国成立初期，毛泽东等领导人在民主制度建设和民主政治建设中更加倾向于"集中"，即更加强调对于中央以及各级政权的集权。

但是，这种局面在 1956 年以后很快发生了重大转变。1956 年，被毛泽东称为"多事之秋"。这一年苏联、东欧社会主义国家接连出现重大事态。1956 年上半年苏共二十大召开，赫鲁晓夫在苏共二十大闭幕后召开秘密会议，全面揭露、批判斯大林。1956 年下半年波兰波兹南事件和匈牙利事件相继发生。苏联、东欧的一系列事态引起了中国方面的高度警觉和关注，毛泽东没有就事论事地看待苏东事态，而是提出了

① 毛泽东：《论十大关系》，《毛泽东著作选读》（下册），人民出版社 1986 年版，第 730—731 页。

自己理论性的解释。他认为："东欧一些国家的基本问题就是阶级斗争没有搞好，那么多反革命没有搞掉，没有在阶级斗争中训练无产阶级，分清敌我，分清是非，分清唯心论和唯物论。"对于匈牙利事件的原因，毛泽东总结说："官僚主义、脱离群众，工业方针错误，工人减薪，资本家简单地被打倒，知识分子未被改造，反革命分子没有镇压。"① 1956 年下半年，中国国内也发生了经济波动和社会风潮。毛泽东认为，这是由于干部官僚主义、脱离群众造成的，并认为群众有理由把官僚主义的干部"革掉"。

1957 年 2 月，毛泽东在最高国务会议第十一次会议上发表了《关于正确处理人民内部矛盾的问题》的讲话。这篇重要讲话是对 1956 年以来国内外一系列事件的一个理论性的总结，提出了区分两类不同性质矛盾，正确处理人民内部矛盾的学说。从这时开始，在民主问题上毛泽东从比较强调"集中"向强调"民主"方向转化。毛泽东的基本思路是：要用民主的方法解决人民内部矛盾。这一时期，他提出了"小民主"和"大民主"问题。"小民主"即整风，也即用批评和自我批评的方式解决人民内部矛盾。所谓"大民主"即超越正常秩序的利益表达活动，如罢工罢课、游行示威等。对于"大民主"，毛泽东也采取了肯定和宽容的态度。他提出："大民主"是解决人民内部矛盾、调整社会秩序的一种补充方法。对 1957 年出现的所谓"四大自由"：大鸣、大放、大辩论、大字报，毛泽东给予了热情的肯定，称之为：群众创造的一种革命形式、群众斗争的形式，并认为这些形式充分发挥了社会主义民主。

从 1957 年以后，毛泽东的民主思想从新中国成立初的民主集中制当中"民主"与"集中"的相对平衡，或更倾向于"集中"，逐渐向"民主"漂移，并最终在"文化大革命"走到了"大民主"。

1962 年 1 月，毛泽东在"七千人大会"上专门谈到"民主集中制"问题，明显反映出他的民主思想变化的动向。毛泽东首先继续强调：解决人民内部矛盾只能用民主的方法。毛泽东在"民主的方法"后面加

① 引自《毛泽东传（1949—1976）》（上），中央文献出版社 2003 年版，第 606、607 页。

上一句"让群众讲话的方法"。这个并列句实际上是这时毛泽东对"民主的方法"的一个注解。毛泽东提出："无论党内党外，都要有充分的民主生活，就是说，都要认真实行民主集中制。"而更为关键的问题是，这时毛泽东对于民主集中制的解释已经与 20 世纪 50 年代有了很大的区别——这时"民主"已经成为了基础和重点。毛泽东指出："没有民主，不可能有正确的集中，因为大家意见分歧，没有统一的认识，集中制就建立不起来。"……"在我们国家，如果不充分发扬人民民主和党内民主，不充分实行无产阶级的民主制，就不可能有真正的无产阶级的集中制。"①

　　毛泽东日益倾向于"民主"，是与他的社会主义理论不断发展紧密联系在一起的。这一理论最终发展为"无产阶级专政条件下继续革命理论"。早在 1957 年的八届三中全会上，毛泽东就断言："无产阶级和资产阶级的矛盾，社会主义道路和资本主义道路的矛盾，毫无疑问，这是当前我国社会的主要矛盾。"苏共二十大以后，赫鲁晓夫全盘否定斯大林，以及中苏关系的破裂，使毛泽东日益相信修正主义是中国社会主义事业的主要威胁，而修正主义的主要危险又主要是"中央出修正主义"。反修防修就成为党和人民需要完成的主要任务，而反修防修的关键是要防止中央出修正主义。办法是什么呢？当然还是民主，走群众路线。但是，过去民主集中制的那一套办法对于"中央出修正主义"已经无能为力了。

　　到 20 世纪 60 年代初，经过"大跃进"和"三年困难"的挫折，毛泽东的威信受到了很大影响。他的社会主义理论，尤其是他的反修防修的阶级斗争理论，越来越得不到党的领导集体的认同。毛泽东同他身边工作人员的一次谈话，十分准确地反映出了当时党内高层的态势以及毛泽东的焦虑。毛泽东谈道："我多次提出主要问题，他们接受不了，阻力很大。我的话他们可以不听，这不是为我个人，是为将来这个国家、这个党，将来改变不改变颜色、走不走社会主义道路的问题。我很

---

　　① 毛泽东：《在扩大的中央工作会议上的讲话》，《毛泽东著作选读》（下册），人民出版社 1986 年版，第 816—822 页。

担心，这个班交给谁我能放心。我现在还活着呢，他们就这样！要是按照他们的作法，我以及许多先烈们毕生付出的精力就付诸东流了。""我没有私心，我想到中国的老百姓受苦受难，他们是想走社会主义道路的。所以我依靠群众，不能让他们再走回头路。"①

随着时间的推移，"反修防修"的任务日益在毛泽东的思想里变成了一种主要压力。随着他与党内其他主要领导人的分歧的出现和显化，②他终于拿起了"大民主"的武器，发动了那一场史无前例的"文化大革命"。"文化大革命"中的"大民主"，是一种民粹主义政治。民粹主义政治具有鲜明的特征：一是奉行纯粹的平民价值，即以最基层群众利益为最高的、甚至是唯一的价值。毛泽东甚至说过：高贵者最愚蠢，卑贱者最聪明。二是破坏一切既有规则，"文化大革命"中最响亮的口号之一是"造反有理"。造反有何道理？因为，各式各样的清规戒律束缚了人民群众，保护了"资产阶级"和"修正主义分子"，因此必须彻底"砸烂"。三是极端化倾向，民粹主义政治的社会心理表现是政治运动为最激进的社会情绪所带动和引领，越是激进的主张、越是极端的口号，越能吸引群众、引领潮流。

"文化大革命"的"大民主"以彻底破坏社会秩序为结局，终于走向了失败。人们经常引用据说是丘吉尔说的一句话：民主政治并非是最好的，但却可以避免最坏的结果。其实，这是不对的。这样的判断经不起历史的检验。"文化大革命"的"大民主"就造成了最严重的结果，走向了反面，否定了自己。世界历史上这样的现象也并不少见。美国学者施拉姆不无辛辣地评价"文化大革命"："具有讽刺意味的是：'文化大革命'以公开宣布赞成巴黎公社式的群众民主开始，以赞美中央集权的专制暴君秦始皇而告终。"③

---

① 引自《毛泽东传（1949—1976）》（下），中央文献出版社 2003 年版，第 1389、1390 页。

② 从近年来披露的史料看，毛泽东与党内其他主要领导人主要是刘少奇等人的分歧显化于对"四清"运动性质的看法。在"一线"主持工作的刘少奇认为，"四清"运动所反映出的社会矛盾的性质是"四清"与"四不清"问题，而毛泽东则认为是"两条道路"问题和资产阶级与无产阶级之间的阶级斗争。

③ 斯图尔特·R. 施拉姆：《毛泽东的思想》，中国人民大学出版社 2005 年版，第 203 页。

（二）反思"文化大革命"："民主"与"法制"的平衡

经过"文化大革命"的挫折，中国的民主政治建设又艰难地重新起步，在总结"文化大革命"教训的基础上，在实行改革开放的新的历史条件下，开始了新的探索。新探索的领路人是邓小平。

1978年底至1979年初召开的中国共产党第十一届中央委员第三次全体会议，简称"十一届三中全会"，开启了纠正"文化大革命"错误、重新探索社会主义道路的改革开放的新时期。新时期民主政治的再探索是从反思"文化大革命"开始的。对于在"文化大革命"中饱受政治迫害、"文化大革命"后重新掌握政治权力的"老干部"们来说，"文化大革命"最大的问题和教训在于破坏法制。邓小平说过："'文化大革命'时搞'大民主'，以为把群众哄起来，就是民主，就能够解决问题。实际上一哄起来就打内战。我们懂得历史的经验教训。"[1]　在十一届三中全会召开前的重要的准备会议——中央工作会议上，邓小平开始谈到了民主问题。当时政治问题的中心是"解放思想"，为实行改革开放的新路线进行思想准备。邓小平在会上提出"民主是思想解放的重要条件"，如何实行民主呢？他进一步指出："为了保障人民民主，必须加强法制。必须使民主制度化、法律化，使这种制度和法律不因领导人的改变而改变，不因领导人的看法和注意力的改变而改变。现在的问题是法律很不完备，很多法律还没有制定出来。往往把领导人说的话当作'法'，不赞成领导人说的话就叫做'违法'，领导人的话改变了，'法'也就跟着改变。"[2]　恢复和发展社会主义法制成为邓小平为代表的中国共产党的领导阶层对民主政治新探索的起点。

（三）"西单墙"：体制外因素兴起

"文化大革命"失败，改革开放兴起，中国的政治生态发生了巨大

---

[1]　邓小平：《排除干扰，继续前进》，《邓小平文选》第3卷，人民出版社1993年版，第199—200页。

[2]　邓小平：《解放思想，实事求是，团结一致向前看》，《邓小平文选》第2卷，人民出版社1994年第2版，第146页。

变化。"文化大革命"前，社会政治进程在总体上是自上而下的推进和总体受控的过程。即使是"文化大革命"初期的"红卫兵造反"，也是由最高领袖发动和支持的，因此有"奉命造反"之说。但在"粉碎'四人帮'"和否定"文化大革命"的新的政治形势下，中国政治进程中增添了"体制外因素"。这一点与台湾当年因内外政治形势变化，"党外"因素兴起是一种类似的政治过程。

西单"民主墙"是改革开放初期"体制外因素"的集中表现。1976年10月"粉碎'四人帮'"之后，中国政治形势开始转变，针对"文化大革命"以及之前的"左倾"路线的反思与批判逐步兴起，"文化大革命"中"五七干校"下放干部的政策得到纠正，知识青年"上山下乡"政策开始松动，随之而来大量的冠以"平反"和"落实政策"的政策调整开始实施。这些政策转变带来了自20世纪50年代以来大量因社会政策而导致的社会矛盾、社会问题的显化。从1978年开始，大量人员来京"上访"。北京及各主要城市中沿袭"文化大革命"习惯，批判"文化大革命"、反思"左倾"路线的"大字报"纷纷出现。在北京最终汇集成了所谓西单"民主墙"。

1978年秋天，北京西单体育场外的一段橱窗因经常张贴各种大字报而逐渐闻名。1978年9月《中国青年》复刊，但因其中一些文章被认为有政治错误而被收回，禁售。有人将这期杂志中那篇被认为有错误的文章张贴于西单的橱窗上，引起轰动。12月初，后来成为知名异见人士的魏京生在此贴出一篇名为《第五个现代化》的文章，主张在"四化"中再加入政治民主化，进一步引起反响。一时间，任畹町、徐文立、王军涛、胡平、刘青等后来的"民运人士"活跃分子贴出大批大字报，批判"文化大革命"并进一步把矛头指向毛泽东、中国共产党和社会主义制度。这里也逐步被自由派人士和海外媒体称为"民主墙"。以西单"民主墙"为中心，还出现了一些民间团体和民间刊物，其中比较知名的有所谓"七大民刊"，包括：《今天》、《四五论坛》、《沃土》、《北京之春》、《人权同盟》、《探索》和《启蒙》等。[①] 以此为起点，西单"民主墙"也

---

① 这些刊物和其主要负责人是：北岛、芒克（《今天》），徐文立、刘青（《四五论坛》），胡平（《沃土》），王军涛、陈子明、刘迪（《北京之春》），任畹町、陈旅（《人权同盟》）、魏京生、杨光、路林（《探索》），黄翔、秦小春（《启蒙》）。

成为为期 10 年的校园"学潮"的思想背景。

"体制外"与"体制内"并无明确和严格的界限，在中国政治生态中"体制外"与"体制内"历来都是相互影响的。就在"民主墙"上的舆论逐渐升温的时候，1979 年 1 月 18 日，由中央宣传部和中国社会科学院联合举办有 160 多人参加的"理论务虚会"在北京召开。理论务虚会最初是由叶剑英建议召开的。在此之前，具有历史意义的十一届三中全会刚刚闭幕，鉴于十一届三中全会开启的体制改革事业的重要性以及在会议上依然存在不同认识和意见，叶剑英认为需要召开一次理论讨论会，研究问题，形成共识，统一思想。

这次在中国共产党历史上不多见的理论会议，分两个阶段召开，第一阶段，从 1 月中旬开到 2 月中旬；第二阶段，以中共中央名义召开，邀请各省市宣传部门人员参加，扩大到 400—500 人，从 3 月下旬开到 4 月初结束。从整体上看，理论务虚会起到了进一步在理论上拨乱反正、纠正"文化大革命"的错误理论的积极作用，但会议上也出现了一些以肃清封建主义遗毒为旗号，怀疑或反对党的领导和社会主义的言论与倾向，胡绩伟、王若水、严家其等后来成为党内异见人士者在这时显露出他们的一些基本的看法和观点。"理论务虚会"召开的时候，正值西单"民主墙"如火如荼之时。"民主墙"牵动了"务虚会"，参加"务虚会"的不少代表白天在钓鱼台开会，晚上结伴去西单看"民主墙"。[1]西单"民主墙"的讨论与争论自然也转到了"务虚会"上，结果"务虚会"上也出现了两种观点，一部分与会者警告，当前出现了错误倾向，出现了否定党的历史和社会主义道路的言论，由此联系到刚刚闭幕不久的三中全会的思想解放和改革路线，担心会出现失控局面。另一方面的意见是对西单"民主墙"大加赞赏，在会上有人公开支持西单"民主墙"的主流观点，提出要对中国乃至苏联的历史与制度进行彻底反思。[2]

西单"民主墙"引发了"理论务虚会"上的分歧，在发生明显分

[1]　根据作者《政治学研究调研笔记》相关内容。

[2]　同上。

歧和争论的情况，主持会议的胡乔木等人不得已向邓小平报告并敦请邓小平出来讲话。3 月 30 日，针对"理论务虚会"上的分歧和倾向性问题，邓小平到会并发表了《坚持四项基本原则》的著名讲话。邓小平指出：现在一方面，坚持"左倾"错误的人攻击三中全会以来实行的方针政策违反马列主义、毛泽东思想；另一方面，党内和社会上产生了一种怀疑或反对四项基本原则的思潮。邓小平还指出，党内一些人与社会上的怀疑和反对四项基本原则的思潮有关系，甚至直接间接地给予一定程度的支持。[1] 邓小平讲话之后，理论务虚会很快就结束了。

但是，改革开放形势下，中国社会受到"西化"的影响以及体制外认同和追求西方政治制度的趋势，并没有因为邓小平对社会主义改革与全盘西化的原则界定而减弱，几乎整个 20 世纪 80 年代西方的影响和体制外因素一直处于上升状态。这种影响首先表现为学习西方哲学社会科学的热潮，一时间，几乎所有的在西方流行甚至不大流行的各式各样、五花八门的思潮都在中国找到了读者和听众。据 20 世纪 80 年代出版部门的一项统计，1985 年全国出版社会科学类译著 399 种，1986 年为 477 种，1987 年为 600 种，呈持续快速上升的趋势，三年累计外国译著接近 1500 种，占新中国成立以来的 38 年间国外哲学社会科学译著总数的 15%。80 年代后期，北京 22 所高校做的一项调查显示，介绍西方社会文化思潮的课程是高校中最受欢迎的课程。另据 1988 年的一项调查，北京地区高校学生社团中与西方思想文化有关的社团占总数的 63%。[2] 西方文化热很快影响了 80 年代中国知识分子和大学生的政治态度。1986—1988 年北京市有关部门在北京高校连续进行抽样调查，结果显示，1986 年有 17% 的被访者回答认为"资本主义将使中国发展更快"，23% 的被访者对改革不抱希望；1987 年这组数字上升为：29% 和 52%。而到 1988 年，即 1989 年政治风波发生的前一年，这组数字进一步上升到 34% 和 60%，即 34% 的大学生认为"资本主义将使中国发展更快"，60% 的对改革不抱希望。

---

① 参见邓小平《坚持四项基本原则》，《邓小平文选》第 2 卷，人民出版社 1994 年版。
② 参见黎芜、刘可为《反思与选择：西方文化对当代大学生的影响》，《瞭望》1991 年第 2 期，第 24—27 页。

改革开放最初的 10 年体制外思潮迭起，其总的倾向是认同和接受西方价值观和社会制度，这被认为是所谓"八十年代的共识"。80 年代体制外因素对体制内构成了持续性的深刻影响。在理论务虚会之后，体制内、党内的争论，分歧不断，1983 年春，党内发生了一次激烈的关于"人道主义和异化问题"的争论，并引发了"清除精神污染"运动。"清除精神污染"运动引发了党内更大的分歧，形成了党内关于反对"资产阶级自由化"的争论。1986 年中共中央总书记胡耀邦因反对资产阶级自由化不利而辞职，成为 80 年代最重大的政治事件之一。

（四）"戈尔巴乔夫热"：苏联改革的影响

中国改革开放初期既受到来自西方以及与之呼应的国内体制外因素的影响，也受到来自苏联和东欧原社会主义国家改革的影响，特别是受到 80 年代中期开始的苏联改革的巨大影响。

20 世纪 50、60 年代，东欧国家中南斯拉夫、匈牙利和波兰等国家相继开始对高度集中的社会主义计划经济体制进行改革。十一届三中全会以后，中国国内对于东欧的改革高度关注，形成了所谓"东欧热"，大量介绍东欧改革经验，探讨东欧不同改革模式以及效仿问题。

1985 年苏联共产党领导层发生重大变化，戈尔巴乔夫担任苏共中央总书记。1985 年 4 月召开的苏共中央全会上，新任总书记戈尔巴乔夫提出了苏联全面改革设想，倡导民主化、公开性和改革新思维。1986 年 2 月 25 日至 3 月 6 日，苏共二十七大召开，标志苏联大规模改革的开始。1988 年 6 月 28 日至 7 月 1 日，苏共中央第十九次全国代表会议举行，戈尔巴乔夫在会上提出政治体制改革迟缓已经阻碍了经济改革，要求全面实行政治改革。苏共十九次全国代表会议报告和决议提出，苏联现行政治体制已"严重变形"，必须对政治体制进行"根本改革"，实行民主化、公开性和多元化。苏共十九次全国代表会议激发了苏联社会高度的政治热情，形成了"大民主"式的政治参与，各地非正式组织迅速发展，反体制和民族分裂活动公开化。这使苏联出现了十月革命时期的口号——"全部权力归苏维埃"，并成为政治体制改革的基本策略。所谓"全部权力归苏维埃"改组政权机构，将国家权力从苏联共产党转移到经过自由选举而成立的苏联人民代表大会，以苏联人民代表大会作为国家最高权力机关，其常设机构最高苏维埃成为议会，使苏维埃成为"政治体制的核心"。1989 年进行了苏联联盟一级和加盟共和国一级人民代表的选举。苏共在选举中失利，激进民主派和民族主义分子大批当选为人民代表和议员。选举后，叶利钦发起"跨地区代表团"，成为苏联议会中第一个有组织的政治反对派。苏联解体的序幕由此拉开。

苏联是当年世界上的两个超级大国之一，又是世界上最大的社会主义国家。苏联长期以来一直是中国革命和建设追随和效仿的主要对象。虽然一度关系恶化，但苏联作为中国发展的主要参照系的地位实际上一直没有改变。戈尔巴乔夫倡导的改革开始后，对中国产生了广泛而深刻的影响。苏联的改革，一方面对于中国的改革起到了呼应、印证和支持的作用，使中国增强了推进改革的信心；另一方面，戈尔巴乔夫主导的苏联改革以其更加彻底和激进的思想理论，对中国改革起到了一定程度的引领作用。特别是戈尔巴乔夫提出民主的、人道的社会主义，以及公开性、多元化等改革口号，广泛地吸引了中国社会的注意力。在 80 年代中后期，中国学术界掀起了一股研究苏联改革的热潮，纷纷用苏联改革的纲领、口号对照中国。戈尔巴乔夫所倡导的民主的、人道的社会主义，公开性、多元化等改革的"新思维"、新概念也进入了中国的学术话语体系。

（五）十三大："党政分开"和"社会协商对话制度"

经过 80 年代初中期的尝试和探索，到 1987 年举行的中共十三大前后，80 年代政治体制改革的基本内容和策略逐步清晰明朗起来，党政分开、社会协商对话制度和逐步扩大竞争性选举等成为中国改革开放初期政治体制改革和民主政治建设的重点内容。

改革开放初期，根据"文化大革命"时期形成的党统领一切的所谓"一元化"领导体制时的经验，人们将政治体制的核心问题视为执政党的权力过于集中，改革策略的选择则集中于权力的分解，具体的方式和路径就是所谓的"党政分开"。这种解释系统和改革思路与苏联戈尔巴乔夫的认识与策略也是基本一致的。十三大政治报告中说："长期形成的党政不分、以党代政问题还没有从根本上解决。这个问题不解决，党的领导无法真正加强，其他改革措施也难以顺利实施。"十三大提出的政治体制改革的首要措施就是实行党政分开。十三大政治报告对于实行以党政分开为主要内容的政治体制改革做出了具体安排，十三大报告指出："政治体制改革的关键首先是党政分开。""党政分开即党政职能分开。党领导人民制定了宪法和法律，党应当在宪法和法律的范围内活动。党领导人民建立了国家政权、群众团体和各种经济文化组织，党应当保证政权组织充分发挥职能，应当充分尊重而不是包办群众团体以及企事业单位的工作。党的领导是政治领导，即政治原则、政治方向、重大决策的领导和向国家政权机关推荐重要干部。党对国家事务实行政治领导的主要方式是：使党的主张经过法定程序变成国家意志，通过党组织的活动和党员的模范作用带动广大人民群众，实现党的路线、方针、政策。党和国家政权机关的性质不同，职能不同，组织形式和工作方式不同。应当改革党的领导制度，划清党组织和国家政权的职能，理顺党组织与人民代表大会、政府、司法机关、群众团体、企事业单位和其他各种社会组织之间的关系，做到各司其职，并且逐步走向制度化。"①

建立社会协商对话制度，是十三大上关于政治体制改革做出的另一项重要部署。十三大政治报告将"建立社会协商对话制度"专列为报告第五部分"关于政治体制改革"中的与"实行党政分开"并列的一个专题。报告指出："正确处理和协调各种不同的社会利益和矛盾，是社会主义条件下的一个重大课题。各级领导机关的工作，只有建立在倾听群众意见的基础上，才能切合实际，避免失误。领导机关的活动和面临的困难，也只有为群众所了解，才能被群众所理解。群众的要求和呼声，必须有渠道经常地顺畅地反映上来，建议有地方提，委屈有地方说。这部分群众同那部分群众之间，具体利益和具体意见不尽相同，也需要有互相沟通的机会和渠道。因此，必须使社会协商对话形成制度，

---

① 赵紫阳：《沿着有中国特色的社会主义道路前进》，《十三大以来重要文献选编》（上），人民出版社1991年版，第36页。

及时地、畅通地、准确地做到下情上达，上情下达，彼此沟通，互相理解。""建立社会协商对话制度的基本原则，是发扬'从群众中来、到群众中去'的优良传统，提高领导机关活动的开放程度，重大情况让人民知道，重大问题经人民讨论。当前首先要制定关于社会协商对话制度的若干规定，明确哪些问题必须由哪些单位、哪些团体通过协商对话解决。对全国性的、地方性的、基层单位内部的重大问题的协商对话，应分别在国家、地方和基层三个不同的层次上展开。各级领导机关必须把它作为领导工作中的一件大事去做。要进一步发挥现有协商对话渠道的作用，注意开辟新的渠道。"①

在今天看来，建立社会协商对话制度似乎显得平淡无奇，近年来在我国基层，甚至省市一级，提出建立社会协商与对话机制的地方和单位并不鲜见。但 20 世纪 80 年代后期提出这样的改革思路和措施却是不同寻常的。提出这样的改革思路，与 80 年代关于民主政治的理解有关。80 年代对于民主政治的理解在很大程度上是"普世性"的和概念性的。民主意味着平等，所谓"建立社会协商对话制度"的要害在于"对话"，而"对话"蕴涵的潜在前提是对话双方的对等地位。从原则上讲，人民群众与党政领导机关的"对话"是完全说得通的，甚至从人民主权的概念意义上讲，"人民"是主体，是"第一性"的，而党与政府是"公仆"，是为人民服务的，是"第二性"的。但从社会实际以及法律形式、政治规则的层面上，则完全是另一回事了。在政治实践中，具体到协商与对话的形式中，人民只是一种概念上的存在，在形而上的概念层面"人民群众"与"党和政府"对话交流完全是说得通的，但所谓"党与政府"是一个个具有明确法律地位的实体，而对话方的"人民"地位就无法确定了。从理论上来说，"人民"只有通过"党"才能称之为"人民"，离开党的"人民"只是一种"自在的"群体。"对话"再一次彰显了民主政治的内在矛盾——价值观与实践形式之间的冲突。然而，这种民主的内在冲突是人们在当年未曾了解和理

① 赵紫阳：《沿着有中国特色的社会主义道路前进》，《十三大以来重要文献选编》（上），人民出版社 1991 年版，第 43—44 页。

解的。

据当年一位十三大政治报告起草的老同志回忆，当时在起草报告过程中，也曾讨论过"对话"一词的运用，"对话"究竟是什么意思、如何对话其实并不清楚，但大家都觉得这是个好词，意思肯定是对的，所以就把"对话"写上去了。但一直到"八九风波"时的一天，在电视上看到请愿学生组织"高自联"代表和国务院总理在人民大会堂"对话"的那一刻，才终于明白了十三大报告中"对话"究竟是什么意思了。①

在十三大上，关于政治体制改革和民主政治建设的第三项重大部署是推进竞争性的选举。十三大报告中，虽然将推进选举列为"完善社会主义民主政治的若干制度"中需要完善的六项制度之一，但无疑是最敏感和最具创新性的一项。其他五项完善人大制度、政协制度、民族区域自治制度等都是历来所强调的。十三大报告指出："近年来，我国选举的民主程度正在不断提高。但是，选举制度还不够健全，已有的制度也还没有全面有效地贯彻。今后应当更充分地尊重选举人的意志，保证选举人有选择的余地。要继续依法坚持差额选举制度，改进候选人的提名方式，完善候选人的介绍办法。实践证明，在选举各种代表大会的代表时，硬性规定候选人的结构比例，不利于体现选举人的意志。为了使候选人具有较为广泛的代表性，今后除继续坚持按地区选举的制度外，可以辅之以按界别选举和其他方式产生部分代表的办法。"②

十三大对于选举问题的强调的要害在于加强选举的竞争性，尽管报告中的用语是含蓄的，如"更充分地尊重选举人的意志，保证选举人有选择的余地"以及"坚持差额选举"等，但其实际含义是清楚的，就是加强选举的"选择性"，而加强"选择性"引发的结果自然是候选人之间的竞争性加强。

---

① 根据作者《政治学研究调研笔记》相关内容。
② 赵紫阳：《沿着有中国特色的社会主义道路前进》，《十三大以来重要文献选编》（上），人民出版社1991年版，第45页。

二 认识中国民主政治发展的规律性

中国共产党在十三大上关于中国政治体制改革的论述与规划被普遍地认为是一个"高点"。中国改革开放的新时期，通过政治体制改革建设民主政治是普遍的共识，但在建设一个什么样的民主政治模式以及如何建设民主政治问题上，依然是在探索之中。回顾 20 世纪 80 年代的民主政治建设，全面地看它有三个来源：既根据自身实践的摸索，也直接来自对过去错误和失败的否定与批判，而理论上思想上的认识以及指导思想的形成则不可避免地受到了国外经验和理论的影响。这其中，既包括对西方理论与实践经验的学习、参照，也有受到来自东欧苏联的影响。十三大上对于改革开放以来政治体制改革和民主政治建设的总结和规划，成败利弊究竟如何？实践检验很快就来临了。而这次检验最终促成了"三统一"的确定，即中国特色社会主义民主政治建设发展规律的发现和确认。

（一）"八九风波"的冲击

十三大的召开和十三大上形成的新的党中央领导集体给海内外以富于进取精神和富有活力的印象。十三大上对于政治体制改革前所未有的高调宣示，加之苏联戈尔巴乔夫改革的映衬，中国社会以及国际社会对于中国的政治发展和政治体制改革形成了高度关注和期待。中国国内要求快速政治体制改革的呼声强烈，社会政治参与的热情高涨。

十三大举行后几个月，1988 年春节前夕，上海《世界经济导报》发表一篇岁末评述——《中华民族最要紧的还是"球籍"问题》。该文用激扬的笔触，渲染出中华民族正在面临着一场被"开除球籍"的危机。"球籍"问题一经提出，立即在全国范围内引发广泛关注和一场辩论，辩论中占压倒优势的舆论是认定民族危机的存在。而这场日益逼近的民族危机又被归结为中国现行的意识形态和政治制度的危机。"球籍"讨论制造出的危机意识、危机心理，为在更大范围内对于现行政治制度进行公开的批判和否定提供了理由和社会心理准备。

与"球籍"讨论紧密连接的是 1988 年夏天轰动一时的电视政论片《河殇》的热播。如果说"球籍"讨论为公开的政治批判进行了舆论准备,《河殇》则在更大范围内,将 80 年代中国知识界的文化反思意识公开、彻底地带入意识形态领域,甚至是政治领域。《河殇》是 80 年代以来知识界自由化思潮的制高点——它是对社会制度、社会发展方向、国家发展战略进行重新选择的"宣言书",是一次政治参与的思想大动员。"文化大革命"结束以来,中国社会中泛起的文化反思热潮,终于沿着"自省—自卑—自责"的逻辑走到了终点——成功地在中国社会里制造出对于现存政治秩序的颠覆性语境。

1989 年春夏之交,邓小平所说的由"国际大气候"和"国内小气候"造成的那一场政治风波终于降临了。1989 年的政治风波本质上涉及中国的发展道路、发展模式,是两个方面、两条道路、两种模式之争。所谓"国际大气候"即是西方多年来对中国发展的影响与引导,同时也包括东欧、苏联改革的示范和引导作用;所谓"国内小气候"是改革开放以来在中国发展道路问题上长期存在的不同认识的分歧和争论。无论当时的人们对这场政治风波看法的分歧有多大,却都有一个共同点——为这场前所未有的、在很大程度上出乎多数人意料的政治冲突所震撼,随之而来就是对于从十一届三中全会以来的社会发展进程、经济体制和政治体制改革的进程再一次进行反思。1989 年的政治风波和风波后的再反思,对于中国的民主政治建设和政治体制改革产生了深刻的推动作用。

(二)风波后反思:将"四项基本原则"植入"改革开放"

1989 年的政治风波之后,中国领导层进行了调整,形成了以江泽民为核心的中国共产党的新的领导集体。1989 年之后的政治形势对于中国共产党和新的领导层而言是十分严峻的。首先是国际上的巨大压力,以美国为首的西方阵营因政治风波而制裁中国,更为严峻的是东欧原社会主义国家在同年夏秋之交全面出现政治动荡,各国共产党纷纷下台,原有社会主义制度瓦解,东欧的社会主义失败了。紧随其后的是苏联的溃败,世界上第一个社会主义国家因戈尔巴乔夫主导的改革和新思维而全面走向混乱和解体。苏联解体对中国造成了巨大的思想和心理冲击。

经历了 1989 年严峻的考验，中国向何处去成为一个重大而现实的问题，必须对过去的实践和理论进行反思，总结经验教训，确定未来的方针和发展方向。这个反思首先是由邓小平做出的。

十三大曾经对于当时已经进行了 8 年的改革开放进行过总结，提出了"一个中心，两个基本点"的党在新时期的基本路线。所谓"一个中心"是以经济建设为中心，"两个基本点"是坚持四项基本原则和坚持改革开放。邓小平在总结 1989 年的经验教训时说："党的十三大概括的'一个中心、两个基本点'对不对？两个基本点，即四个坚持和改革开放，是不是错了？我最近总在想这个问题。我们没有错。四个坚持本身没有错，如果说有错误的话，就是坚持四项基本原则还不够一贯，没有把它作为基本思想来教育人民，教育学生，教育全体干部和共产党员。"①邓小平进一步提出，风波过后，"要认真总结经验，对的要继续坚持，失误的要纠正，不足的要加点劲"。邓小平对于"八九风波"所做出的这一论述确定了反思"八九风波"和把握未来方向的基调。

1989 年以后，以江泽民为核心的新的领导层面对两个重大问题：一是还要不要继续实行改革开放，要不要继续推进民主政治建设；二是要什么样的改革、怎样推进民主政治建设。

关于第一个问题，根据邓小平在 1989 年政治风波平息后反思的基调，以江泽民为核心的党中央继续执行改革开放的路线和政策。但在坚持实行改革开放的前提下，江泽民进一步明确提出了"两种改革观"的问题，进一步明确了未来实行改革开放的性质和方向。江泽民在 1991 年 7 月 1 日庆祝中国共产党成立七十周年大会上的讲话中指出："我们的改革，是社会主义制度的自我完善和发展，是发扬优势、革除弊端、大胆创新的过程。我们的开放，要吸收国外先进科学技术、管理经验和优秀文化成果，引进外资，以增强我国经济社会发展的自力更生

---

① 邓小平：《在接见首都戒严部队军以上干部时的讲话》，《邓小平文选》第 3 卷，人民出版社 1993 年版，第 305 页。

能力和在国际社会中的竞争能力。不进行改革，就不可能使社会主义制度继续保持蓬勃生机；在改革中不坚持社会主义方向，就会葬送党和人民七十年奋斗的全部成果。要划清两种改革开放观，即坚持四项基本原则的改革开放，同资产阶级自由化主张的实质上是资本主义化的'改革开放'的根本界限。"①

两种"改革观"是1989年以前未曾明确提出过的见解，它具有特殊的意义。贯穿马克思主义的、社会主义的话语体系中，充满了"辩证法"，所有政治性话语体系必须具有"弹性"，必须是"两点论"的，既要讲"这一方面"，又要讲"另一方面"。在十三大确立的党的基本路线中，"对立统一"的"两点论"是"坚持四项基本原则"和"坚持改革开放"，这是"基本路线"中的"两个基本点"。而提出两种"改革观"的价值就在于"坚持四项基本原则"和"坚持改革开放"的"两点论"进一步植入了"改革开放"之中。

在进一步明确改革开放的性质和方向的前提下，继续实行政治体制改革和建设中国特色社会主义民主政治，自然是"题中应有"之义。

江泽民担任总书记后不久就曾明确表示："建设高度的社会主义民主和完备的法制，是我们的根本目标和根本任务之一，也是人民群众的共同愿望。党的十一届三中全会以来，中央一再强调，没有民主，就没有社会主义，就没有社会主义现代化。进行政治体制改革，就是要兴利除弊，建设有中国特色的社会主义民主政治。无论在什么情况下，我们都要牢牢掌握社会主义民主的旗帜。"②

关于民主政治建设，江泽民的思路与70年代末邓小平开启改革开放大门时的方法颇为类似。邓小平在发动思想解放运动，为改革开放创造政治与舆论前提后，并没有立即提出改革开放的纲领和方案，而是首先划定了改革开放的最大范围与边界——四项基本原则。他在1979年初春提出了四项基本原则，而到了一年之后的1980年夏末才初步提出

---

①　江泽民：《当代中国共产党人的光荣使命》，《江泽民文选》第1卷，人民出版社2006年版，第163页。

②　江泽民：《坚持和完善人民代表大会制度》，《江泽民文选》第1卷，人民出版社2006年版，第111页。

中国政治体制改革的基本纲领和方案——《党和国家领导制度的改革》。① 江泽民在担任总书记伊始，关于政治体制改革和民主政治建设讲的最多的是：中国的民主政治建设必须走自己的路，绝不照搬西方民主政治模式，绝不照抄西方民主、自由、人权观念等。根据对于《江泽民文选》进行的文献研究，《江泽民文选》所登载的江泽民在担任总书记的 13 年间，至少 40 次论及坚持四项基本原则，先后 29 次论及反对西化、分化，先后 10 余次明确表示：绝不照搬西方政治模式。

以江泽民为核心的第三代中共中央领导集体的时代条件和他们所持的政治立场，预示了中国的政治体制改革和民主政治建设的新的探索方向。

（三）党的领导、人民当家作主和依法治国有机统一

民主政治，可谓中国社会百年来的理想与追求，不可胜数的仁人志士为之不懈努力。就中国共产党人而言，更以建设和发展民主政治为己任。但中国人探索民主政治的道路亦可谓曲折而漫长，中国共产党人的实践也可谓艰难反复。从政治实践和制度建设的角度，回顾中国百年追求民主之路，回顾中国共产党人的探索民主之路，其核心问题不在于民主的价值本身，而在于找到实现民主价值的具体形式，能否建立起最大程度体现民主价值——人民主权的政治形式、制度安排。以当代政治科学的知识水平而论，我们已经能够认识到，民主的内在矛盾——价值与形式间的对立。因此，也进而清楚地认识到：民主政治建设的真谛在于——找到最大程度实现民主价值的政治形式，最大限度地克服与淡化民主价值与形式间的矛盾。建设民主政治的规律就在于将民主价值与具体形式统一起来。

中国改革开放最初 10 年关于民主政治建设的探索集中于简政放权，即减少权力集中程度，提高人民群众的政治地位，使社会掌握更多更大权力。邓小平在 1980 年夏末提出的中国政治体制改革和民主政治建设

---

①　1980 年 8 月 18 日，邓小平在中共中央政治局扩大会议上发表讲话《党和国家领导制度的改革》，同月 31 日由政治局讨论通过。

的纲领性文献《党和国家领导制度的改革》中的论述最为经典，最能反映改革开放之初对于民主建设的认识水平。邓小平说："从党和国家的领导制度、干部制度方面来说，主要的弊端就是官僚主义现象，权力过分集中的现象，家长制现象，干部领导职务终身制现象和形形色色的特权现象。……权力过分集中的现象，就是在加强党的一元化领导的口号下，不适当地、不加分析地把一切权力集中于党委，党委的权力又往往集中于几个书记，特别是集中于第一书记，什么事都要第一书记挂帅、拍板。党的一元化领导，往往因此而变成了个人领导。全国各级都不同程度地存在这个问题。权力过分集中于个人或少数人手里，多数办事的人无权决定，少数有权的人负担过重，必然造成官僚主义，必然要犯各种错误，必然要损害各级党和政府的民主生活、集体领导、民主集中制、个人分工负责制等等。"①

邓小平的这段论述反映了改革开放之初，对于政治体制改革必要性和改革目标的认识，核心思想是分散权力，下放权力，使权力向"人民"靠拢。经过一段时间的探索，党的十三大上，将邓小平7年前的目标转化为具体的改革措施和制度安排——党政分开和建立社会协商对话制度。但实践很快就检验出80年代政治体制改革和民主政治建设策略上的问题。

尽管在制度设计和实施中一再申述党政分开的目的是"加强党的领导"，但党组织一旦脱离了行政、社会管理与经济建设的实际过程，党的领导就变得空洞而无力了，况且长期形成的体制本身在人事配备上党政也是合一的。党政分开首先在技术上遇到了操作性的难题。在实践中搁置和政治上的继续宣示，造成了一定程度上的社会误导，一方面使社会期待落空，一方面又使"自由化"势力有了反对的口实。

社会协商对话制度具有深刻的概念含义，对话意味着对话者地位对等，党作为领导者与"人民群众"是平等的，这在政治哲学意义上是通顺的，甚至还可以说，在政治哲学上"人民群众"应居于"上位"。

---

① 邓小平：《党和国家领导制度的改革》，《邓小平文选》第2卷，人民出版社1993年版，第327、329页。

但在现实中，在法律与形式上，在程序意义上，"对等"地位意味着
"领导"合法性的危机和正当性的质疑。由此可见，民主的价值一旦直
接表现为形式，民主的实现形式就消失殆尽。这恰恰体现了当年列宁关
于民主说过的那句意味深长的话："完全的民主等于没有任何民主。这
不是怪论，而是真理！"①

　　形势比人强。政治风波的严酷事实改变了80年代以来探索民主政
治实现形式的思路，消除权力本身甚至都无法消除权力的弊端，况且权
力是无法消除的。问题不在于把权力"还给"社会、"还给"人民群
众，那样的想法过于浪漫了。实际的问题不外乎为人民掌好权、用好
权，在于权力的分工、权力的使用、权力的制约、权力的监督。90年
代以后，"党政分开"悄然改为"党政分工"，"社会协商对话制度"
也在党代会的文件中销声匿迹了。

　　80年代的"浪漫"结束了，问题被重新提了出来。90年代初关于
民主建设策略问题的探索回到了10年前的起点上，但问题却变得比当
年清晰了，党与人民的关系，权力与权利的关系，这是建设民主政治需
要解决的实质性问题，也就是未来将要回答的问题。

　　既然关于民主建设策略的探索回到了起点，这意味着首先要确定改
革与建设面对的问题。当年的共识是：权力过于集中，过于集中于党，
过于集中于个人。因此，改革的目标是分散权力，向下、向社会分权。
实践证明，事情远非如此简单，显然关于民主政治的相关因素、前提性
与限制性因素还有许多，未来改革与建设的目标与策略就先要从民主的
政治相关性开始。

　　1997年9月召开的中国共产党第十五次全国代表大会上，江泽民
在大会政治报告中论述了政治体制改革和民主政治建设的目标，这是时
隔整整10年后，中国共产党再一次确定政治改革和民主建设的相关性
因素，设定改革的参数。江泽民在报告中指出："推进政治体制改革，
必须有利于增强党和国家的活力，保持和发挥社会主义制度的特点和优

① 列宁：《马克思主义论国家》，《列宁全集》第31卷，人民出版社1985年第2版，第162
页。

势，维护国家统一、民族团结和社会稳定，充分发挥人民群众的积极性，促进生产力发展和社会进步。"[①] 他还具体部署了"当前和今后一段时间"政治体制改革的主要任务："发展民主，加强法制，实行政企分开、精简机构，完善民主监督机制，维护安定团结。"

尽管十五大上的表述还不够清晰，但它重新确定了中国民主建设的基本相关因素，这就是两个功能性要求和一个限制性条件。两个功能性要求是：调动人民群众积极性和促进生产力发展、社会进步；一个限制性条件是：维护国家统一、民族团结、社会稳定。中国民主政治建设的基本框架从此被设定了，民主政治建设的思路与80年代相比有了很大的调整。80年代的思路集中于分权、放权，集中于政治领域。其内在逻辑是：在人民主权观念引领下，试图建立起一种具有直接民主意味的自治性的民主政治体制。事实证明，那种理想化的设想是不可能实现的。

经过反复的探索，终于在认识民主政治的实践形式问题上取得了突破性的进展，在理论上将抽象的人民主权分解为三个元素：权利、权力和方法，即从理论上将人民主权原则分解为：人民权利的保障、人民权力的行使和人民权利与权力保障和行使的方法等三个现实问题。人民主权的三分法，为将人民主权从抽象的政治哲学转化为可操作的实践形式进行了理论说明，由此人民主权不再是抽象的原则，而转化为可操作和落实的现实问题。

1998年7月，江泽民在学习邓小平理论工作会议上发表讲话，首次初步提出了"三统一"思想，江泽民指出："推进社会主义民主政治建设，必须处理好党的领导、发扬民主、依法办事的关系。党的领导是关键，发扬民主是基础，依法办事是保证，绝不能把三者割裂开来、对立起来。政治体制改革，必须在党的领导下，有步骤有秩序地进行。以为发扬民主、强调法制就不需要党的领导，这是错误的。同时，各级党委要学会在宪法和法律的范围内加强和改善党的领导。各级领导同志要

①　江泽民：《高举邓小平理论伟大旗帜，把中国特色社会主义事业全面推向二十一世纪》，《江泽民文选》第2卷，人民出版社2006年版，第29页。

敢于领导，善于领导，充分发扬民主，严格依法办事。"① 据可见的文献，这是关于"三统一"的较早的概括和表述。

在 2002 年中国共产党第十六次全国代表大会的政治报告中，关于"三统一"的正式表述是："发展社会主义民主政治，最根本的是要把坚持党的领导、人民当家作主和依法治国有机统一起来。党的领导是人民当家作主和依法治国的根本保证，人民当家作主是社会主义民主政治的本质要求，依法治国是党领导人民治理国家的基本方略。"②

党的领导、人民当家作主和依法治国有机统一，即"三统一"的提出，是对当代中国民主政治建设规律的发现和认识，它揭示了在中国工业化、现代化发展的现阶段民主政治要素之间的内在关系，建立起实行民主政治的实践规则。中共十六大以来，"三统一"始终得到强调，被视为中国特色社会主义民主政治道路的关键内容。③

三　"保障权利"与"集中权力"的逻辑与功能

在建设中国特色社会主义民主政治的进程中，始终把党的领导、人民当家作主和依法治国有机统一起来，按照"三统一"的要求实行民主政治，这是中国民主政治建设经过长期探索得出的基本经验之一，也是一条最重要的经验。对此，可以从政治话语体系和学术话语体系两个层面展开分析。

（一）党与人民两面一体："三统一"的政治语义

政治现象与政治进程，从来都是分为政治话语和学术话语两个系统进行描述和分析的。二者既有观察与分析角度的差别，也有纯粹语言符

① 江泽民：《在学习邓小平理论工作会议上的讲话》，《江泽民论有中国特色社会主义（专题摘编）》，中央文献出版社 2002 年版，第 301 页。
② 江泽民：《全面建设小康社会，开创中国特色社会主义事业新局面》，《江泽民文选》第 3卷，人民出版社 2006 年版，第 553 页。
③ 参见胡锦涛《在庆祝中国共产党成立九十周年大会上的讲话》，中国共产党新闻网，ht-tp：//cpc. people. com. cn/90nian/GB/224164/15052968. html。

号系统上的差别，但无实质的不同。就"三统一"而言，政治话语层面的分析主要是从历史沿革的角度揭示其含义，而学术话语层面的分析则侧重于从现实功能的角度揭示其含义。

从政治语义看"三统一"，三者关系在十六大报告中的标准阐释是："党的领导是人民当家作主和依法治国的根本保证，人民当家作主是社会主义民主政治的本质要求，依法治国是党领导人民治理国家的基本方略。"其具体阐述是：

第一，党的领导是人民当家作主和依法治国的根本保证。实行民主不是一个自发的过程，我国政治制度的运行离不开共产党领导。人民群众要成为掌握国家、社会和自己命运的主人，需要有一个能够代表和反映人民整体利益的政党将自己组织起来，形成自觉的意识，采取有效的行动。尤其是在中国这样一个人口众多、经济文化比较落后且发展不平衡的大国，人民利益的广泛性、多样性，实现人民利益的复杂性、艰巨性，必然要求一个能够集中反映和有效体现人民共同意志的政治核心，来团结、凝聚和带领人民把革命、建设和改革的事业不断推向前进。在中国，能担当这一任务的唯有中国共产党。中国共产党是中国工人阶级、中国人民和中华民族的先锋队，是中国最广大人民根本利益的忠实代表者和坚定维护者。通过人民代表大会、共产党领导的多党合作和政治协商、民族区域自治、基层民主自治等政治制度，我们党将来自人民群众的各种愿望、诉求，综合概括为人民的整体利益和共同意志，并进一步将其转化为国家的法律和政策。离开了党的领导，人民当家作主就会落空，法制和各项制度也就无法真正实现和落实。

第二，实现人民当家作主是实行社会主义民主政治的根本目的。共产党领导的实质是领导和支持人民当家作主。人民当家作主，就是人民群众在党的领导下，通过人民代表大会、共产党领导的多党合作和政治协商、民族区域自治以及基层民主自治等制度形式，掌握国家政权，行使民主权利，管理国家事务、管理经济文化事业、管理社会事务。具体来说，人民群众根据宪法和法律规定选举人民代表，反映和表达自己的愿望与要求，同时通过立法听证、行政听证等形式，直接有序地参与法律法规以及政策的制定；实行基层民主，广大人民在城乡基层群众性自

治组织中，依法直接行使民主选举、民主决策、民主管理和民主监督等
权利，对所在基层组织的公共事务和公益事业实行民主自治；实行民主
监督，广大人民群众在社会生活的各个层次上，采取法律、舆论等多种
手段对党和政府以及干部实施监督。人民当家作主保证了国家各项事业
发展符合人民的利益和意愿，离开人民当家作主，不受人民监督，党的
领导和法治就会偏离正确方向，就会变质。

第三，依法治国是党领导人民治理国家的基本方略。依法治国的实
质，就是广大人民群众在党的领导下，依照宪法和法律规定，通过各种
途径行使管理国家事务、管理经济文化事业、管理社会事务的权利，保
证国家各项工作和社会政治生活都依法进行，逐步实现社会主义民主的
制度化、法律化。法治具有稳定性、规范性、连续性特点，依法治理国
家、管理社会，使民主制度化、法律化，不会出现因领导人的改变或领
导人看法和注意力的改变而改变的情况。在当代中国，无论是党的领
导，还是人民当家作主、行使民主权利，都必须在法制范围内进行，都
必须严格依法办事，任何组织和个人都不允许有超越宪法和法律的特
权。任何违反法治原则的权力意志和所谓的"民主"，都会对社会秩序
和人民的权利与自由造成损害，进而危害社会主义民主政治制度。离开
了法制，人民的权利就要落空，就没有保证，就会出现混乱，甚至导致
无政府主义泛滥。"文化大革命"在这方面的教训尤为深刻。法制与民
主的密切结合，实施民主的法制化和法制的民主化，依法推行和保障民
主，是中国特色社会主义民主的一个重要特色。①

经过反复的实践，中国共产党的领导层终于意识到了，民主在实践
层面上涉及和需要解决的实质性问题是党与人民的关系，权力与权利的
关系。"三统一"的政治论述的核心意思是关于党和人民的关系问题，
"三统一"作为一个政治术语其基本的内涵是从条件与目的两重意义上
概括党与人民的关系。

首先，党是人民的前提与必要条件。人民是主权者，是民主政治

---

① 参见中国社会科学院邓小平理论和"三个代表"重要思想研究中心：《坚定不移地走中国
特色社会主义民主政治道路》，《求是》杂志 2007 年第 10 期。

的主体。但政治意义上或曰社会主体意义上，人民的产生和存在是有条件的。作为政治概念的人民是历史行动的主体，而任何有行动能力的主体都必须具有自我意识和组织形态。否则，人民就只能是一个观念上的存在，就是马克思在《路易·波拿巴的雾月十八日》里说的那样像一个个"马铃薯"似的法国农民，或像中国近代史上常常用以形容中国人的"一盘散沙"。是共产党赋予了人民以自我意识和觉悟，是共产党将人民组织起来，一句话，是共产党使人民成为人民。进一步讲，只有共产党组织和代表人民掌握和行使权力，权力才具有真实有效性。

其次，人民是党的目的。共产党掌握和行使的权力是代行人民的权力，共产党是人民的代表而没有任何集团利益，没有任何自身的目的。因此，共产党所有的执政行为都是为了"领导和支持人民当家作主"，是为人民服务的。共产党是实现人民整体利益、长远利益和根本利益的工具，也就是说，共产党代表人民掌握和行使的权力最终要全部落实在实现人民权力和权益上面。否则的话，民主就会异化和变质。

概括起来说，从政治话语的层面看"三统一"，这一关于党与人民关系的内涵给予了当代中国政治制度以及中国民主一个合法性、正当性的解释。

（二）保障权利：调动社会积极性

在中国民主政治实践中，按照把共产党领导、人民当家作主和依法治国有机统一起来的"三统一"办事，是发展中国民主政治的规律。所谓规律，即是按照规律行事则事成，不按规律办事则事败。"三统一"在实践中所发挥的实践功能究竟如何？还需要具体的分析。

一种民主政治模式的价值如何是要看其功能表现的。中国特色社会主义民主政治的"三统一"模式的实践功能主要表现在两个方面，即因"保障权利"而能调动人民积极性，使工业化、现代化进程获得社会内在动力，又因"集中权力"而能实行战略性发展，使工业化、现代化建设更有效率。这是为改革开放30多年来中国经济社会的历史性跨越式发展，为中国的崛起所证明了的。

保障人民权利，调动了中国人民的积极性、主动性和创造性，使中国工业化、现代化进程获得巨大动力。

140多年前，日本实行"明治维新"，开始了第一次工业化的进程。日本"明治维新"的基本纲领"五条誓文"中说："官武一途，以致庶民，各遂其志，使人心不倦。""明治维新"的改革通过"四民平等"、"殖产兴业"等政策改变了日本社会的传统价值，转以世袭、身份为接受教育和个人成就作为衡量人民社会价值的标准。这一改革在很大程度上改变了日本社会的价值体系，进而改变了社会的动力系统，使日本社会，特别是从民间焕发出超乎任何以往经验的巨大动力，使日本在短短20多年里初步建立起了近代工业体系，使日本崛起于东方。

中国的改革开放也同样是一次释放民间动力的过程，其社会机制与日本以及与所有成功实现工业化的国家的内在动力机制是非常类似的。所不同的是，中国的规模更大，政策实施更加彻底，意识形态与政策措施的契合度更高。

在实行改革开放政策以前的计划经济时代，中国经济也有很大发展，经过近30年的努力初步建立起了国家的工业化体系。但是，改革开放前后中国经济社会发展速度和质量是不可同日而语的。从社会发展动力角度观察，简约的理由是：改革开放前的计划经济时代，中国主要有一个"积极性"，即计划当局的积极性，而下级与社会因计划性的约束而使积极性受到约束，特别是作为基本经济单位的企业的积极性、创造性几乎被窒息。改革开放给中国社会带来的最根本变化在于颠覆了中国社会的基本价值，进而改变了中国社会发展动力系统。

80、90年代以来，实行改革开放、实行社会主义市场经济，其核心的社会意义在于破除了束缚广大人民群众的政治、经济、社会等多方面的限制，改变了以家庭出身和政治态度确定社会价值的旧的价值体系，形成了以平等竞争为基础的教育选拔制度以及机会均等的经济准入制度。社会价值的改变和经济活动预期的形成，转化为普遍的社会动员，转化为巨大的、内在的生产动力，亿万人民群众以追求美好幸福生活为目标，展开了人类历史上最大规模的生产开发活动。

改革开放以来，中国社会最深刻的变化之一是社会活力的增加，是中国人的精神面貌的改变。亿万中国人民积极主动地参与了中国工业化、城市化和现代化的历史进程。而这一历史性的变化来源于社会价值的改变，来源于社会预期的改变。新中国建立以前，中国绝大多数人处于封建土地制度和官僚资本主义制度的束缚和压迫之下。新中国建立以后到改革开放以前，中国绝大多数人虽然在政治上、在法律地位上获得了平等地位，但在经济上和社会身份上依然受到计划经济的束缚，缺乏个人寻求经济与社会发展的机会，内在的动力难于发挥。改革开放的社会意义在于，开始解除人们身份上的限制，通过人民经济社会自由的扩大和权利的保障，尤其是解除此前占中国人口绝大多数的农民的身份束缚，使中国人民形成了新的社会预期——只要通过个人努力即可获得社会流动、身份改变和获取财富的机会。由此，中国社会发展的积极性变成了亿万人民个人的欲求与冲动，中国社会的发展便一发而不可收了，汇成中国经济发展的洪流。

企业发展和企业家精神是衡量一个社会活力与民众从事社会生产积极性、主动性的重要标志。19 世纪后期，中国与日本先后实行改革，开始了各自工业化的第一次努力，日本从明治维新到甲午战争期间民间兴办企业已近 6000 家，而偌大的中国洋务运动进行的 30 年间民办企业不过才区区 160 家，以致中国的工业化程度远不及日本，最终在中日甲午战争中一败涂地，错失了近代史上实现工业化、避免沦为半封建半殖民地社会的命运的机会。

改革开放以来，中国社会向广大人民群众，特别是向广大农村、农民开放了经济自由，保障人民的经济权利与权益，结果彻底改变了人民的精神状态，改变了社会的经济面貌。中国在 1978 年以前民营企业几乎为零，个体工商户的数量也很少，经济活动几乎全部由政府计划当局控制。改革开放 30 多年来，中国人民的创业精神空前增长，截至 2012 年 9月，中国登记注册的民营企业数量已突破千万家，达到 1059.8 万家，企业注册资金达 29.8 万亿元，户均注册资金达 281.3 万元；同期中国个体工商户总户数接近四千万，达到 3984.7 万户，个体工商户注册资金总额达 1.88 万亿元。2012 年，民营经济在 GDP 中的比重已经超过 60%。[①] 中国的改革开放造就了人类工业化历史上规模最大的一次创业活动，而这一切都缘于经济自由和权利的开放与保障。在中国 30 多年来的改革开放历史上最具体、最生动，也是最为典型的案例，应属浙江义乌的兴起。

中国改革开放 30 多年实现了跨越式发展，中国已经成为当今世界第二大经济体。现阶段中国经济以制造业见长，有"世界工厂"之称。西方发达经济体，如美国、英国等经济强国，以发达的金融业引领世界经济潮流，控制世界经济运行。重要的衡量经济和金融运行情况的各类"指数"，如：纽约"道琼斯 30 种工业股票平均价格指数"、"纳斯达克指数"、"芝加哥期货指数"等都是人们耳熟能详的代表西方发达经济体的标志和象征。中国经济正在跻身世界前列，而当前来自中国具有全球意义的经济指数只有一个，这就是中国商务部的"中国小商品指数"，俗称"义乌指数"。这个经济指标，即由中国商务部每日从义乌小商品市场采集汇总，"义乌指数"在一定程度反映着全球主要市场日用商品的价格水平。

然而，就是这个闻名遐迩的现阶段中国经济象征的义乌，30 年前竟然还是一个位于浙江中部以贫困落后闻名远近的偏僻之地。1982 年的时候，义乌还只是一个面积仅有 2.8 平方公里的小县城。义乌人均耕地不足 0.5 亩，且土壤贫瘠，人民的温饱问题尚未解决。当年义乌的城市化率不到 10%。然而，在不到 30 年的时间里，义乌发生了天翻地覆的变化，已从一个落后的小县城，发展为被联合国、世界银行与摩根斯坦利等权威机构认定为"全球最大的小商品批发市场"，义乌目前市场经营面积 470 万平方米，经营商品 170 万种，市场贸易总额在 24 年间增长了惊人的 1100 倍。2012 年，义乌实现地区生产总值 803 亿元，公共财政总收入 101.5 亿元，实现进出口总额 93.5 亿美元，城镇居民人均可支配收入达到 44509 元，农村居民人均纯收入 19147 元。目前义乌城市化率已达 65%。

---

① 《中国在册私营企业数量突破千万家》，新华网，2013 年 2 月 1 日，http：//news. xinhuanet. com/fortune/2013—02/01/c_ 114587467. htm。

义乌的奇迹令人难以置信，却真实地发生了，而这一切来源于30年前一次政策的调整。1982年9月，在当地贫困群众的强烈要求下，义乌县委、县政府做出了开放城镇集市贸易的决定，并做出了后来被广为称颂的所谓"四允许"的著名决定，即：允许农民进城经商，允许农民从事长途贩运，允许开放城乡市场，允许多渠道竞争。[①] 这个在今天看来，甚至让人有些不解的决定，生发出了一个商业发展的奇迹，这个"四允许"堪称中国的"五条誓文"。明治维新中"五条誓文"唤醒了日本民众的精神，"四允许"让义乌人民无限的积极性、创造性喷薄而出，创造了人间奇迹。

义乌的变迁以及中国改革开放以来的整体社会进程，证实了一个朴素的工业化时代的真理——给人民以权利保障，经济发展就能获得无穷动力。

（三）集中权力：实现战略性发展

发展中国家是否具有后发优势，不是纯粹的经济问题，还需要具备相应的政治条件。在政治条件中，最重要的是政府的作用，即政府在经济发展中是否能够发挥规划、组织和提供公共服务，以促进经济集约化发展，提高经济发展效率。而一个国家的政府是否具备这样的作用又进一步取决于这个国家的政治制度，取决于在某种政治制度下政府是否具备一定集中和调配资源的能力，即邓小平所说：集中力量办大事的能力。

中国的政治制度赋予了政府集中资源推动发展和在经济社会发展中发挥组织、协调作用的能力，这恰好是中国政治制度在促进经济社会发展进步中发挥作用的另一方面。在保障人民权利、调动人民积极性的同时，集中民智、民力，用于国家经济的战略性发展。所谓战略性发展，即在政府规划组织和促进下的具有集约性的高效率的工业化进程。集中权力不代表政府包办一切。改革开放以前，在高度集中的计划经济体制

---

① 参见中国社会科学院《义乌发展之文化探源》课题组：《义乌发展之文化探源》，社会科学文献出版社2007年版，第5—10页。

下，政府是全能型的，权力覆盖到经济社会的所有方面，这种高度集中、命令式的经济管理模式恰恰是经济体制改革最初的对象。

经济体制改革结束了高度集中的计划经济体制，政府管理经济的方式也随之改变，政府应该具备哪些宏观经济管理的职能，是改革开放初期中国必须面对的重大问题。从 1982 年起分三个阶段，中国共进行了六次政府机构改革，探索政府应该放什么，管什么，逐步实现了政府经济职能的历史性转变。

经过不断改革探索，对政府经济职能的认识逐渐清晰。中国政府的经济职能主要集中确定为几个方面：对经济的宏观调控，制定发展战略规划，协调区域发展，基础设施建设和提供公共服务。

第一，宏观调控市场经济运行。

宏观调控是政府利用经济政策、经济法规、经济和社会发展规划和必要的行政管理，对市场经济进行调控。宏观调控的目标是促进经济增长、增加就业、稳定物价和保持国际收支。在政府的各项经济职能中，宏观调控是最重要、最基本的职能。

英国经济学家凯恩斯创造了宏观控制的概念。中国在社会主义市场经济实践中赋予宏观调控以新的含义。

中国的宏观调控概念的形成经历了一个过程，即宏观调节—宏观控制—宏观调控。1984 年 10 月《中共中央关于经济体制改革的决定》中指出："越是搞活经济，越要重视宏观调节。"1985 年 8 月 13 日，《人民日报》发表社论《瞻前顾后　统筹安排》，提出了"加强宏观控制"的问题。1989 年 11 月，中共十三届三中全会的决议第一次在党的正式文件中使用宏观调控这一概念："进一步完善各项改革措施，逐步建立符合计划经济与市场调节相结合原则的经济、行政、法律手段综合运用的宏观调控体系。"

1992 年，中共十四大报告提出了社会主义市场经济体制的概念，明确了宏观调控与市场调节在社会主义市场经济中的地位与作用："我们要建立的社会主义市场经济体制，就是要使市场在社会主义国家宏观调控下对资源配置起基础性作用，使经济活动遵循价值规律的要求"，"要看到市场有其自身的弱点和消极方面，必须加强和改善国家对经济的宏观调控"。① 1993 年的宪法修正案将宏观调控作为政府的法定职能写入宪法："国家加强经济立法，完善宏观调控。"

第一次大规模的宏观调控实践出现在 90 年代。1992 年，邓小平视察南方的重要谈话和党的十四大精神，极大地鼓舞了各地区、各部门以及普通干部和群众的积极性，全国呈现出前所未有的蓬勃发展态势，有力地推动了国民经济的高速增长。另一方面，由于新旧体制的摩擦，特别是旧的调控机制逐渐失效，新的宏观调控机制尚未完善，在经济发展的同时出现了"过热"现象，投资、消费双膨胀，社会集资、金融机构的设立出现失控，35 个大中城市居民生活费用价格上涨达到二位数。

1993 年 6 月，中共中央提出加强宏观调控的 16 条措施，主要包括实行适度从紧的财政政策和货币政策，整顿金融秩序和流通环节，控制投资规模，加强价格监督等。从 1994 年开始，又相继出台了一系列重大改革措施：①金融体制改革。1995 年颁布《银行法》，确立了中国人民银行作为中央银行的地位，以及所承担的金融调控、金融监管职能，以间接调控为主的宏观金融调控体系基本形成。②财政体制改革。1994 年实施了分税制：一是按照统一税法、公平税负和简化税制的原则，改革工商税收制度；二是把地方财政包干制改革为能够调动中央和地方两个积极性的分税制，建立中央和地方两个税收体系。③1993 年 11 月，中共十四届三中全会通过了《关于建立社会主义市场经济体制若干问题的决定》，要求"改革外汇管理体制，建立以市场供求为基础的、有管理的浮动汇率制度和统一规范的外汇市场，逐步使人民币成为可兑换货币"。1994 年开始改革了结售汇制度，实现了汇率并轨和以市场供求为基础的、单一的、有管理的浮动汇率制。1996 年实现了人民币在经常项目下的可兑换。④1994 年工业生产资料价格"双轨制"基本取消。石油、粮食、棉花、化肥和医药价格管理体制改革，绝大部分双轨价格放开由市场调节。到 1996 年下半年，宏观调控取得明显成效，金融秩序迅速好转，物价涨幅明显回落，通货膨胀得到抑制，在适度从紧的宏

---

① 江泽民：《加快改革开放和现代化建设步伐　夺取有中国特色社会主义事业的更大胜利》，《十四大以来重要文献选编》，人民出版社 1996 年版，第 19 页。

观政策环境下经济仍然保持着较高速度，实现了经济"软着陆"。

　　1997 年亚洲金融危机爆发以后，中国政府顶住压力，承诺人民币不贬值，宏观经济调控政策也作了相应调整，采取努力扩大内需、刺激经济增长的政策。从 1998 年开始采取了一系列措施：连续大规模发行国债，增加政府投资，加大基础设施建设，拉动社会总需求；扩大高校招生规模；发展假日经济刺激消费需求。在各项宏观调控政策配合下，我国经济增长速度稳步回升并呈现强劲势头。

　　2003 年下半年，随着中国经济增长速度的加快，固定资产投资过快、部分行业投资过热的苗头开始显现，重复建设问题愈益严重，消费价格以较快的速度持续上升。党中央、国务院确定了"果断有力，适时适度，区别对待，注重实效"，从实际出发，分类指导，有保有压的宏观调控原则。2003 年 10 月召开的中共十六届三中全会提出："宏观调控的主要任务，是保持经济总量平衡，抑制通货膨胀，促进重大经济结构优化，实现经济稳定增长。宏观调控主要运用经济手段和法律手段。要深化金融、财政、计划体制改革，完善宏观调控手段和协调机制。实施适度从紧的财政政策和货币政策，注意掌握调控力度。依法加强对金融机构和金融市场包括证券市场的监管，规范和维护金融秩序，有效防范和化解金融风险。"

　　进入 2004 年，中央宏观调控的力度明显加大，投资过热、盲目扩张的势头得到了有效控制。这次调控的意义在于预防全面过热、通货膨胀，很大程度上避免了经济大起大落对国民经济可能造成的严重伤害。

　　2008 年国际金融危机爆发以后，全球经济增长明显放缓、外部需求显著减少、中国传统竞争优势逐步减弱——中国经济正面临严峻考验。中国政府在分析国内外经济形势的基础上对宏观经济政策进行调整，把宏观调控的着力点转到防止经济增速过快下滑，实施积极的财政政策和适度宽松的货币政策。着力扩大国内需求特别是消费需求，保持经济稳定、金融稳定、资本市场稳定、社会大局稳定。2008 年 11 月初国务院常务会议部署的关于进一步扩大内需、促进经济增长的十项措施，被国际社会称为"中国 4 万亿经济刺激计划"。十项措施包括加快建设保障性安居工程，加快农村基础设施建设，加快铁路、公路和机场等重大基础设施建设，加快医疗卫生、文化教育事业发展，加快生态环境建设，加快自主创新和结构调整，加快地震灾区灾后重建各项工作，提高城乡居民收入，全面实施增值税转型改革、鼓励企业技术改造、为企业减负，以及加大金融对经济增长的支持力度等。①

第二，制定经济发展战略规划。

中国最重要的经济社会发展战略规划是中长期规划，即"五年计划"。自 1953 年制定第一个五年计划开始，目前已经推出十二个"五年计划"。从 1981 年开始执行的第六个"五年计划"开始，五年计划除了国民经济发展计划外，还增加了社会发展的内容，称"国民经济和社会发展规划"。在社会主义市场经济体制中，经济社会发展规划是宏观调控的重要手段之一。

从新中国成立初期至改革开放前实行的是高度集中的计划经济体制。以指令性计划对社会生产、资源配置、产品消费进行全程管理。这种体制在有效地动员全国的人力、物力、财力，在较短的时间内建立起相对独立的工业体系和国民经济体系方面起到了重要作用。但是弊端也很突出，计划经济体制下，企业事实上成为行政部门的附属，既不自主经营，又不自负盈亏。对微观经济活动的更多干预使生产与需求之间相互脱节；缺乏对企业和劳动者的激励机制，导致效率低下；计划脱离实际时还会造成巨大浪费。

改革计划体制是经济体制改革最早的切入点。1979 年 12 月，邓小平指出："我们是计划经济为主，也结合市场经济，但这是社会主义的市场经济。"② 国务院要求国家计委制定计划体制改革方案，并要求"大的方面管住管好、小的方面放开放活"和"简政放权"。1983 年 1月，国家计委印发了《关于改进和加强计划管理的意见》，其主要内容，一是要逐步实行指令性计划、指导性计划和国家计划指导下的市场调节三种管理形式。1984 年 10 月，国务院批转国家计委《关于改进计

---

① 《国务院常务会议部署扩大内需促进经济增长的措施》，中央政府门户网站，http://www.gov.cn/ldhd/2008—11/09/content_ 1143689. htm。

② 邓小平：《社会主义也可以搞市场经济》，《邓小平文选》第 2 卷，人民出版社 1994 年版，第 236 页。

划体制的若干暂行规定》提出，国民经济和社会发展计划逐步以五年计划为主要形式，简化年度计划，制定长远规划，同时编制行业规划、地区规划、国土规划和若干专项规划。1987年党的十三大提出了"计划与市场内在统一的体制"，计划和市场的作用范围都是覆盖全社会的，应当建立"国家调节市场，市场引导企业"的机制。1989年，国务院颁布《国务院关于当前产业政策要点的决定》，明确指出，制定正确的产业政策，明确国民经济各个领域中支持和限制的重点，是调整产业结构，进行宏观调控的重要依据。1992年10月党的十四大提出："国家计划是宏观调控的重要手段之一。要更新计划观念，改进计划方法，重点是合理确定国民经济和社会发展的战略目标，搞好经济发展预测、总量调控、重大结构与生产力布局规划，集中必要的财力、物力进行重点建设，综合运用经济杠杆，促进经济更快更好地发展。"[①]

中共十六届三中全会明确了政府计划的职能："加强国民经济和社会发展中长期规划的研究和制定，提出发展的重大战略、基本任务和产业政策，促进国民经济和社会全面发展，实现经济增长与人口资源环境相协调。"[②]

经过改革，国民经济和社会发展计划的地位、作用和功能已经明确。国家计划是政府加强宏观调控的重要手段。国家计划提出发展的重大战略、基本任务和产业政策，具有宏观性、战略性、政策性和导向性。计划对关系国民经济全局的一些重要领域和重大经济活动具有指导、协调和调节的功能；对全社会的经济活动具有极其重要的信息导向作用；对全社会经济活动具有引导作用；对社会资源的合理配置有引导和促进作用。

第三，协调区域发展。

中国是人口、资源分布不平衡的国家，瑷珲—腾冲线不仅是人口分布分界线，也是自然地理分界线，气候分界线，资源分布分界线。在中

---

① 江泽民：《加快改革开放和现代化建设步伐　夺取有中国特色社会主义事业的更大胜利》，《十四大以来重要文献选编》，人民出版社1996年版，第20页。

② 《中共中央关于完善社会主义市场经济体制若干问题的决定》，中国共产党新闻网，ht-tp：//cpc. people. com. cn/GB/64162/64168/64569/65411/4429165. html。

国，实现工业化、现代化，必须要解决地区、部门发展的协调问题。

1957 年，毛泽东在省市自治区党委书记的讲话中提出："统筹兼顾，各得其所，这是我们历来的方针。"① 同年，他在《关于正确处理人民内部矛盾的问题》中指出："我们的方针是统筹兼顾，适当安排。"② 邓小平曾指出："我们必须按照统筹兼顾的原则来调节各种利益的相互关系。"③ "现代化建设的任务是多方面的，各个方面需要综合平衡，不能单打一。"④ 江泽民进一步指出："改革开放是一个宏伟而复杂的系统工程，各个方面必须互相协调、互相配合，顾此失彼、畸轻畸重，就不会取得最终的成功。……我们做工作，必须做到统筹兼顾。"⑤

党的十六大以来，对统筹兼顾的认识进一步深化。2003 年党的十六届三中全会通过的《中共中央关于完善社会主义市场经济体制若干问题的决定》中提出了科学发展观："坚持以人为本，树立全面、协调、可持续的发展观，促进经济社会和人的全面发展"，提出了"统筹城乡发展、统筹区域发展、统筹经济社会发展、统筹人与自然和谐发展、统筹国内发展和对外开放"（简称"五统筹"）的新要求。科学发展观被确立为中国共产党的执政理念之一。

十六大以后，在区域协调发展方面，国家相继推出了西部大开发、振兴东北老工业基地、中部崛起等重大战略。

2002 年 11 月，中共十六大确定"积极推进西部大开发，促进区域经济协调发展"。西部大开发战略涵盖的范围包括重庆、四川、贵州、云南、西藏自治区、陕西、甘肃、青海、宁夏回族自治区、新疆维吾尔自治区、内蒙古自治区、广西壮族自治区等 12 个省、自治区、直辖市。

---

① 毛泽东：《在省自治区党委书记会议上的讲话》，《毛泽东文集》第 7 卷，人民出版社 1999 年版，第 186 页。

② 毛泽东：《关于正确处理人民内部矛盾的问题》，《毛泽东文集》第 7 卷，人民出版社 1999 年版，第 228 页。

③ 邓小平：《坚持四项基本原则》，《邓小平文选》第 2 卷，人民出版社 1994 年版，第 175 页。

④ 邓小平：《目前的形势和任务》，《邓小平文选》第 2 卷，人民出版社 1994 年版，第 250 页。

⑤ 江泽民：《论加强和改进学习》，《江泽民文选》第 2 卷，人民出版社 2006 年版，第 307 页。

2006 年国务院批准实施《西部大开发"十一五"规划》。西部大开发"十一五"规划已顺利完成，西部地区综合经济实力大幅提升。2000—2008 年，西部地区生产总值从 16655 亿元增加到 58257 亿元，年均增长 11.7%。地区生产总值占全国比重由 1999 年的 17.5% 提高到 2010 年的 18.6%，人均地区生产总值相当于全国平均水平由 58% 提高到 68%，主要经济指标年均增速高于全国平均水平。2000—2008 年，工业增加值由 5946 亿元增加到 24000 亿元左右。全社会固定资产投资由 6111 亿元增加到 35839 亿元，年均增长 22.9%。社会消费品零售总额由 5954 亿元增加到 19239 亿元，年均增长 14.9%。进出口贸易总额由 172 亿美元增加到 1068 亿美元，年均增长 25.6%。人民生活水平显著提高，2010 年城乡居民收入比 2005 年分别增长 80.0% 和 85.7%，城乡面貌发生历史性变化。2000—2012 年，西部大开发累计新开工重点工程 187 项，投资总规模 3.68 万亿元。西部地区基础设施和生态环境建设取得突破性进展，特色优势产业蓬勃发展。

20 世纪 90 年代，东北老工业基地大批国有企业面临转型，新旧体制的摩擦，历史遗留的问题，大批国有企业停产、半停产，亏损面和亏损额居高不下，众多职工下岗失业，使东北老工业基地困难重重，被称为"东北现象"。2003 年 10 月，中共中央国务院《关于实施东北地区等老工业基地振兴战略的若干意见》启动了东北地区等老工业基地振兴战略。随后，东北地区各省市振兴规划相继出台。

实施东北地区等老工业基地振兴战略以来，东北地区的发展取得重要阶段性成果。2010 年，东北三省实现地区生产总值 37090 亿元，同比增长 13.6%。2011 年，东北三省经济总量达到 4.5 万亿元；2012 年，东北三省 GDP 总额 5.04 万亿元人民币，经济发展速度高于全国平均水平。东北三省的投资环境改善、招商引资吸引力增强，固定资产投资增长大大高于全国增速。2004—2008 年，东北三省全社会固定资产投资年均保持在 30% 以上。2011 年东北地区固定资产投资 3.27 万亿元，增长 30.4%。2012 年东北地区投资 41243 亿元，增长 26.3%。东北地区粮食产量由 2004 年的 1446 亿斤提高到 2012 年的 2360 亿斤，为全国粮食实现"九连增"做出重要贡献。2003—2007 年，东北三省财政收入稳定增加，但增速仍低于全国平均水平。2008—2012 年，东北三省的财政收入增长率超过全国平均水平，高出几个百分点。

中部崛起战略涵盖的范围包括山西、安徽、河南、湖北、湖南、江西 6 省。改革开放以后，东南沿海地区经济快速发展，中部地区经济发展水平远远低于东部地区。西部大开发战略实施以后，西部地区经济发展势头强劲，中部地区在发展速度方面落后于西部。论发展水平，中部比不上东部；论发展速度，中部比不上西部；被称为"中部塌陷"现象。为了加快中部地区的发展，2006 年 4 月，《中共中央、国务院关于促进中部地区崛起的若干意见》正式颁布。2004 年 3 月，温家宝在政府工作报告中首次提出促进中部地区崛起。2006 年 3 月 27 日，中共中央政治局召开会议，研究促进中部地区崛起工作。2009 年 9 月国务院原则通过《促进中部地区崛起规划》。2010 年 9 月 6 日，《国务院关于中西部地区承接产业转移的指导意见》正式出台。

中部崛起战略实施以来，中部地区各项事业发展迅速。2005—2010 年，中部地区 GDP 年均增幅达 15.3%，超过全国平均水平 5 个百分点；人均 GDP 年均增幅超过 13.5%，高于同期全国平均水平 1.1 个百分点；经济总量占全国的比重也由 2005 年的 18.8% 提高至 2010 年的 19.7%；粮食连续七年增产，产量占全国的比重稳定在 30% 以上；进出口商品总额年平均增长 31.5%，同期各省对外贸易年均增速大大高于同期全国生产总值增速。2010 年，中部固定资产投资增速高于东部和西部，社会消费品零售额增长率居全国首位。2011 年中部六省全部进入"万亿俱乐部"。2012 年中部六省 GDP 平均增速 10.9%，高于全国平均增速 3 个百分点，中部 6 省经济总量占全国的比重从 2005 年的 18.8% 提高到 2012 年的 20.2%。

第四，推动基础设施建设。

改革开放以前，投资体制与高度集中的计划经济体制相适应。投资主体是政府，投资决策高度集中在政府手中，投资资金来源为单一的财政资金，投资管理采用直接调拨物资和无偿分配制。

改革开放以后，中国的投资体制发生了巨大变化。1993 年中共十四届三中全会通过的《关于建立社会主义市场经济体制若干问题的决定》，提出把投资项目分为公益性、基础性和竞争性三类；公益性项目由政府投资建设；基础性项目以政府投资为主，并广泛吸引企业和外资参与投资；竞争性项目由企业投资建设。国家重大建设项目，按照统一规划，由国家开发银行等政策性银行，通过财政投融资和金融债券等渠道筹资，采取控股、参股和政策性优惠贷款等多种形式进行；企业法人对筹划、筹资、建设直至生产经营、归还贷款本息以及资产保值增值全过程负责。社会公益性项目建设，要广泛吸收社会各界资金，根据中央和地方事权划分，由政府通过财政统筹安排。

2004 年《国务院关于投资体制改革的决定》规定，政府投资主要用于关系国家安全和市场不能有效配置资源的经济和社会领域，包括加强公益性和公共基础设施建设，保护和改善生态环境，促进欠发达地区的经济和社会发展，推进科技进步和高新技术产业化。能够由社会投资建设的项目，尽可能利用社会资金建设。合理划分中央政府与地方政府的投资事权。中央政府投资除本级政权等建设外，主要安排跨地区、跨流域以及对经济和社会发展全局有重大影响的项目。

1954 年至 2008 年，用于农业基础设施、商品粮棉生产基地和防护林工程建设投资累计 20531 亿元，年平均增长 10.6%。"十一五"规划期间，农业物资技术装备水平稳步提高，全国农田有效灌溉面积达到 9.05 亿亩，节水灌溉面积达到 4.1 亿亩，主要农作物耕种收综合机械化水平和农业科技进步贡献率均达到 52%。5 年解决了 2.1 亿农村人口的安全饮水问题，大部分农村地区的电力基本实现了城乡一体化管理和服务，新建改建农村公路 186 万多公里，农村沼气用户达到 4000 万户，农村安居工程建设进展顺利。5 年完成造林面积 2527 万公顷，森林覆盖率达到 20.36%，新增治理水土流失面积 23 万平方公里，新增治理沙化土地面积 1081 万公顷，新增治理"三化"草地 8017 万公顷，退牧还草 3240 万公顷。

南水北调工程接近完成。1959 年《长江流域利用规划要点报告》中，就提出了南水北调总的布局是从长江上、中、下游分别调水的方案。经过几十年的艰苦努力，在深入开展规划、设计和论证的基础上，形成了南水北调工程的总体规划，确定了东、中、西三条调水线路，规划调水总规模 448 亿立方米，建成后将与长江、黄河、淮河和海河共同构成"四横三纵"的总体布局，实现全国水资源南北调配、东西互济的目标。2002 年，南水北调工程正式开工。按照南水北调工程建设计划，东线一期工程将于 2013 年通水，中线一期工程于 2013 年主体工程完工，2014 年汛后通水。

铁路营业里程由 1949 年的 2.18 万公里增至 2012 年底的 9.8 万公里，居世界第二位，高铁运营里程达到 9356 公里，居世界第一位。截至 2013 年 6 月末，在建高铁线路累计里程约 12060 公里。公路里程由 1949 年的 8 万公里增至 2012 年的 423.75 万公里，其中高速公路由 1988 年的 0.01 万公里增至 9.62 万公里。"五纵七横"国道主干线初步形成，公路等级明显提高，路况明显改善，带动了汽车产业的发展。

民用航空建设得到长足发展。截至 2012 年底，全国民用运输机场有 183 个。现有机场覆盖了中国内地 77.7% 的地级以上城市和 76% 的少数民族自治州、盟、地区首府。"十二五"期间，全国将新建 82 个机场，迁建 26 个机场，改扩建 109 个机场，开展 36 个机场建设前期研究。

固定电话用户由 1949 年的 22 万户猛增到 2013 年的 2.74 亿户（2008 年曾经达到 3.4 亿）。移动电话从无到有，中国工信部公布的统计数据，截至 2013 年 3 月，中国共有移动通信用户 11.46 亿，其中有 2.7727 亿是 3G 用户，占全部用户的 24.20%；有 8.1739 亿用户接入移动互联网，占全部用户的 71.34%。

第五，提供基本公共服务。

党的十六大报告中对社会主义市场经济条件下政府职能定位是"经济调节、市场监管、社会管理和公共服务"。2010 年《中共中央关于制定国民经济和社会发展第十二个五年规划的建议》提出，着力保障和改善民生，必须逐步完善符合国情、比较完整、覆盖城乡、可持续的基本公共服务体系，提高政府保障能力，推进基本公共服务均等化。2008 年第十七届中央委员会第二次全体会议《关于深化行政管理体制改革的意见》，提出要严格市场监管，推进公平准入，规范市场执法，加强对涉及人民生命财产安全领域的监管。加强社会管理，强化政府促进就业和调节收入分配职能，完善社会保障体系，健全基层社会管理体制，维护社会稳定。更加注重公共服务，着力促进教育、卫生、文化等社会事业健康发展，建立健全公平公正、惠及全民、水平适度、可持续发展的公共服务体系，推进基本公共服务均等化。

新中国成立以来，特别是改革开放以来，中国政府提供的公共服务数量和质量大幅度提高。

新中国刚刚成立的时候，中国 80% 以上的人口是文盲，适龄儿童小学入学率不到 20%，初中入学率仅为 6%。改革开放初期，1978 年小学毛入学率 94%，初中毛入学率达到 20%，高中毛入学率不到 10%。1986 年全国人大颁布《义务教育法》，到 2000 年普及了 9 年义务教育。2012 年，小学学龄儿童净入学率达到 99.85%，其中，男、女童净入学率分别为 99.84% 和 99.86%。初中毕业生升学率达到 88.4%。高中阶段毛入学率 85.0%。2002 年，高等教育毛入学率达到 15%，2012 年高等教育毛入学率达到 30%。

新中国成立初期，中国卫生事业可以用一穷二白来概括。改革开放以后，公共医疗事业快速发展。2012 年每千人口执业（助理）医师 1.94 人，每千人口注册护士 1.85 人，每千人口医疗卫生机构床位数 4.24 张。全国 98.3% 的农民参加了新型农村合作医疗保险，有了医疗保障。中国人均寿命达到了 76 岁。

中国经济发展后来居上。国际经济学界将中国发展的原因之一，归结为"后发优势"。但从世界经济发展的全面情况看，真正能够实现所谓后发优势的国家并不多。在亚洲，只有韩国、新加坡以及我国台湾地区等少数经济体在战后经历了经济持续快速的发展，在一定程度上符合后发优势的概念，但更多的国家，如亚洲的菲律宾、印度等，在战后初期有着比较好的初始条件，但后来却处于长期迟缓的状态。自然资源禀赋本来不错的菲律宾在 1960 年时人均收入列亚洲第二，紧随日本之后。但后来一路下滑，如今在东亚地区远远落在了后面。在亚洲乃至世界的大国中，中国是少数能称得上真正实现了后发优势的发展中国家。

第五章

重点发展协商民主

将民主政治在形式上划分为协商民主和选举民主，是一种十分中国化的民主政治分类方法，反映了一种具有中国特色的民主观念。中国共产党第十八次全国代表大会以党代表大会报告的形式正式确认了"协商民主"的概念①，并将其确定为现阶段发展中国特色社会主义民主政治的方向和重点。区分协商民主与选举民主，提出协商民主概念，将协商民主确定为中国现阶段发展民主政治的方向与重点，是中国长期探索符合国情和适应现阶段发展要求的民主政治形式的结果，是经过长期探索获得的实践经验的总结。

一　中国协商民主的由来与发展

根据可以查阅的公开出版物，最早以协商和选举作为两种民主基本形式的论述，是由江泽民在 1991 年 3 月做出的。江泽民指出："人民通过选举、投票行使权利和人民内部各方面在选举、投票之前进行充分协商，尽可能就共同性问题取得一致意见，是我国社会主义民主的两种形式。这是西方民主无可比拟的，也是他们所无法埋解的。两种形式比一种形式好，更能真实地体现社会主义社会里人民当家作主的权利。"②

在党和国家的正式文件中，协商民主最早见于 2006 年《中共中央

---

① 胡锦涛：《坚定不移沿着中国特色社会主义道路前进，为全面建成小康社会而奋斗》，《中国共产党第十八次全国代表大会文件汇编》，人民出版社 2012 年版，第 24 页。

② 参见《江泽民论有中国特色社会主义专题摘编》，人民出版社 2002 年版，第 347 页。

关于加强人民政协工作的意见》，该文件中指出："在我们这个幅员辽阔、人口众多的社会主义国家里，关系国计民生的重大问题，在中国共产党领导下进行广泛协商，体现了民主与集中的统一。人民通过选举、投票行使权利和人民内部各方面在重大决策之前进行充分协商，尽可能就共同性问题取得一致意见，是我国社会主义民主的两种重要形式。"[①]由此，"选举民主"和"协商民主"被作为中国特色社会主义民主政治的两种形式而被首次提出。

2007 年 11 月 15 日，国务院新闻办公室发表《中国的政党制度》白皮书，第一次确认了选举民主和协商民主的概念，《中国的政党制度》指出："选举民主与协商民主相结合，是中国社会主义民主的一大特点。在中国，人民代表大会制度与中国共产党领导的多党合作和政治协商制度，有着相辅相成的作用。"[②]

2009 年，时任中共中央总书记胡锦涛在庆祝中国人民政治协商会议成立 60 周年大会上的讲话中，再次重申了 2006 年《中共中央关于加强人民政协工作的意见》中有关两种民主形式的论断，强调了坚持通过充分协商增进共识、凝聚力量，对坚持党的领导、人民当家作主、依法治国的有机统一，对发展中国社会主义民主政治、充分调动各方面坚持和发展中国特色社会主义的积极性和主动性，具有十分重要的意义。

总的来看，协商民主在中国的发展，经历了一个从逐步探索，逐步总结，最后上升为理论概念和制度规范的过程，其间经历了一个很长的探索和发展过程。

（一）"三三制"与"旧政协"

新中国建立以前，在抗日战争时期，为建立和巩固抗日民族统一战线，1940 年毛泽东提出了"三三制"的政权组织原则。[③]实行"三三制"，为抗日民族统一战线争取到了中间力量的支持，为小资产阶级、

---

① 政协全国委员会办公厅、中共中央文献研究室编：《人民政协重要文献选编》（下），中央文献出版社 2009 年版，第 762 页。

② 同上书，第 763 页。

③ 相关内容见本书第三章第一节。

中产阶级和开明绅士等其他非党人士提供了参政议政的平台。周恩来曾对此做过总结："任何一个大党不应以绝对多数去压倒人家，要容纳对方，以自己的主张取得胜利。要各方协商，一致协议，取得共同纲领，以作为施政的方针。"①

抗日战争胜利后，国共双方签订"双十协定"，议定于1946年1月召开由多方参与的政治协商会议。为区别于1949年召开的中国人民政治协商会议，史称这次会议为"旧政协会议"。1946年召开的政协会议围绕改组政府、施政纲领、军队改编、国民大会、宪法草案等问题进行了激烈的争论，但最终还是形成了《关于军事问题协议》等五项决议。会议议定："改组国民党政府，委员的一半由国民党以外的人士充任。"② 但在1946年11月这份协定即遭到破坏，短暂的"旧政协会议"宣告破产。尽管如此，"三三制"、"旧政协会议"都是在新民主主义时期，中国人对协商民主进行的最初的探索与尝试。这些尝试已经具备协商民主的某些特征，为新中国建立后的政治协商会议制度建设提供了参照。

（二）新政协开启协商民主实践

1949年召开的中国人民政治协商会议，开启了新中国建立协商民主的新实践。新中国的缔造者毛泽东主席曾经说过：新中国是协商建国的。1948年4月30日，中国共产党为动员全国各阶层人民实现建立新中国的光荣使命，发布了《纪念"五一"劳动节口号》，号召"各民主党派、各人民团体、各社会贤达迅速召开政治协商会议，讨论并实现召集人民代表大会，成立民主联合政府"③。新中国建立前夕，中国共产党人再一次举起了政治协商的旗帜。"五一口号"的发布得到了当时中国各民主党派和广大无党派民主人士的热烈响应，各民主党派的主要负责人和著名社会人士纷纷联名致电中共并通电全国，赞成召开"新政

---

① 周恩来：《一年来的谈判及前途》，《周恩来选集》上卷，人民出版社1987年版，第253页。

② 胡绳主编：《中国共产党的七十年》，中共党史出版社1991年版，238页。

③ 《中共中央文件选集》（14），中共中央党校出版社1987年版，第111页。

治协商会议"，赞成成立有各民主党派参加的民主联合政府。毛泽东也复电各民主党派负责人，对他们赞同召开新政协和成立民主联合政府表示赞赏和感谢，并邀请他们从全国各地及海外陆续进入解放区，与中国共产党一起参加新政协的筹备工作。① 这是新中国建国进程中具有里程碑意义的事件，标志着各民主党派和无党派人士公开、自觉地接受了中国共产党的领导，标志着各民主党派和无党派人士决定跟随中国共产党走上新民主主义和社会主义的道路。

1949 年 9 月 21 日至 30 日，中国人民政治协商会议第一届全体会议召开。这是新中国的建国会议，在广泛协商的基础上，参会的 46 个单位的 662 名代表通过了《中国人民政治协商会议共同纲领》、《中国人民政治协商会议组织法》、《中华人民共和国中央人民政府组织法》等三个为新中国奠基的历史性文件。《中国人民政治协商会议共同纲领》成为新中国的临时宪法，成为全中国人民共同遵守的中国式的"大宪章"。《中国人民政治协商会议组织法》确定人民政协始终以政治协商为己任，并在组织上和制度上加以确认，标志着中国人民政治协商会议作为一种制度设计的确立，标志着政治协商从一种思想理念、一种制度设计，开始向政治协商制度与实践转变。

新中国建立初期，在国家组织、国家机构建立和运行等重大问题上，广泛采取了民主协商的办法。1952 年政协会议四十三次会议提出："在 1953 年召开全国人民代表大会及各级地方人民代表大会，并提议在《共同纲领》的基础上制定宪法。"② 1954 年，中华人民共和国第一部宪法制定，同时取代了代行临时宪法的《共同纲领》；《中国人民政治协商会议章程》取代了《中国人民政治协商会议组织法》。在这时，政治协商得到了更加明确的理论性的定位与阐述："政治协商定位于实现人民民主的重要方法，其本质仍是人民民主。"③ 至此，协商民主与人民代表大会制度，构成了新中国建立之初我国民主政治建设的"车之两轮"。从制度设计看，人民代表大会与政治协商会议的双会制度的本

---

① 《中共中央文件选集》（14），中共中央党校出版社 1987 年版，第 259 页。
② 马永顺：《周恩来与人民政协》，中国文史出版社 2004 年版，第 125 页。
③ 李维汉：《进一步加强党的统一战线工作》，《人民日报》1956 年 9 月 26 日。

意之一是，将两者结合起来，既能通过人民代表大会体现最大多数人民的民主权利，又能通过政治协商在一定程度上体现反映各方利益，尊重人数占少数地位的群体的民主权利。

（三）"反右"、"文化大革命"时期的曲折

从1957年起，由于对国际国内形势的错误判断和思想理论上的偏差，以毛泽东为首的中共领导人先后发动了"反右"、"四清"和"文化大革命"等一系列错误的政治运动，使国家偏离了正确轨道，也严重地干扰和妨害中国民主政治建设的正常发展。作为协商民主主要载体的人民政协制度也随之受到了严重伤害，协商民主建设处于停滞状态，甚至政治协商会议也不能正常召开。比较有代表性的事件有三个：一是，在政协第四届全国委员会第一次会议上，三届常委会的工作报告竟然只字未提"政治协商"；二是，全国政协与全国人大举行联合会议决定，"第四届全国政协第二次会议不定期延期举行，自此以后第四届全国政协没有再召开第二次会议"①。三是，政协全国委员会机关于1966年8月30日停止办公，政协各级地方委员会在"文化大革命"期间也被迫停止办公，有的甚至被扫地出门，连会址也被占用。②这一段时期是我国的社会主义民主法制遭到严重破坏，协商民主建设自然也随之中断。直到"文化大革命"结束，随着拨乱反正运动的开展，政治协商会议逐步得到恢复，我国的协商民主实践也逐步恢复并在改革开放的历史进程中重新焕发了青春，逐步向制度化、程序化、规范化方向发展。

（四）新时期协商民主的新发展与制度化

1979年党的十一届三中全会开启了改革开放的新时期。在新的历史时期，中国协商民主得到了长足的发展，最终形成了一整套以广泛政治协商、社会协商为内容和特征的协商民主制度。

十一届三中全会后不久，邓小平就指出："在中国共产党的领导

---

① 全国政协研究室编：《中国人民政协全书》上卷，中国文史出版社1999年版，第987页。
② 彭友今主编：《当代中国的人民政协》，当代中国出版社1993年版，第235—236页。

下，实行多党派的合作，这是我国具体历史条件和现实条件所决定的，也是我国政治制度中的一个特点和优点。"① 1982 年 9 月，中共十二大将"长期共存、互相监督"八字方针，发展为"长期共存、互相监督、肝胆相照、荣辱与共"十六字方针，标志着中国共产党与各民主党派关系的"十六字"方针正式确立，② 并成为新时期中国共产党领导的多党合作的基本方针。1987 年 10 月，中共十三大将中国共产党领导的多党合作制与政治协商制度两项制度并提为"中国共产党领导的多党合作和政治协商制度"。1989 年底出台《中共中央关于坚持和完善中国共产党领导的多党合作和政治协商制度的意见》，将中国共产党领导的多党合作和政治协商制度作为一项基本政治制度确定下来。

1993 年初的全国人大会议上，将"中国共产党领导的多党合作和政治协商制度将长期存在和发展"的内容写入宪法，使得中国共产党领导的多党合作和政治协商制度得到国家大法的根本保障。1997 年 9 月，中共十五大又将"坚持和完善中国共产党领导的多党合作和政治协商制度"，纳入中国共产党在社会主义初级阶段的基本纲领，确定为我国的基本政治制度，并明确提出了"扩大基层民主，保证人民群众直接行使民主权利，依法管理自己的事情，创造自己的幸福生活，是社会主义民主最广泛的实践"③。

进入 21 世纪，伴随着中国工业化、城镇化的快速发展，新的社会条件、新的社会矛盾与社会问题不断出现，也从另一方面不断激励和推进着中国协商民主的发展进步。中共十六大以来，协商民主进一步进入了机制化、体制化、规范化的阶段。中共十六大以来，协商民主首先表现在共产党领导的多党合作和政治协商的政党制度的层面，走上了程序化和规范化轨道，形成政治协商于决策之前、决策之中的制度化操作程

---

① 邓小平：《各民主党派和工商联是为社会主义服务的政治力量》，《邓小平文选》第 2 卷，人民出版社 1994 年版，第 205 页。

② 参见 1989 年中共中央颁布的《关于坚持和完善中国共产党领导的多党合作和政治协商制度的意见》。

③ 参见江泽民《高举邓小平理论伟大旗帜，把建设有中国特色社会主义事业全面推向二十一世纪》，《十五大以来重要文献选编》（上），人民出版社 2000 年版，第 19 页。

序。2005 年，中共中央发布了《关于进一步加强中国共产党领导的多党合作和政治协商制度建设的意见》，对进一步完善政治协商的内容、形式和程序做出具体规定；重大问题在决策前和决策执行中进行协商，把政治协商纳入决策程序；明确政治协商的两种基本方式是"中国共产党同各民主党派的政治协商"和"中国共产党在人民政协同各民主党派和各界代表人士的协商"，规范了中国共产党同各民主党派、无党派人士协商的内容和程序，使政治协商进一步制度化。2012 年，根据新阶段新形势，制度化规范化工作进一步加强。中共中央办公厅、国务院办公厅印发了《关于进一步加强人民政协提案办理工作的意见》，对于建立健全提案办理工作体制机制，规范提案办理程序，提高提案办理质量，做出了全面周密的部署；要求各级党委和政府要把提案办理工作纳入重要议事日程，纳入整体工作布局。

2013 年 11 月，中共十八大报告中，对于协商民主进行了专门的全面而具体的论述，指出协商民主制度是一个广泛、多层的制度体系和工作机制，是以国家政权机关、政协组织、党派团体、基层为主要协商渠道；以经济社会发展重大问题和涉及群众切身利益的实际问题为协商主要内容，以广纳群言、广集民智、增进共识、增强合力为目的；以把政治协商纳入决策程序、坚持协商于决策之前和决策之中为基本原则。同时，要充分发挥人民政协作为协商民主重要渠道的作用，深入进行专题协商、对口协商、界别协商、提案办理协商等多种协商形式。这些重要论述和部署标志着社会主义协商民主理论和制度的正式确立，从而展现出中国民主制度建设和发展的新境界。

二　中国协商民主的价值、形态与特色

中国日益崛起，日益成长为世界大国。中国的政治发展在中国崛起中发挥着重要作用，中国政治发展也为世界瞩目。在中国的工业化、现代化发展进程中，中国特色社会主义民主政治建设也在同步形成和发展，经过新中国成立以来 60 多年的探索和发展，特别是改革开放以来 30 多年的探索和发展，协商民主已经成为中国民主政治的重要形式和

主要特色，是当代中国政治文明发展的重要成果。

（一）协商民主的当代价值

协商民主之所以能够在中国产生和发展，固然离不开它所处的外部环境及其条件，但更重要的是它在不同的历史时期都充分地发挥了自身的功能和作用，这也是中国协商民主能够持续发展的重要原因。协商民主是中国特色社会主义民主政治的一大特点和优势。为什么要广泛推进协商民主？从根本上讲，是因为协商民主是最适合现阶段中国经济社会发展的民主形式。竞争性的制度安排不适合当前的中国社会，而民主协商则有利于调和社会矛盾，有利于求同存异、扩大共识。它的内在功能和价值取向能够有效地化解社会冲突、促进社会共识、推动社会和谐。选择协商民主作为在现阶段的中国民主政治实践的主要形式，原因在于其具有重大历史与当代价值。

1. 协商民主有利于整合社会关系，减少社会矛盾，扩大社会共识

竞争性民主由于强化分歧和"赢家通吃"效应，容易造成利益排斥。而协商的本质是寻求利益交集，寻求最大"公约数"，照顾各方利益，促进妥协，促进共同利益的形成。而这也正是处于工业化转型时期、社会矛盾多发时期，最有利于缓解社会矛盾、促进社会整合的途径。协商民主所形成的社会共识，推进的社会整合，在现阶段主要表现在整合协调政党、新兴社会群体和民族等三大关系上，社会整合所依赖的载体主要是政府组织、政党组织和民间组织。

在三大关系的社会整合上，排在第一位的是党际关系，依靠人民政协和政治协商制度来加强执政党和民主党派、人民团体之间的团结协作关系。我国所确立的中国共产党领导的多党合作和政治协商制度，其实质是一种合作协商关系。在中国共产党的领导下，民主党派、无党派人士在重大问题上进行协商，在协商过程中调整党派团体、各种民主力量的相互关系，发挥协调各方利益、整合各种政党力量的作用，最终促进共识形成，推动事业发展。

改革开放以来，我国在经济、文化、社会建设方面取得了历史性的进步。与此同时，社会群体日益分化，利益逐渐多元化，社会矛盾增

加。随着公有制为主体、私营经济为重要补充的社会主义市场经济的基本建立，我国社会出现了诸多新兴社会群体，主要有私营企业家、白领以及农民工等三大群体。这些新兴社会群体多数生存于体制之外，主要由非公有制经济就业者、自由择业者以及农民工组成。他们作为中国特色社会主义事业的建设者，构成了国家政权的社会基础。他们的利益诉求理应得到国家政权的关心和满足。协商民主作为一种广泛的政治参与和利益调节机制，能够让不同的社会群体都有机会表达自身的诉求，维护自身的利益，同时担当起服务社会的责任。

我国有 56 个民族，是一个多民族共存的单一制国家。我国在单一制国家框架内建立了民族区域自治制度，目的是在国家统一的前提下，维护各民族的团结和社会的稳定。民族团结是关系社会和谐稳定的重要因素。协商民主有利于促进各民族之间的理解和共处，作为现阶段我国重要政治制度的人民政协，其中的民族、宗教界委员联系着广大少数民族群众和信教群众，具有一定的影响力、凝聚力和号召力，形成了一整套具有政协特色的民族工作、宗教工作体系，成为党和国家民族宗教工作机制的重要组成部分，在党和国家民族宗教工作领域发挥着独特的作用。我国少数民族大多具有宗教信仰，有的是所谓全族信教。因此，应该正视广泛的社会信仰问题，处理好宗教与社会主义之间的适应性关系。以协商民主的形式，能够比较好地维护少数民族和信教群众的经济、政治、文化合法权益，有利于建立民族间、信众之间的和谐共处关系。

2. 协商民主能够促进民主监督，有利于提高民主质量

协商民主与选举民主、多数决定的民主机制并不是截然对立和矛盾的，协商民主可以让各种意见充分发表出来，通过交流讨论使各种意见取长补短，避免片面性，尽可能趋于一致；同时协商民主也有助于把"服从多数"和"尊重少数"统一起来。协商民主公开性、平等性和广泛性的特征，可以从多方面进行民主监督，提高民主的质量，最大限度地将"少数人"和"多数人"的利益整合起来。

权力使用的公开化、透明化是民主监督的有效途径。协商民主具有公开性的特征，通过审议公共政策，公开政策制定的各种背景材料，相关利益群体平等协商，增强了党政体系决策过程的公开透明，体现了人

民参与权、知情权，有利于防止"暗箱"操作。协商民主所具有的广泛参与性，使各利益群体通过协商、讨论，既能保护个人利益和集体利益，又能够超越个人利益或团体利益，有效地维护社会的共同利益，发挥政治监督的功能。协商民主所体现的平等性、责任性和回应性原则，能有效地监督公共权力，尤其政府行政的自由裁量权，具有一种将"所有政策协商的参与者都有确定问题、争论证据和形成议程的同等机会，协商过程能够包容各种不同的利益、立场和价值，协商能够使讨论和决策过程中的社会知识最大化"的效应。① 协商民主所构建起来的公共协商机制，能够协调政府、社会、个人三者的价值偏好，使多元的社会利益以公共利益为"最大值"，通过多方平等、自由的讨论、辩论和协商，达到利益表达、利益协调与利益实现，这成为当前中国民主政治发展的最重要目标和首选价值，也是协商民主的当代价值所在。

3. 协商民主能够提升决策科学化水平，提高效率，降低成本

竞争性民主以及票决民主、选举民主的前提是公开的竞争与辩论，这种民主形式具有自身的优点，但也有明显的弱点，这就是分歧与矛盾的公开化。分歧与矛盾的公开化会使具体问题抽象化、原则化，形成价值对立和道德评判，其结果是提高了达成妥协与共识的交易成本。而协商民主是求同存异，在一般情况下回避尖锐矛盾，不公开分歧，结果是有利于妥协和共识的达成，有利于减少妥协的交易成本。

协商民主在决策全过程中主要有三个方面的影响，一是防止决策的草率化，多方参与的决策体制可以使决策涉及的问题充分有效地展现出来，有利于党政部门全盘考虑利弊，以做出更好的选择；二是防止决策的迟滞化，协商民主是集中民智的高层次平台，参加协商的各方具有相对较为丰富的专业理论知识或者实践经验，能够为各级党政决策提供可行的理论依据，可以对潜在风险和未来前景进行分析预测；三是防止决策执行的低效化，"协商民主贯穿于决策的执行过程中，在决策执行过程中监督决策执行，为决策最终落地执行提供了另一层保护网"②。民

①　陈家刚：《协商民主：概念、要素价值》，《中共天津市委党校学报》2005 年第 3 期。

②　林尚立：《中国共产党与人民政协》，东方出版中心 2011 年版，第 274 页。

主决策机制大量的内容体现为制度形式，并通过制度来规范和保障这一机制的有效运行。我国目前协商民主的主渠道是人民政协，为了保障政协发挥效用而作为民主决策要素的制度主要有：调查研究制度、提案工作制度和社情民意反映制度等。

（二）协商民主的主要形态

目前，我国的协商民主实践已经形成覆盖社会多个层面，成为运行于政党、国家、社会和公民之间的广泛普遍的治理体系，其主要形态有：

第一，政治协商。在中国共产党领导与多党合作和政治协商制度下，执政党就国家的大政方针以及政治、经济、文化和社会生活中的重要问题，国家重要领导人的人选等，与各民主党派协商，充分听取他们的意见。通过协商形成的意见，被吸收到执政党和国家决策和立法的过程，成为制定政策和法律以及做出重大决定的基础。执政党与各参政党的协商治理，主要采取民主协商会、小范围谈心会、座谈会、参政党中央向中共中央提出书面建议等形式。

第二，行政协商。各级人民政府与相关公民之间围绕公共事务、公共政策、公共问题或者社会矛盾进行的治理协商，主要围绕现实的公共利益和群众切身利益问题展开，协商的目的主要在于，通过协商实现利益表达、聚合和协调，进一步促进政府决策的科学化、民主化，在体现公民要求和意志的同时，强化和优化公共政策的公正合理性和政府运行的优良绩效性。这一层面的协商是中国协商民主制度的扩展，是改革开放和公共治理发展的成果，反映了我国政治发展过程中政府与公民关系趋于优化，体现了公民有序政治参与的扩大和深化。在实践中，民主恳谈、协商沟通、公开听证、多边对话、决策咨询、群众讨论、媒体评论、网络听政等都是其多元化形式。

第三，社会协商。这是公民在村民自治和居民自治范围内，自主解决公共问题、公民权益和社会矛盾，实现有序发展的路径，集中表现在社会自治的民主管理环节上，公民围绕共同体事务，实现自我管理、自我教育和自我服务，采取协商、沟通和协调达成共同体治理。除此之外，企事业单位内部的相关事务和劳动关系协调，也常常采取协商方式。因此，这个层面的协商治理属于自治性协商治理，往往因地、因事、因时而采取多种协商方式，诸如说事拉理、居民论坛、公民评议、社区议事、党群议事、互联网的官民对话等，不拘一格、广泛普遍、日常务实。[①]

我国协商民主的发展坚持从实际出发，积极探索和寻找能充分表达各方面意愿，又能将各方意见加以整合的途径，始终以维护最广大人民群众的利益、促进民主政治的建设为出发点和落脚点，又吸收中国传统历史文化底蕴，在改革开放时代的大背景下，协商民主日益成为人民当家作主、保证民众有序政治参与的重要民主形式。

（三）协商民主的主要特色

首先，政治协商的范围十分广泛，在社会政治生活中广泛发挥作用。在当代中国，政治协商远不止于全国政协，而是在我国社会政治生活的各个重要层次和不同领域都有所发展。在中国，政治协商不仅存在于执政的中国共产党和参政、议政的各个民主党派和无党派人士之间，就国家重大政治问题进行的协商，在基层民主政治实践中也广泛存在着就重要公共利益、公共事务进行的协商，并且已经逐步的制度化。这种现象在改革开放以来，已经在我国基层民主政治实践当中，得到了具有一定普遍性的发展和运用。在这方面，浙江省台州温岭的"民主恳谈"，即基层公共事务的人民会商制度，就是一个典型的代表。而根据我们在全国多个地区的调查，这类实践已经日益普遍化，已经成为我国基层民主中一种具有一定普遍性的新的制度形式。

其次，中国政治协商的内容不断扩展、丰富。历史上的政治协商，主要在于政策层面，是形成政策和政治同盟关系的重要形式，这一点无论是在历史上还是现代西方资本主义民主政治实践中都是如此。但在中国的政治协商实践当中，协商被广泛地运用于政治领导人的选拔和任用

---

① 陈剩勇、何包钢主编：《协商民主的发展》，中国社会科学出版社 2006 年版，第 89—90、97—100 页。

当中，成为决定政治录用和政治继承的一种重要机制。应当说，将政治协商运用于各级领导干部的选拔任用，是当代中国民主政治的重要实践探索，它在现阶段对于我国民主政治实践中的选举民主有着重要的补充作用，对于巩固乃至扩大执政党的社会基础，加强执政的正当性，发挥着独特而又至关重要的作用。

第三，中国政治协商在实践中不断探索规范化、法律化的制度形式，其形态不断完备。中国政治协商制度的不断完善首先表现在共产党领导的多党合作中的协商机制的不断完备，同时也表现在全国政协和各级政协的工作体系和工作机制的不断健全和完善。同时，在执政党内部的党内民主议程中的协商机制也在健全和制度化，基层民主实践中的协商机制正在规范化和制度化。比如，在浙江发源于基层的"民主恳谈"制度，就已经与人大的议事制度和监督制度结合，形成一套比较规范的程序与制度，并且现在已经初步运用到了市一级的重要公共事务当中，比如进入了部门预算程序，党内酝酿决定重要事项也规定要进行恳谈形式的协商。目前，这种新的民主实践形式在浙江省正在逐步推广展开。

三　中国协商民主的文化基础

在政治过程中实行协商，以协商方式化解矛盾，达成共识，不仅具有逻辑的证明和当前实践的价值，在我国，协商解决矛盾也具有深厚的文化传承、文化底蕴和现实的经验证明。不同的文化传统孕育出不同的民主模式，中国协商民主制度根植于中华民族几千年来积淀下来的优秀文化土壤，协商民主理论、实践的形成和发展体现了中华文化的特性，其精神养料和思想资源受到古代传统文化、现代启蒙文化、统一战线文化和市场文化的影响，凸显出丰富厚重的思想文化底蕴，具有鲜明的中国特色。

（一）统一战线是协商民主的直接来源

中国协商民主发端于中国共产党带领中国人民追求民族独立、社会解放的新民主主义革命的大背景下，因地制宜地将马克思主义阶级分析方法运用于中国革命，创造出统一战线理论与实践。统一战线的理论与实践为后来协商民主的产生和发展创造了政治传统，奠定了思想文化基础。毛泽东在大革命时期就明确指出："谁是我们的敌人？谁是我们的朋友？这个问题是革命的首要问题。"① 中国共产党在早期革命实践中逐步认识到，中国革命的成功有赖于中国人民中间的各个阶级的大联合。一盘散沙是中国积贫积弱，沦为半封建半殖民地的悲惨境地的直接原因，因此要"聚沙成塔"，团结一切可以团结的力量，凝聚起反帝反封建的最广泛的民族统一战线，这是中国革命胜利的重要法宝。统一战线，在土地革命时期的苏维埃政权建设中、在抗日战争三三制原则中都得到了充分实践和运用。新中国建立以后，统一战线继续在社会主义革命和建设事业中发挥作用。随着中国特色社会主义民主政治建设的展开，统一战线的基本精神和具体形式都成为协商民主的自然基础。可以在一定程度上说，协商民主是统一战线理论和实践在新的历史条件下，在民主政治建设的延续、扩展和升华。

（二）协商民主继承发扬优秀传统文化

民主作为一种价值追求，与本国的历史文化传统密切相关，不同文化孕育不同的民主形式。中国古代曾有"明堂议事"之说。据《管子·桓公问》记载，齐桓公向管仲问政，如何有天下而不失，长得天下而不亡。管子建议齐桓公，要体察民情，了解民众所恶，以之为戒，还给他讲了黄帝的明台咨议制度及尧舜禹的纳谏制度。管子说："勿创勿作，时至而随。毋以私好恶害公正，察民所恶，以自为戒。黄帝立明台之议者，上观于贤也；尧有衢室之问者，下听于人也；舜有告善之旌，而主不蔽也；禹立谏鼓于朝，而备讯矣；汤有总街之庭，以观人诽也；武王有灵台之复，而贤者进也。此古圣帝明王所以有而勿失，得而勿忘者也。"② 我国古代政治中，集权专制政体之下，开明的统治者就

---

① 《毛泽东选集》第 1 卷，人民出版社 1991 年版，第 3 页。
② 《管子·桓公问第五十六》，古诗文网，http：//www.gushiwen.org/GuShiWen_ c285a0a60d.aspx。

意识到了协商的重要性，"察民所恶"，"上观于贤"、"下听于人"，广纳众言，是化解矛盾、维持稳定的好方法。协商因素是维护大一统的政治局面的一个手段。

与古代现实政治中的协商实践相对应的是中国传统文化强调"以和为贵"的价值理念和中庸思想。中国传统文化中，倡导"和合"思想，崇尚"和而不同"，既坚持原则又尊重差异，即相互碰撞又形成共识，兼收并蓄、博采众长。中庸文化强调把握事物合适的"度"，中庸即意味着允许多样的存在，主张均衡，对不同的意见、事物，持宽容的态度。作为中国特色社会主义民主的基本形式的协商民主，很自然地继承和发扬了中国传统，并赋予了这种思想以新的时代内涵，使我国传统文化中的"和合"价值观在新的时代、新的历史条件下，得到了新的体现，发挥了新的现实作用。我国古代传统文化中的中庸思想，也在协商民主中找到了时代的立足点。将这种宽和用于政治，就能促进新事物新思想的产生，调节各种社会矛盾达到中和的状态，形成稳定的形态。协商民主的实践正是要求以宽容、包容、融洽和适度为核心价值。

（三）协商民主融入市场经济元素

社会主义市场经济是当今中国的经济制度，构成了中国政治制度的经济基础。市场经济因素不可避免地要渗透和影响到中国的政治生活和社会生活的各个方面。事实上，当今中国的协商民主实践中大量的实际问题都与市场经济有关，市场经济运行产生的大量问题需要通过协商民主的方式加以解决。在一定程度上，市场经济的发展也促进了协商民主的发展。在我国，尤其是基层的协商民主实践中，市场经济中的机会均等和等价交换的原则与价值，也在协商民主的实践中得到贯彻和体现，协商民主中渗透了市场经济的价值准则。

2011 年中国社会科学院政治学研究所在全国进行了一次旨在了解当代中国人的政治心理和社会行为习惯的大型抽样调研——《中国公民政治素质调查与研究》。在这项以问卷形式进行的调研中，专门针对中国公众有关解决社会问题和化解社会矛盾的心理倾向进行了研究，其结果表明，中国公众具有明显的通过协商解决问题、化解矛盾的心理倾向。调查问卷中针对这个问题设计了一个问题，向受访者提出了解决一个问题与矛盾的三种方案：投票解决、协商解决和服从权威。结果是64.7%的受访者主张协商解决，18.2%的受访者主张投票解决，16.7%的受访者主张服从权威。[①] 这应当说是一个关于中国公众解决社会问题与矛盾的心理倾向的最新例证，可以在一定程度上反映出中国人的社会行为特点，透过这一点也可以进一步在一定程度上表明协商民主在中国具有一定的文化基础。

四　国际视野中的协商民主

政治协商是有着悠久历史的政治形式。自人类进入文明时代，就出现了一定形式的政治协商。比如：在古希腊雅典城邦国家的民主政治制度之下，就出现过一定形式的政治协商。在我国古代社会也存在过不同形式的政治协商。近现代以来，民主政治成为各国政治发展的主流，政治协商居于民主政治条件下，即成为民主政治的一种形式。在现代西方资本主义民主政治制度与实践当中，也具有政治协商的元素，比如：在西方议会民主当中就广泛存在着包括党际沟通、派系协商、政治游说因素在内的政治协商。20世纪后期，西方学术界在以竞争性选举为主要制度安排的传统民主模式的问题和缺陷日益增加和暴露的背景下，开始思考和寻求新的民主形式，在一定程度上出现有关民主理论研究的风向上的变化。协商民主，就是西方在探索新的民主思路中提出的一种重要的观念。将西方的协商民主理论与中国的协商民主理论和实践加以对比和分析，有益于启发我们的思路，也可以在一定程度上为我国协商民主的发展提供某种理论上的参考。

（一）协商民主在西方

20世纪80年代以来，西方学术界提出了类似我国政治协商的概念。1980年，美国克莱蒙特大学政治学教授约瑟夫·毕赛特在"协商

---

① 参见张明澍《公民政治素质调查中的几个"发现"》，《北京日报》2013年5月13日。

民主：共和政府的多数原则"一文中首次提出了协商民主的概念。① 他认为美国宪法既体现了多数的原则，同时也是对多数的制衡，但这种制衡并不违反多数原则本身。美国立宪者的观点包含两方面内容，一是需要限制大众的多数，二是使多数原则有效。这两方面统一体现在制宪者建立协商民主的明确意图中。② 荷兰学者李帕特（Arend Lijphart）在分析奥地利、比利时、瑞士和荷兰政治系统的基础上，归纳出他的协商民主理论。他认为：社会上不同阶级、地域、文化等所产生的分裂，被所属阵营纳入系统之中，形成"柱状化"（Pillarisation）结构，称为"柱状体"（Pillar），以此结构为前提的联合政权内，各阵营进行"协调的政治"（politics of accommodation），具有以下特征：大联合内阁，纳入各柱状体的精英；比例性，国会及公共资源等依比例分配；区域自治，创立个体意识及允许不同文化共同体的法律；相互否决权，各群体共识仍需多数决定，少数群体有权否决，但也会被其他群体回报否决加以阻挠。吉登斯等人从不同的角度提出了"对话民主、沟通民主和话语民主等概念"③，并认为这些也属于协商民主的范畴。

从总体上来看，西方对协商民主的学术理解和学术讨论集中在几个方面。④

一是认为协商民主是一种决策形式。与传统的决策不同，协商民主给予每个公民、每个参与者自由表达的机会，同时倾听并考虑相反的观点，在关系公共利益的决策中实现广泛的社会参与，将法律意义上的社会平等融入决策议程之中。

二是认为协商民主是一种社会关系的原则。协商民主是基于人民主权原则建立的，既要保护多数人利益，也要尊重少数人，其实质就是一种公共事务受共同体成员协商决定，由此在处理公共事务中建立真正平

---

① 原文为 "deliberative democracy"，中文翻译为 "协商民主"，"审议民主"。

② 参见陈家刚《协商民主研究在东西方的兴起与发展》，《毛泽东邓小平理论研究》2008 年第 7 期。

③ ［英］安东尼·吉登斯：《超越左与右》，李慧斌等译，社会科学文献出版社 2000 年版，第 119 页。

④ 陈家刚主编：《协商民主与政治发展》，社会科学文献出版社 2011 年版，第 5—27 页。

等的社会关系。

三是认为协商民主是一种社会自治形式。多元化是西方现代社会的显著特征，多元化民主面临的最大危险就是公民的分裂。西方国家的协商民主论者希望通过协商能够有效回应文化间对话和整合多元化社会的认知与共识，即希望通过协商形成对于公共利益的认知，主张通过对话求得共识，并在此基础上发育出一种有公众广泛参与的社会自治。

四是认为协商民主是西方自由民主发展到一定阶段的产物，是对自由民主的纠正和超越。协商民主的思想在西方社会得到了一些思想界知名人士的响应，一些人纷纷表明自己对协商民主的支持态度，如美国著名政治哲学家约翰·罗尔斯、英国著名社会政治理论家安东尼·吉登斯、德国的思想领袖于根·哈贝马斯等人，都是协商民主论的支持者。在他们看来，西方的竞争性民主政治和以代议制民主为主要形式的民主制度遭遇了严重问题，甚至已经严重不适应社会发展的要求和现实的需要。因此，希望在一种新的民主形式、新的民主理念中寻找新的出路。

西方学术界虽然提出了类似我国政治协商的概念并加以倡导，但在现实中，协商民主在西方国家远远没有成为一种主流的政治实践。西方民主制度下，在政治活动中形成代表各种利益集团的派阀政治。由不同利益集团支持的党派、政客相互攻讦、相互掣肘，或相互利用、交换利益、党派分肥，由此形成了西方国家权力制约机制和多中心、多层级的决策机制。现代西方政体中的派阀政治，一方面，提高了决策的复杂程度，使立法和行政效率下降；另一方面易于形成集团利益与整体利益的冲突，造成国家政策的短期化、功利化趋势。从 2012 年美国大选中不断升级的党同伐异，进而造成了威胁美国经济的"财政悬崖"问题，美国的两党政治在这些关乎国计民生的重大问题上束手无策，令世人大跌眼镜。有人甚至把西方以选举为主要形式的竞争性民主称为"否决政治"。在这种政治文化背景下，尽管有如协商民主等新的思想理论和制度设计，但真正实施起来却绝非易事。

（二）中西协商民主的异同

中国的协商民主，最早萌发于革命战争年代，在新中国的社会主义建设中逐步成长，在改革开放的新时期发展成熟，成为当代中国民主政治的主要形式和发展的重点。在长期的历史发展进步中，中国的协商民主已经成为一种具有广泛实践基础的成熟的政治制度。西方协商民主理论是 20 世纪 80 年代以来西方民主理论的新发展，是当代西方政治发展和政治思想中最重要的成果之一。中国协商民主与西方学者倡导的以及在实践中有限存在的协商民主，在理念和路径上具有一定的相似性和共同的观点，主要表现在两个方面：

一是发展目标具有相似性。在西方协商民主中化解偏好达成共识是最高目标。共识指主体间理解的协调、通约和一致，"达成共识"即指达成理解的一致意见。在协商理论中，共识是协商的结果，是政治过程参与者在充分协商基础上形成的，对所讨论问题表现出的一致性。① 在中国，对共同性问题或者公共利益进行协商，必然要求整个协商过程必须要遵循一种规范性的程序要求，即通过具体的环节、机制的设计和共同遵守的原则的确立来规范公民参与、讨论和对话，并在此基础上最终形成一致性意见，这也是中国特色协商民主的根本目标所在。中国协商民主与西方协商民主对此有惊人的相似。在西方协商民主是指这样一种观念："合法的立法必须源自公民的公共协商。"② 而中国协商民主始终强调通过协商对重大问题取得一致意见，对重大决策赢得更多的理解、认同和支持，显然这也是为决策提供重要的合法性资源。

二是参与路径具有相似性。西方协商民主讲求偏好转换，即通过参与、讨论、对话之后，实现分歧、差异性偏好的转换，最终形成共识。中国协商民主强调决策之前通过讨论、对话，对共同性问题形成一致意见。其实二者在一定程度上均重视协商讨论的优势，都是希望通过对话、讨论等方式形成共识，达成一致。

显而易见，由于条件、环境不同，发展的状态也有本质区别。中国协商民主与西方学者倡导的以及在实践中有限存在的协商民主，具有很大的差异性，主要表现在：

---

① 陈家刚：《协商民主：概念、要素与价值》，《中共天津市委党校学报》2005 年第 3 期。
② ［美］詹姆斯等主编：《协商民主：论理性与政治》，陈家刚等译，中央编译出版社 2006 年版，第 1 页。

　　第一，西方为"补充"，中国为"重点"。由于中西方选举民主、代议制民主发展路径和程度完全不一样，协商民主在中国和西方发展的进程是不一样的。西方理论界提出了"协商民主"的理论，力图弥补和完善代议制民主的不足，但是往往因为原有的制度框架和深厚的文化影响而困难重重。西方协商民主理论是在自由民主政治基础上发展起来的一种民主理论范式和政治实践，其目的是为了应付道德冲突、政治冷漠以及参与不平等问题，从而实现公民对政治决策过程与结果的平等控制，其定位是要作为代议制民主的补充，出发点是为了减少或避免代议制民主的弊端而设计的一种"补充"民主模式，基本上是一种理论上的设计和构想，在实践只有有限的存在，更没有形成一些特定的模式。而协商民主在中国，至少在新民主主义时期就在一定程度上实际存在了。从革命斗争时期的统一战线开始，到今天的中国共产党领导的多党合作和政治协商制度，已经走出了中国独特的协商民主之路。我国协商民主制度中的"政治协商"已经成为共产党与各民主党派团结合作的主要形式，各民主党派、界别通过人民政协的平台参与国家事务管理，根本目的是为了提高执政效率、执政水平和实现人民当家作主的权利。

　　第二，协商民主的基础理念不同。西方民主传统基于个人主义、自由主义，公民依赖竞争、推崇相互制约等。在这些文化传统背景下，协商民主所强调的协商，是指在协商过程中，参与者自由、公开地表达或倾听不同的政治理念，通过认真思考、审视，或者改变自身思想，或者说服其他人改变其观点，从而达到政治理念上的一致性，使得立法和决策具有合法性。[①] 中国的协商民主是在马克思主义理论指导下形成并发展壮大起来的。我国的协商民主建立在爱国主义、集体主义理念之上，立足于中国的文化传统之上。中国的政治、文化传统倾向于性善论，主张兼听则明、和而不同、有容乃大，并且倡导协商等。

　　总体上看，西方国家的所谓"协商民主"更多地还是停留在少数思想家、理论家的口头上和书本里，其社会实践是分散而零碎的。协商民主在西方国家中的地位和作用，远远不能和当代中国的政治协商所达

---

① 李仁彬：《中外协商民主比较分析》，《党史文苑》2009 年第 2 期。

到的完备形态和发挥的重要作用相提并论。但西方协商民主所强调和要求的平等、理性、审慎、宽容、开放的公民意识，对于提高我国的相应实践也有一定的参考和借鉴意义。

　　未来一段时期，中国仍应选择以协商民主作为推进民主政治建设的重点，大力尝试、完善、固化各种层级，各种形式的政治协商，让协商民主在中国现代化进程中发挥更实际的、更大的、更稳定的效用，着力在三个层次上探索和推进协商民主。第一，在基层群众自治制度中，推广"民主恳谈"，在地方和基层党组织的领导下，让人民群众特别是处于相对弱势的群体对于基层公共事务具有发言权。第二，大力探索和推行公共政策协商，通过多种形式引导人民群众有序参与到政策、法律形成过程中，稳妥地尝试公共政策的公开讨论和辩论。第三，以协商为主推进党内民主，特别是在干部的选拔和任用过程中探索切实有效的协商方式，加大协商在干部选任中的作用，以扩大协商范围，提高协商的地位和效力作为干部选任制度改革的主要方向。要认清我国现在的社会主义民主建设现状，不断推动和完善中国民主政治的发展，在继续推进选举民主的基础上，大力发展协商民主，这是我国社会主义民主政治建设的明智的战略选择。

第六章

循序渐进发展人民权利

人民的权利不是先天的抽象的而是在社会发展与历史进步中不断具体化的。权利的实现和发展是一个艰难、长期而又复杂的系统工程。不断推进民主政治建设是当代中国工业化历史主题的题中之义。循序渐进地发展人民权利，是中国民主政治建设的重要经验之一。

一 渐进权利观的理论合理性

循序渐进地发展人民权利，是由社会权利实现和发展规律决定的，并非一时一地的权宜之计。我们是在社会主义初级阶段发展人民的经济、社会、政治和文化权利，社会发展的阶段性和历史发展规律是认识权利问题的基础。历史地考察权利问题，必然会选择渐进式权利发展之路。

（一）权利是历史的而非天赋的

在西方哲学家看来，权利是无需证明的先天判断。从古希腊哲学家伊始，权利就是不言自明的。在经院哲学兴盛之际，奥古斯丁、托马斯·阿奎那等神学思想家都是从权利的神性出发阐释从属于神权的权利的。在"人"得到大写的文艺复兴时代，权利的人性得到了张扬。权利成为了人的权利，并为思想家们所唱响。霍布斯、洛克、卢梭、康德等都为此贡献了自己的激情与智慧。但即使到启蒙时代以后，人的权利还是像美国《独立宣言》中所认定的，是"天赋人权"：人人生而平等，造物主赋予他们某些不可转让的权利，其中包括生命权、自由权和追求幸福的权利。①

马克思第一次在唯物史观的视野中阐释了权利的科学内涵："权利决不能超出社会的经济结构以及由经济结构制约的社会的文化发展。"② 这就是说，权利的内涵是由经济基础所决定的，社会文化发展的状况也是制约因素。马克思在这里强调的是权利的经济和文化的双重制约因素。到了今天，我们在关注权利的物质性因素的同时，又进一步加入了对文化的"软"制约的关注。实际上，世界范围内文化先发地区与文化后发地区的权利状况存在着差异，说明文化发展的不同水平和文化发展的迥异背景会产生不同的权利诉求，进而影响人们的权利意识。权利的样态和实现既需要社会经济发展的物质基础，也需要文化软环境和权利主体意识达到一定的水平。权利的内涵、权利的实现是由与权利现象相适应的全面的社会历史条件所决定的。不同社会历史条件孕育不同的权利观念，权利性质、权利主体、权利范围会因不同的历史条件而不同，也会因社会的发展进步而改变。

马克思主义的唯物史观把对权利的解释和阐述的决定权交还给社会历史实践，而非神秘的精神力量。马克思反对把权利变成抽象的存在物，反对从人类抽象的观念出发论证权利的可能性与现实性。"创造这种权利的，是生产关系。一旦生产关系达到必须蜕变外壳的时刻，这种权利和一切以它为依据的交易的物质源泉，有经济上和历史上的存在理由的、从社会生活的生产过程产生的源泉，就会消失。"③ 生产力是最终的决定力量，产生权利关系的生产关系取决于一定的生产力发展水平，权利关系的发展终究为生产力的状况所决定。马克思曾以自由为例，说明对事物客观必然性的认识程度与自由程度的正相关关系。他说："并不是人们想得到什么自由，法律就赋予人们自由。恰恰相反，人们每一次都不是在他们关于人的理想所决定的和容许的范围之内，而

---

① 《外国法制史资料选编》，北京大学出版社1982年版，第440页。

② 马克思：《哥达纲领批判》，《马克思恩格斯选集》第3卷，人民出版社1995年版，第305页。

③ 马克思：《资本论》第三卷（节选），《马克思恩格斯选集》第2卷，人民出版社1995年版，第574页。

是在现有的生产力所决定和容许的范围之内取得自由的。"① 历史必然性是人们自由与否的决定因素，认识历史必然性，掌握历史必然性，才能获得真正的自由。这就是说，自由是由历史所定义的，是主体向历史争取来的，而非天赋的。权利也是如此，终究为历史所决定，而非观念的抽象存在。人人生而平等，是美好的，但在复杂而具体的历史面前，终是可望而不可及的愿景。从观念出发而抽掉权利的历史内涵谈权利，权利如无根之萍，没有多少现实意义。

（二）权利来自社会而非个人

西方思想家所倡导的权利观念与个人主义有着天然的历史关联。个人主义强调人的本性的基础性作用，强调人始终是自由自律的存在。这种本性是个人拥有权利的根本依据。个人主义认为权利是对人自由和自律本性的具体表现，是对个人利益直接的现实反映。在西方的权利观念中，个人主义不仅为权利的正当性做论证，并且充分夸大个人在权利的正当性、合理性中的作用，在把个人无限夸大的同时，也把个人的社会属性抽象掉了，使个人成为一个个孤立的形式上的存在，进而赋予个人权利的天赋性、不可替代性，成为绝对化的权利。

马克思否定个人权利无上崇高的神秘性，揭示权利须臾不可脱离社会与物质基础。马克思把唯物主义原则贯彻到人类社会历史领域，在唯物史观的认识路径内，反对基于抽象的孤立的人的基础上的权利观念。这种权利观念是个人本位主义的权利观，把权利主体变成了抽象的"人"、无差别的"人"、普遍的"人"。这种"人"是虚幻的，而非现实的感性的人，掩盖了人的活生生的现实性、差异性和具体性，把人这一现实的存在与其所处其中的现实世界割裂开来。人作为权利的主体被抽象化、片面化，人的权利本身同样被抽象化、简单化，掩盖了现实权利的多样性和复杂性。人的本质，"不是它的胡子、它的血液、它的抽

① 马克思和恩格斯：《德意志意识形态》，《马克思恩格斯全集》第3卷，人民出版社1960年版，第507页。

象的肉体，而是它的社会特质"①。"人不是抽象的蛰居于世界之外的存在物。人就是人的世界，就是国家，社会。"② 人的本质的丰富性决定了人的权利诉求也是丰富多彩的，并反映人类生活的现实世界的多样化和人类现实需要的多样性。

把人抽象成为符号，人的权利也就成为抽象的主观假设，没有任何现实基础可言。而真实的权利观念是以权利主体的现实物质需求与生活条件为土壤的。人的现实的经济生活、政治生活和社会生活赋予人的权利以现实性，使人的权利与人们实现自身价值与利益需求的客观需要紧密联系在一起。所以，对权利问题的科学解释，应该从现实的人出发，从现实的社会条件出发。"它的前提是人，但不是处在某种虚幻的离群索居和固定不变状态中的人，而是处在现实的、可以通过经验观察到的、在一定条件下进行的发展过程中的人。"③

作为社会关系总和的人，提出的任何权利诉求，从根本上来说都是具有社会性的。权利现象的产生离不开一定的物质生活条件。马克思强调，法的关系正像国家的形式一样，既不能从它们本身来理解，也不能从所谓人类精神的一般发展来理解，相反，它们根源于物质的生活关系，这种物质的生活关系的总和，黑格尔按照18世纪的英国人和法国人的先例，概括为"市民社会"，而对市民社会的解剖应该到政治经济学中去寻求。④ 马克思强调了法与权利的基础是等同于"物质生活关系"的"市民社会"，这实际上就明确了权利现象的现实基础。权利的产生不能脱离特定的社会物质生活条件，特定的社会经济状况与人们的现实生活条件，决定了权利的属性和权利的实际状况。只有从权利的社会现实基础出发，才能真正把握权利本质，确定权利的真实内容，找到

---

① 马克思：《黑格尔法哲学批判》，《马克思恩格斯全集》第3卷，人民出版社2002年版，第29页。

② 马克思：《〈黑格尔法哲学批判〉导言》，《马克思恩格斯选集》第1卷，人民出版社1995年版，第1页。

③ 马克思、恩格斯：《德意志意识形态》，《马克思恩格斯选集》第1卷，人民出版社1995年版，第73页。

④ 参见马克思《〈政治经济学批判〉序言》，《马克思恩格斯选集》第2卷，人民出版社1995年版，第32页。

权利的真正来源。不谈权利的现实的社会条件与物质条件，就不能了解权利的真实状态，就不能形成科学的权利观念。

权利的社会性说明，人们的权利不能脱离人类的具体社会实践。在现实生活中，应该理性地对待权利诉求，理性地通过法律和社会机制逐步地保障权利和发展权利，不能唱高调，否则只能是说得到，却做不到。在保障权利的实践中，不能不加区分地对待不同的权利诉求，要理性地分析权利的内容、可能的行使方式、合适的实现途径，分析某种权利的现实价值及其局限性，从而使权利保障与经济社会发展进程相同步，实现对权利和正当利益的理性判断能力和科学态度。

（三）权利是现实的而非理想的

现实社会中人们的权利诉求往往是理想性的。权利的要求与权利的实现是存在客观距离的，权利脱离现实的生活基础，充其量是人们的美好愿景，权利却处在彼岸。这种理想性的权利有它的合理性，对于现实权利的谋划，对于现实权利存在的不足和缺失有着重要的参照意义，有利于改进现实权利状况的不足，可以促进发展和完善现实权利状况，朝着更高的标准和更好的状态迈进，更好地满足人们的权利需要。但是，这种状态的权利诉求，终究是人们对权利的想象，是权利的"蓝图"，不能真正解决人们在社会生活中实际的权利需要。

权利的愿景展现了应然的权利。在现实中，我们应搞清应然权利与实然权利的关系。马克思早就分析过权利的应然性与实然性的关系。马克思指出，应然权利是人的价值需要，实然权利则是一个国家现实生活中具体的权利形态。从人的价值角度，马克思充分肯定应然权利存在的合理性。应然权利体现了人作为社会主体的理想与意识，体现了正义、平等、自由等基本价值。而实然权利则是实实在在的现实生活中人们的权利状态，与现有的社会物质生活条件紧密相连。马克思不反对应然权利，但反对脱离社会关系与社会生活实践谈抽象的人权，谈抽象的权利；应然权利也不是与国家社会相对立的权利现象，而应是基于社会历史条件，指向人类社会发展更高阶段的权利诉求。实然权利不断实现的过程，就是接近应然权利的过程。

在现实生活中，在应然权利向实然权利转化的问题上，往往存在着认识偏差。法律上确定的应然权利，并不意味着现实中能够立即兑现为实然权利。应然权利向实然权利的转化需要过程与条件，而非一蹴而就的。因此，发展权利、保障权利应该从现实出发，强调权利的现实性优于权利的理想性。要认识到我们实际拥有的权利优于那些不具有可操作性的权利。这些权利是人们在现实生活中可以实际分享的权利，是符合现实需要，满足权利发展的客观条件和现实状态的权利。只有具有现实存在条件的理想性权利，才能够被权利主体真正认同，才能够真正符合权利主体的权利需要，才会通过一系列环节转化为现实的权利。有些不具备现实条件的权利，即使被法律所规定也无法转化为真正的权利。

二　渐进权利观的实践合理性

权利的发展具有长期性和阶段性，这为世界范围内权利发展实践的正反经验所证明。权利的发展不是人们头脑中的概念演绎，而是现实的实践过程。权利的实现要经过长期的历史过程，急风暴雨式地一蹴而就，是不切实际的想象。

（一）权利的非线性发展

受西方民主话语体系的深刻影响，国内对民主权利的发展究竟应当选择什么样的道路问题的认识参差不齐。近些年来，随着社会急剧转型所带来的一系列问题和矛盾的凸显和激化，急躁冒进的思想比较活跃。认为权利的实现在中国可以线性发展，可以超越常规、超速发展、一步到位。理由有三：一是和经济发展相比较，认为中国政治体制改革和民主政治建设落后于经济体制改革和经济建设，政治体制已经严重阻碍着经济发展，如果民主权利不超前或跨越式发展，中国的经济建设也不能持续；二是和西方国家相比较，认为我们的民主制度大大落后于西方国家的民主制度，根本体现不出社会主义民主制度的优越性，也无法有效解决当前转轨时期所面临的危机和难题。只有在国内尽快全方位实现人们的权利要求，才能从根本上聚民意、集民智，破解危机、解决难题；

三是和马克思主义经典作家论述的社会主义的高级民主相比较，认为目前的民主状况与他们所阐述的民主蓝图还相去甚远，我们必须高起点、高标准地追赶式发展，否则不叫社会主义国家。

"权利速成论"者怀揣着线性思维的模式，认为民主可以直线式地向前发展。然而，马克思主义经典作家早就指出，事物的发展必须按照否定之否定的规律向前迈进，呈现出波浪式前进和螺旋式发展的总态势；事物发展的道路往往伴随着曲折和迂回而非总是一帆风顺。"历史厌恶直线。"[1] 权利的发展绝不可能像一台机器，一旦发动顷刻就高效运转。事实上，权利的实现和保障不是一纸法令就可以建立起来的，权利的实际发育是一个极其缓慢的过程。正如帕特南所感叹的，"人们可以一周接一周，一月接一月，有时甚至是一年接一年地考察制度的发展，然而……制度变迁的节奏是缓慢的，要清楚地看到一个新制度对文化和行为产生的显著影响，常常需要几代人的时间。……要想建设新制度的人和想要对此做出评价的人需要耐心，这是从意大利地区试验中得到的最重要的教训之一"[2]。一项权利的成功实现，不是一朝一夕的事情，可能需要几代人的奋斗。任何希望一夜之间建成罗马的想法和做法，无异于拔苗助长，违背事物发展的规律只会得不偿失。

（二）欧美国家政治发展史的经验

纵观欧美的政治发展史可以发现，今天可称之为民主的发达国家，其权利的核心价值和体制模式的得来并非一帆风顺就达到今天的水平，而是随着经济社会的不断发展，经过了长期的斗争和积累而逐步巩固和完善起来的。以权利保障的发展史看，在英国，从 1215 年《大宪章》开启权利保障的历史算起，到 1948 年英国终于全国实现普选权，这中间已经走过了 700 多年。在英国权利保障和发展的进程中，以选举权为例，1429 年英国规定年收入超过 40 先令者有选举资格；1679 年，英国将选民的财产资格提高到年收入 200 镑；1688 年，将郡议员的选民财

---

① ［美］查尔斯·蒂利：《民主》，魏洪钟译，上海人民出版社 2009 年版，第 157 页。
② ［美］帕特南：《使民主运转起来》，王列、赖海榕译，江西人民出版社 1992 年版，第 67—69 页。

产资格提高到年土地收入 600 镑，市镇议员年不动产收入 300 镑；1831
年，英国有选举权的人只占成年人的 4.4%；1867 年，占英国成年男子
的 1/3，全英总人口的 15% 的城市熟练工人获得选举权；1884 年，占英
国成年男子的 2/3，全英总人口的 28.5% 的农业工人获得选举权，至
此，男子普选权得以全部实现。而 21 岁以上的妇女的普选权直至 1928
年才获得（1918 年法律只授予 30 岁以上的妇女投票权）。直到 1948 年
英国废除针对大学教员和学生以及有产者的存续多年的多次投票制度，
普选才在法律意义得到了无特殊限制的确认。①

在法国，政府通过财产、纳税额和居住时间对投票权加以限制，男
子从 1791 年起直到 1871 年才实现普选权，妇女直到 1944 年才得到普
选权。而投票年龄方面的限制，从 21 岁降到 18 岁则直到 1974 年才实
现。法国普选权的实现经历了 153 年。法国大革命常常被视为现代民主
的起源，但法国 1791 年的第一部宪法，却将选举权仅仅限制在年满 25
岁的纳税者手中，当时只有 440 万男性公民具有选举权，仅占当时法国
总人口的 16.9%。1795 年的"宪法倒退"，把选举权限制在了总数仅为
10 万人的少数富有资产者和纳税人手里。1848 年 2 月的革命使得法国
在工人阶级的压力下再次实行普选，但不到两年又为防止工人阶级和小
资产阶级执政而被制宪议会取消了。直到第三共和时期初的 1871 年才
再次确立男子普选权。而法国妇女一直到 1944 年二战以后才得到选
举权。②

即便是号称民主楷模的美国，普选权的实现也经历了漫长的过程。
从早期殖民时期只让白人成年土地所有者投票，至 1965 年的"民权法
案"通过废止投票的文化测验要求，整整经过了 350 年，美国黑人
（以及印第安人、华人等其他少数民族）才具有了法律上的选举权。总
体来看，尽管早在 19 世纪初欧美大多数资本主义国家就在宪政体制的
层面确定了平等、自由的原则，宣布实行普遍选举。但在 19 世纪的大
部分时间内，欧美各国拥有选举权的国民始终不超过男女成年人口的

---

① 参见王绍光《民主四讲》，生活·读书·新知三联书店 2008 年版，第 56—58 页。
② 同上书，第 58—61 页。

10%，直到 19 世纪末也未超过 20%。[①] 可以看出，这些国家国民的权利的实现多是自上而下，选举范围逐步累积扩大，沿着渐进式轨迹逐步发展。这些国家作为所谓民主国家的时间也就 100 来年，民主权利的实现是长期累积的结果，而非一朝一夕之功。只看结果，不看过程，积极移植、瞬间造就、完全实现个人权利的言论和做法，既违背权利的发展规律，又与历史事实背道而驰。

（三）后发国家盲目民主化的教训

20 世纪 70 年代以后，拉丁美洲照抄照搬欧美民主制度模式，结果陷入"拉美陷阱"，军事政变和政权更替频繁，经济社会发展停滞，生存权与发展权遭受巨大戕害，空头政治权利难掩尴尬本色。非洲遭遇了同拉丁美洲同样的困境，20 世纪 80 年代被迫接受西式民主，实行多党制，不仅没有带来经济繁荣、政治稳定和人民权利的实现，反而带来了严重的动乱、战争和经济大萧条。进入 21 世纪后，在阿富汗、伊拉克等被西方国家武力输出民主的国家，在北非和西亚等发生所谓"阿拉伯之春"运动的阿拉伯国家，以"人权"与"解放"之名而给国家和社会带来的只有民不聊生、混乱不堪的动荡局面，此外再别无益处。民主权利的发展呈现出强烈的国情性。诚如罗纳德·英格尔哈特和克里斯蒂安·魏尔哲所说："一架机器一旦发动，顷刻便更高效运转，但真正的民主却绝非如此简单。它依赖于民众的素质。"[②] "要创造可维持下去的民主体制，国际的'示范效应'虽然意义重大，但作用毕竟有限。像'民主可以漫游吗？'一类的问题更可能是出于美好的想象而不是这个世界的现实。民主必须以市民社会做基础，从草根发展出来。"也许"一个国家用六个月的时间可以创造出政治民主，六年可以创造出市场经济，而……出现真正的市民社会需要六十年"[③]。民主之路，必须一

---

① ［美］莱斯利·里普森：《政治学的重大问题》，刘晓等译，华夏出版社 2001 年版，第 108—111 页。

② 转引自郭定平主编《文化与民主》，上海人民出版社 2010 年版，第 36 页。

③ ［美］米哈尔·西麦《民主在进程和市场》，转引自［日］猪口孝、［英］爱德华·纽曼、［美］约翰·基恩《变动中的民主》，林猛等译，吉林人民出版社 1999 年版，第 146、141 页。

步一步地走，政治权利的实现和发展只能循序渐进，希冀借助"克隆"他国模式、走捷径，一步兑现所有权利承诺的道路是行不通的。超越历史发展的应有阶段而贸然承诺权利，从来都没有取得成功，只是不负责任之举，急于求成、急功近利对经济社会发展、社会稳定有百害而无一利。

历史经验一再证明，权利是一个不断完善和发展的历史过程，有着自身生长发展的规律，其实现不可能一蹴而就，任何急于求成、急功近利的做法最终都会遭致可悲的结局。超前发展，往往会与"冒进"、"突进"、"激进"、"急躁"等词汇相连，在现实政治实践中通常会以疾风劲雨式的运动展开，以"失控"、"失序"、"崩溃"而告终。因此，在民主政治建设的道路上，对这种风险远远大于收益的跳跃式权利保障与实现路径我们需要退避三舍、避而远之，转而寻求积极、稳妥、有序、协调的权利保障和实现道路，渐进地发展权利，积极推动权利的阶段性发展。

三　坚持走渐进式权利发展之路

我国在民主政治建设过程中，始终注重保障人民基本权利的实现，同时又强调权利的实现必须与社会各项事业的发展相协调，逐步推进。党和国家领导人也始终强调这一点。江泽民曾强调指出，集体人权与个人人权，经济、社会、文化权利与公民、政治权利紧密结合和协调发展，这适合中国国情因而是中国人权事业发展的必然道路。[①] 胡锦涛也强调，要在全体人民共同奋斗、经济社会发展的基础上，平等地发展权利。[②] 实践证明，协调发展、逐步推进人民民主权利的实现，是我国民主政治建设的重要经验，我们已经走出了一条符合我们自己实际情况的发展民主权利之路。

[①]　江泽民：《充分保障人民依法享受人权》，《江泽民文选》第 2 卷，人民出版社 2006 年版，第 56 页。

[②]　胡锦涛：《坚定不移沿着中国特色社会主义道路前进　为全面建成小康社会而奋斗——在中国共产党第十八次全国代表大会上的报告》，人民出版社 2012 年版，第 14 页。

（一）把握权利意识的两面性

权利是人类社会利益关系的反映。只有在人类历史的发展超越了"人的依赖关系"这一阶段而达到"以物的依赖性为基础的人的独立性"① 这一阶段，权利才有充分实现的可能。随着生产力的发展，社会利益开始分化，出现了依据经济地位而划分的不同利益集团，人们的利益关系开始发生变化，为人们权利意识的觉醒和发展提供了客观基础。经济发展变化，所带来人们利益关系的变化，必然带来权利意识的变化。所以马克思指出，"人们为之奋斗的一切，都同他们的利益有关"②。

社会主义市场经济的"权利本位"是民众产生利益诉求的"催化剂"。市场经济这种经济形式使人们产生普遍的权利要求，而这种需求的不断发展，会逐步呈现到社会生活中的各个领域，从而使个人在社会生活中的权利不可避免地得到确立。利益诉求不断强化，权利意识也不断增长。利益观念强化，能够激发人们的积极性，从而推动经济发展、社会进步，这是权利意识的积极方面；但如果利益诉求被扭曲成唯利是图，权利诉求就变成了权利本位主义，权利意识的积极性就会消退，消极性就会增长。这就是权利意识的两面性。

改革开放30多年来，我国建立了社会主义市场经济体制，调动了人民从事建设、创造财富的积极性，生产力得到巨大发展，人们的物质生活水平大幅度提高，社会财富迅速增加，整个社会充满活力，人们的自主意识、竞争精神、效率意识得到增强，权利观念开始觉醒，权利意识得到了大发展。权利意识的增长，激发了人们参与社会生活、改善个体境遇的积极性，客观上促进了社会进步和国家各项事业的发展，这是权利意识的积极方面。但权利意识的"生长"一旦离开了正确的轨道，就会起反作用。党的十四届六中全会政治报告就强调，"市场自身的弱

---

① 《政治经济学批判》，《马克思恩格斯全集》第46卷（上），人民出版社1979年版，第104页。

② 马克思：《第六届莱茵省议会的辩论》，《马克思恩格斯全集》第1卷，人民出版社1995年版，第187页。

点和消极方面也会反映到精神生活中来"①。权利意识过度膨胀，就会
走向极端。个人权利意识会演变为极端个人主义，民族意识会演变为民
族分裂意识，宗教意识就会发展为宗教极端意识。这是权利意识发展的
消极方面。随着我国改革开放的不断深化、利益关系的深刻调整，权利
意识的消极方面也在强化，这已经引起了社会各方的忧虑。

极端个人主义以个人为本位，以自我为中心，为了满足个人私欲而
不惜损害社会和他人利益，却堂而皇之地认为这是捍卫自己的权利。这
种扭曲的权利观已经严重损害了社会和谐，破坏了社会道德和人与人之
间的基本信任。民族意识走向极端更加关乎国家的统一和社会的安定。
中华民族是"你中有我、我中有你，而又各具个性的多元统一体"②。中
华民族作为一个民族共同体是不可分割的，每一个民族都是中华民族的
重要组成部分，民族的共同发展符合各族人民的根本利益。然而，一些
人却不顾各族人民的根本利益，本着自己的狭隘民族意识，从事民族分
裂活动，制造了一个又一个的血腥事件，严重伤害了国家和民族的利益。

因此，人民权利的实现必须与经济发展、社会变革、法治建设相适
应，权利必须适应经济社会的发展水平，什么样的发展水平需要什么样
的人民权利。人民权利的实现程度必须与人民群众自身政治参与意识和
水平相适应。在人民政治参与水平、权利意识没有达到一定阶段时即赋
予众多权利，权利不仅无法被有效运用，甚至还会发生适得其反的作用。

（二）坚持科学的权利发展观

在权利的发展和保障过程中，我们始终坚持科学的权利发展观。

一是注重人们根本利益的一致性。邓小平指出："在社会主义制度
之下，归根结底，个人利益和集体利益是统一的，局部利益和整体利益
是统一的，暂时利益和长远利益是统一的。我们必须按照统筹兼顾的原
则来调节各种利益的相互关系。如果相反，违反集体利益而追求个人利
益，违反整体利益而追求局部利益，违反长远利益而追求暂时利益，那

---

① 《十四大以来重要文献选编》，人民出版社 1996 年版，第 541 页。
② 费孝通：《中华民族多元一体格局》，中央民族学院出版社 1989 年版，第 1 页。

末，结果势必两头都受损失。民主和集中的关系，权利和义务的关系，归根结底，就是以上所说的各种利益的相互关系在政治上和法律上的表现。"①

在我国现阶段，人民的利益具有一致性，人与人之间没有根本的利害冲突，虽然从局部、暂时的角度看，每个人在社会经济关系中可能存在一定差别，人们所享有权利的程度和内容可能会由此而有不同。但是，在本质上人们享受的权利具有真实性和普遍性，个人权利与公共权力，人与人之间的权利具有一致性。

二是注重从实际出发，建立过程观念。权利的实现过程同经济建设一样是一个循序渐进的过程。所以，要从实际出发，不能急于求成，超越历史的发展阶段。权利的保障是一项永远没有终点的无法完结的事业，它需要数代人的坚守。格林认为："由于民主从本质上说是前进的，不断发展的，不断变化的，因此可能永远不会达到完善。这个目标如同海市蜃楼一般，当你接近时，它就可能退到远方。"② 权利的发展同样就是这种存量基础上的增量演进过程。

三是在权利保障过程中，注意区分权利保障的最终目标和阶段性任务。保持谨慎、务实、乐观的态度，根据社会发展的不同阶段、根据不同阶段的经济社会文化条件和发展主题，确定不同阶段的权利实现任务，推动权利诉求和权利保障实践健康、有序发展。既反对速成论，坚决防止重蹈苏联解体的覆辙和"文革"式"大民主"的再现，又坚持民主潮流的不可逆转性，坚决维护渐进性阶段性地发展权利的方式，使权利保障与经济社会发展相协调。

（三）逐步实现和扩大人民权利

随着改革开放的不断深入，中国特色社会主义建设取得巨大成就，

---

① 邓小平：《坚持四项基本原则》，《邓小平文选》第2卷，人民出版社1994年版，第175—176页。

② ［美］弗莱彻·M. 格林：《美国民主的周期》，载中国美国史研究会等编：《奴役与自由：美国的悖论——美国历史学家组织主席演说集》，李融、包涵等译，贵州人民出版社1993年版，第21页。

在权利的保障方面也取得了巨大进步，人民的各项权利均受到司法切切实实的保护。循序渐进的权利发展之路，具备丰富的实践内容。

逐步完善法律保障。1978 年宪法恢复了 1954 年宪法的一些重要权利和自由，并对权利的实现规定了保障条款，从而拉开新时期权利体系与权利保障机制的序幕。1979 年全国人大提出了"全面加紧立法工作"。1982 年宪法则进一步建立了符合中国实际的权利体系和保障体系，增加了基本权利的内容，突出了公民基本权利在宪法体系的重要位置。1998 年，依法治国写入宪法，2004 年"尊重和保障人权"写入宪法。2007 年颁布了保护权利人的物权的《物权法》。2011 年建成了以宪法为统帅，以法律为主干，由宪法相关法、民法商法、行政法、经济法、社会法、刑法、诉讼与非诉讼程序法等多个法律部门组成的中国特色社会主义法律体系。与之相伴的，中国的司法制度、司法体系、律师制度、调解制度等等都得到了极大的发展，权利体系和权利保护机制伴随着经济发展与社会进步不断地得到发展和完善。

逐步完善利益协调机制。为了防止人与人之间由于不同利益而产生的矛盾和冲突，建立权利协调机制，对权利做出正确、合理的规定，引导人民的权利意识，激发其积极性，遏制其消极性。目前，已经形成有效的科学的利益协调机制、人民权益维护机制、诉求表达机制、矛盾调处机制。一是完善人民利益协调机制，针对现阶段比较关心的涉及人民切身利益的问题，通过党政体系发挥基层组织、工会组织、行业协会等协调作用，保护各方利益群体的知情权和参与权，推动利益冲突双方平等对话、依法解决矛盾纠纷。二是建立了人民利益保障机制，健全权利公平、机会公平、规则公平的保障制度，切实保障人民群众平等参与权利。三是畅通了诉求表达渠道，发挥人大、政协、人民团体、行业协会以及大众传媒等社会利益表达功能，构建全方位、立体式的人民诉求表达平台，更好地听取和反映人民诉求。四是建立了矛盾调处机制，将人民调解、司法调解、行政调解和律师参与有机结合，健全了各级调解网络，加强调解员和调解志愿者队伍建设，加强社会矛盾源头治理，充分听取民意、汲取民智，促进科学民主决策。

权利在世界范围内和我国的发展经验表明，人民权利的实现具有复

杂性、艰巨性、长期性、渐进性的特征，所以提出任何明确的任务进度
与时间表，都是不切实际的。人民权利的实现需要沿着既定轨道分步实
施，否则过快的、单一的、过早的赋予权利，可能导致负效应的产生，
循序渐进地发展人民权利是权利发展的基本规律。

第七章

问题推动与试点推进

当代中国民主政治建设主要是通过政治体制改革推动和施行的，因而采取正确方法推行政治体制改革是民主政治建设的重要保证。经过多年的反复探索，中国形成了以问题推动改革和通过试点推进改革的重要经验，成为推进民主政治建设所采取的基本策略，同时也是中国政治体制改革和民主政治建设在实践中取得的主要经验之一。

一　政治体制改革的方法论问题

政治体制改革是一项规模浩大的社会工程，以什么样的方法或思路指导政治体制改革，从改革伊始就成为一个经常被思考和讨论的问题。尽管在实践中，方法并非单一，但在人们的观念领域里还是把改革的方法与思路分类，其中有更倾向于注重理论指导和理性设计的"顶层设计"的"设计论"，及更倾向于实践探索的"摸着石头过河"的"摸索论"，是两种典型类型，也反映了当前以及今后一个时期关于政治体制改革的两种主张与思路。

（一）"摸着石头过河"与"顶层设计"

从实践进程看，主张"摸着石头过河"的"摸索论"形成于改革之初，而主张注重理论指导与设计的"顶层设计"思想是进入新世纪以来逐渐提出和受到关注的。

从可见的公开文献看，最早提出"摸着石头过河"，强调以逐步探索作为改革策略的，是曾任中共中央政治局常委、中共中央副主席的陈云。陈云在 1980 年 12 月召开的中央工作会议上指出："我们要改革，但是步子要稳。因为我们的改革，问题复杂，不能要求过急。改革固然要靠一定的理论研究、经济统计和经济预测，更重要的还是从试点着手，随时总结经验，也就是要'摸着石头过河'。开始时步子要小，缓缓而行。"① 陈云有关"摸着石头过河"的思想得到了当时领导层的认可，在改革的实践中也的确是按照这样的思路实施的。1987 年在十三大之后，邓小平在谈到改革时指出："我们现在所干的事业是一项新事业，马克思没有讲过，其他社会主义国家也没有干过，所以，没有现成的经验可学。我们只能在干中学，在实践中摸索。"②

直到改革开放 30 年后，"摸着石头过河"的改革方法依然被领导层所重申和肯定。2012 年 12 月 31 日，十八届中共中央政治局举行第二次集体学习时，新任中共中央总书记习近平指出：改革开放是前无古人的崭新事业，必须坚持正确的方法论，在不断实践探索中推进。摸着石头过河，是富有中国特色、符合中国国情的改革方法。摸着石头过河就是摸规律，从实践中获得真知。摸着石头过河和加强顶层设计是辩证统一的，推进局部的阶段性改革开放要在加强顶层设计的前提下进行，加强顶层设计要在推进局部的阶段性改革开放的基础上来谋划。要加强宏观思考和顶层设计，更加注重改革的系统性、整体性、协同性，同时也要继续鼓励大胆试验、大胆突破，不断把改革开放引向深入。

所谓"摸着石头过河"，是在没有现成经验，甚至没有参照物的情况下，根据自身条件，根据自身实践，在解决实际问题的过程中，探索解决问题的方案和方法，进一步从中发现和认识规律性的认识方法。"摸着石头过河"是一个形象化的比喻。在科学方法论上，"摸着石头过河"的实验方法属于归纳法，即在大量实验中逐步归纳和提炼出规律性认识。

随着中国改革开放事业的不断前进和深化，在改革的方法论意义

----

① 陈云：《经济形势与经验教训》，《陈云文选》（1956—1985），人民出版社 1986 年版，第 251 页。

② 邓小平：《十三大的两个特点》，《邓小平文选》第 3 卷，人民出版社 1993 年版，第 258—259 页。

上，希望和要求全面认识改革，进行理论总结，进而进行整体设计的呼声逐步出现，并为改革的领导者所肯定。人们将这一思路概括为：顶层设计。

在可见的公开文献中，关于"顶层设计"的权威论述首次出现在中共中央关于"十二五"规划的建议当中。在国家经济社会发展第12个五年规划中的第十一篇《改革攻坚，完善社会主义市场经济体制》中，提出："以更大决心和勇气全面推进各领域改革，更加重视改革顶层设计和总体规划，明确改革优先顺序和重点任务，深化综合配套改革试验，进一步调动各方面积极性，尊重群众首创精神，大力推进经济体制改革，积极稳妥推进政治体制改革，加快推进文化体制、社会体制改革，在重要领域和关键环节取得突破性进展。"① 在此之后，关于政治体制改革也需要"顶层设计"的呼声有所增加。

近年来，提出"顶层设计"的改革方法与思路具有两个背景。

第一，随着我国工业化、城镇化和现代化建设的不断发展和深化，我国经济、政治、社会领域呈现出日益复杂化的发展趋势，利益多元化、多样性日渐突出，经济社会组织、经济社会结构和经济社会管理随之复杂化、精细化。社会的法律体系、政策体系日益复杂、精细。在这种情况下，法律与法律之间、政策与政策之间出现了矛盾与歧义的现象日益增加。一项法律或政策的出台，已经不像改革开放之初那样具有明确的、可预见的效果，相反的情况是：越来越多的法律、政策相互抵触，甚至相互冲突。这种局面造成了法律、政策效果的衰减。在这一背景下，需要提高法律、政策以及相应的制定法律、政策的部门之间的协调与融洽。

第二，在改革开放事业的进程中，关于政治体制改革和民主政治建设的经验在不断地形成和积累。人们希望能够更加主动自觉地进行改革探索，将以往的经验提升为理论，用理论指导进一步的实践。比如，关于中国特色社会主义民主政治建设的特征和规律，十六大提出，共产党

---

① 《中华人民共和国国民经济和社会发展第十二个五年规划纲要》，http：//www.ndrc.gov.cn/fzgh/ghwb/gjjh/P020110919592208575015.pdf。

领导、人民当家作主和依法治国有机结合的"三统一"。"三统一"在一定程度上，就是一种理论的总结和概括，就是一种"顶层"的制度安排。"三统一"对于未来中国的政治体制改革和民主政治建设具有指导意义。

在这样的背景下，关于"顶层设计"的要求逐步形成舆论。所谓"顶层设计"是个来源于工程学的概念，本义是统筹考虑工程设计的各种要素和各个层次，首先确定工程的"整体理念"，根据整体理念，按照结构统一、功能协调、资源共享、部件标准化要求，全面规划、统筹设计。第二次世界大战前后，这一工程学概念被西方国家广泛应用于军事与社会管理领域，是政府统筹内外政策和制定国家发展战略的重要思维方法。"顶层设计"是一种系统论的思维方法。

（二）政治问题的特殊性

"摸着石头过河"与"顶层设计"都是实践与认识的方法，本身没有优劣之分，都可以在社会实践中根据现实条件和需要灵活运用。但是，在广泛的政治发展实践中，探索政治发展路径，认识政治发展规律，所采取的方法主要是所谓"摸着石头过河"的实验法与归纳法，而较少运用"顶层设计"的分析法与演绎法。政治领域多运用实验与归纳方法，这与人类政治活动的自身特性具有密切关系。

与社会其他领域相比，政治领域具有其特殊性，政治特殊性突出表现在三个方面：

其一，政治现象的复杂性。

政治问题具有高度的综合性、关联性特征。列宁讲过一句很有名的话：政治是经济的集中表现。经济活动是人类的基本社会实践。以往，人们更多地将经济活动视为一种"物"的关系，即人与自然的关系，人类通过生产活动从自然界开发资源、获取财富。而马克思主义则深刻揭示了经济活动的另一重性质，即人类的经济活动也体现了一种人与人之间的社会关系。人们是在一种特定的社会关系中存在和活动的，也包括了提供生产开发资源、获取财富，创造物质文明的经济活动。列宁正是从社会关系的视角上使用了"经济"概念的，经济活动是人类所特有的社会性活动。在特定的社会关系中，人们获得了维系他们生存、发展所必需的物质条件，即实现着他们的物质利益。经济活动中实现物质利益的基本方式是通过交换，经济关系中的主体一般是以个体为基本单位的，经济利益的实现一般也是经过无数次的交换行为逐一加以完成的。

与经济活动相比，政治活动则有明显的区别。人类从事政治活动的目的也是为了获取了利益，但通过政治活动获取利益的方式是强制性的，是运用政治权力进行社会利益的强制性分配的结果。经济利益的交换与获取，在很大程度上是个体间的行为，而政治活动从来都是群体性的。经济活动作为一种利益实现的形式，是持续性的、完成行进式的。而政治活动的结果则具有相对的稳定性、阶段性，一次重大的政治转变完成之后，政治决策的形成会长期、稳定地发挥作用，从根本上决定着社会利益的分配，政治是社会利益的总分配。

一般意义上的利益是具体的，它的普通形态就是人们看得见、摸得着的物质利益。政治利益则不是有形的物质利益，政治利益本质上是对于社会领域中各种物质利益的分配方案。政治领域本身并不产生利益，政治利益乃至政治活动本身是由其他的社会利益和社会活动转化而来的。当各个社会领域中的问题、矛盾，在本领域内得不到解决的情况下，问题和矛盾就会向政治领域集中，在政治领域中寻求最终的解决。这是人类社会运动中呈现规律性的"政治聚集"现象。所以列宁说，政治是经济的集中表现。其实，不止是经济领域中的问题、矛盾在发展中有向政治领域聚集的倾向，几乎各个社会领域、许多社会活动都有类似的向政治领域聚集的倾向，这是一种普遍的社会现象。

从政治聚集现象观察，世界原本没有"政治"，政治是各种社会问题和矛盾集中转化而来的。政治问题相对于其他问题其涉及面更广、关联因素更多。因此，政治领域也是最为复杂而特殊的一个社会领域。试图对于政治进程中进行先验性的、整体性的设计，尤其困难。

其二，政治认知的局限性。

在一般社会感观里，政治现象似乎无所不在。但事实上，与其他社会现象相比，政治现象并不具有很高的重复性。政治现象的重复率低，表现为同类政治现象的发生率低，政治现象的周期性不明显、不稳定。

比如，政治继承现象是重要的政治现象，也是政治学研究的重点问题之一，但在古代社会的世袭制之下，政治继承一般情况下随帝王的生老病死而发生，具有很大的偶然性。而现代政治中，无论资本主义国家或社会主义国家一般国家权力的政治交替都要 8—10 年才能形成一个周期，造成了政治继承现象研究对象的相对稀少。科学研究需要研究对象具有稳定性和重复性特征，而这正是政治领域中所缺乏的。自然科学可以通过对于确定对象的重复性实验认识研究对象，政治科学就没有那样幸运了，政治学的研究对象往往不会重复出现或经过很长时间才能再现。研究对象的单一性、一过性，导致了政治学研究实际上是缺乏研究对象的，因此其研究的信度和效度要大打折扣，难度增加了许多。

其三，政治行为的主观性。

主观性抑或主观能动性是影响政治进程不可避免的重要因素，即人们常说的"俄狄浦斯效应"。所谓"俄狄浦斯效应"是指预言对预言结果的影响。政治领域是社会利益的集合，是社会关注、群体博弈的焦点所在。政治决策的作用对象不是抽象的社会而是具体的人群，政治决策一旦做出就会触动人们的利益，就会引起社会反响，引来社会参与。人们会千方百计地适应政治决策，会千方百计地趋利避害。政治现象是复杂的，政治决策的结果难以预料，但所有政治决策可以确定的唯一结果是，它必然引起连带的规避反应。而任何一项政治决策必然带来规避反应，又必然引起连带成本的发生，或对决策效果造成衰减，或引发新的对策。

政治领域中普遍存在的"俄狄浦斯效应"，增加了控制政治进程的困难。由于"俄狄浦斯效应"，即主观性的干扰，政治进程与政治决策结果具有不确定性，而不能预见政治进程和政治决策的结果，就难以事先形成可靠的整体设计和有效的实施方案。事先预设的政策，往往会因为引发规避动作而迅速失效，从而降低预设方案的价值。

（三）"顶层设计"的前提与条件

以"顶层设计"为改革提供指导，从理论上说，无疑是正确的。但在实践中却很少有成功的案例。就"顶层设计"自身的思路而言，以预先的"顶层设计"作为下一步的实践指导，是需要有必要前提和条件的，而其必需的前提和条件却是苛刻而少见的。

在人类历史上，一些重大的政治进程确实是有"顶层设计"因素参与其中的。"顶层设计"开启人类社会重大政治进程最为常见的场景是社会革命。人类历史上那些伟大的社会革命运动，如1776年的美国独立战争，1789年的法国大革命，1917年俄国"十月革命"，1949年中国革命的成功。"顶层设计"在这些因革命结束的旧时代和开启的新时代的历史进程中发挥过巨大作用，那些"新社会"、"新国家"的创立的确得益于某些"顶层设计"。

法国大革命中诞生的《权利法案》滥觞于欧洲的启蒙思潮。孟德斯鸠的三权分立思想在美国政治体制中得到了经典的体现，而《联邦党人文集》中对宪政问题的讨论，对美国政治制度的演进产生了深远影响。1905年革命后，在列宁领导的布尔什维克党内形成的民主集中制，经过十月革命和布尔什维克执政，转化成为第一个社会主义国家苏联的政治制度的基本原则。"十月革命一声炮响，给中国送来了马克思列宁主义"，随着中国革命的胜利，马克思列宁主义成为指导中国社会主义事业的理论基础。

从这些因某种"顶层设计"而生成政治制度的历史看，一段历史的终结和一段新的历史开启，往往是历史上曾经发生过的顶层制度设计的前提。革命中断以往的历史，开启新的历史。当旧制度丧失全部价值的时刻出现时，历史会出现短暂的"真空"。历史的停顿给制度设计提供了机会，革命为新制度清除了场地，"顶层设计"才得以施展。

除去前提之外，"顶层设计"还需要具备一定的条件，即对影响未来新制度、新的社会进程所涉及的相关因素尽可能地认识和把握，换言之，需要大量的相关知识和相应的物质准备。19世纪末，日本明治维新取得了成功，以"五条誓文"为核心的日本近代工业化纲领得以实施，原有的幕府体制瓦解和基层精英集团——下层武士阶层的崛起和转型，以及明治时代日本未遇到外部力量的干预等条件支持了日本的社会变革。而同期的中国洋务运动，却因为清朝统治阶级内部的分裂和猜忌，下层民众反抗进而引发中央权力弱化和分散，以及外部列强不断侵扰，最终使中国相似的改革运动归于失败。同样的西学东渐，相似的富国强兵方案，几乎同时起步，却是完全不同的结果，历史条件成为决定的因素。

概而言之，顶层设计需要经验和理论准备。在具备一定经验和理论认识的基础上，顶层设计具有塑造政策体系内在一致性，减少政策体系内在矛盾冲突，提高整体效率的优点。但与"摸着石头过河"相比，"顶层设计"需要更高的条件，顶层设计包含着设定目标和整体要求，即要求分层设计和整体中的每个局部必须符合顶层设计的目标要求。顶层设计概念来自建筑学，但政治、社会领域里的设计与建筑设计有根本的区别，建筑设计中的各个局部还不是现实的存在，建筑设计必须按顶层设计目标和要求，进一步进行分层设计并满足整体要求。社会政治领域中现行法律、政策和相关事物已经存在，现行法律政策和现实事物与顶层设计目标要求有差距，如果必须以顶层设计为标准，必须满足顶层设计要求，实际操作起来如何改变现有政策与法律体系，就是一个十分困难的问题。若一切按顶层设计进行，就会迫使各个局部不能再从自身实际出发进行改革和探索，而要按照整体要求"齐步走"。如此这般，顶层设计就可能带来两个后果：一是，推高政体改革与建设的成本，使原本还不具备条件的局部必须超前跟上整体步伐；二是，在无法满足顶层设计目标和整体要求的局部就会产生"拖后腿"现象，造成局部之间以及局部与整体的矛盾。

二　问题推动的路径选择

20 世纪 80 年代开始的改革开放和中国特色社会主义民主政治建设的进程，主要肇始于现实困难，肇始于解决问题的需要。

（一）现象大于本质：从治标入手

1978 年 5 月 10 日，由中共中央党校多名理论工作者参与写作修改，由时任中央党校校长胡耀邦亲自审定的文章《实践是检验真理的唯一标准》，在中央党校《理论动态》第 60 期全文发表。随即《光明日报》、《人民日报》、《解放军报》等重要报刊全文转载，新华社向全国发通稿。这篇清理"文化大革命"极"左"思潮的理论文章，拉开了作为改革开放舆论先导的思想解放运动的序幕。

思想解放运动针对"文化大革命"极"左"思潮和"文化大革命"结束后依然残留的试图维护"文化大革命"错误的所谓"两个凡是"的主张①，提出以社会实践作为检验一切真理，即党和国家的路线、方针、政策的标准。思想解放运动破除了"文化大革命"中宣扬的错误思潮的迷信，同时也引发了人们对于"文化大革命"产生原因的反思，引发了人们对于"左倾"思潮的全面的批判，引发了人们对于过去体制的怀疑和批评。

十年"文化大革命"给中国经济和中国社会带来严重的冲击和影响。十年中，国民经济总量虽然有所增加，但是企业管理制度的破坏也使经济效益降低，消耗增大，浪费严重，经济效益急剧下降。十年中，人民生活水平普遍下降。1976 年中国人均年消费粮食只有 381 斤，甚至低于 1952 年的 395 斤。1978 年全国农村有 2.5 亿人没有解决温饱问题。全国职工平均工资下降，城市各种生活必需品供应紧张，全面实行票证配给制。住宅、教育、文化、卫生保健等公共事业严重停滞。"文化大革命"以及历次所谓"政治运动"造成了大量冤假错案，"文化大革命"中的"知识青年上山下乡运动"造成了十分严重的社会问题。1978 年年底在云南知识青年罢工和上访事件的带动下，大批人员来京上访，造成紧张的社会气氛。

党的十一届三中全会就是在这样的社会氛围里召开的。在十一届三中全会和随后召开的理论务虚会上，关于如何拨乱反正，如何纠正"文化大革命"的错误，如何改革旧的政治、经济体制，中国共产党内和中国社会上形成了各种各样的不同认识。其中，一种广有影响的思潮主张全面清算"左"的路线，分清理论是非，纠正历史错误。

---

① "两个凡是"的主张是 1977 年 2 月 7 日《人民日报》、《红旗》杂志、《解放军报》社论《学好文件抓住纲》中提出的，这篇社论中提出"凡是毛主席作出的决策，我们都坚决维护，凡是毛主席的指示，我们都始终不渝地遵循"。"两个凡是"提出后，遭到了邓小平、陈云等人的坚决反对，并引发了全党范围内关于真理标准问题的大讨论。

　　全面清算过去的主张隐含的逻辑是：必须在思想上、理论上认识过去的错误，从根本上纠正"左倾"错误路线，清算各种错误，才能选择未来正确的发展道路。全面清算的主张的另一面是对于未来发展道路进行全面规划，在十一届三中全会前后，中共党内一些理论家提出了"补课说"，主张退回所谓"新民主主义新阶段"补上发展资本主义的这一课。

　　是全面清算过去，从理论上、政治上分清是非，重新规划未来，还是实现工作重心转移，解决现实中的具体问题，在 1979 年改革开放开始的时候，中国实际上面临着这两种改革思路和两种选择。以邓小平为代表的中国共产党的领导层选择了后者。邓小平当时把这两种思路归纳为："算旧账"和"向前看"。

　　在 1978 年 12 月十一届三中全会前的中共中央工作会议闭幕式上，邓小平发表了著名的"解放思想，实事求是，团结一致向前看"的讲话，为即将召开的十一届三中全会确定了基调。在讲话中，邓小平专门论述了如何看待过去错误，如何看待"文化大革命"和如何看待毛泽东的问题。邓小平指出，对过去的错误和遗留的问题要解决，但不可能也不应该要求解决得十分完满。他提出"要大处着眼"，"处理遗留问题为的是向前看"。[①] 1979 年年初的理论务虚会上出现了关于改革的争议。3 月 27 日，邓小平为准备在理论务虚会上的讲话稿，约请胡耀邦、胡乔木等人谈话时指出，思想理论界应有一个主导思想。理论工作的主导思想、中心任务是要引导人们向前看。有那么一种倾向，就是迷恋算旧账。对三中全会的精神宣传得少，还出现了一些似是而非的提法，甚至是偏激的提法，这样不好，不利于团结一致向前看，不利于调动人民的积极性，不利于一心一意奔四个现代化。邓小平明确指出：理论要为政治服务。国内现在最大的政治是团结一致向前看，一心一意奔向四个现代化。[②]

---

　　① 邓小平：《解放思想，实事求是，团结一致向前看》，《邓小平文选》第 2 卷，人民出版社1983 年版，第 147—148 页。

　　② 参见中共中央文献研究室编《邓小平年谱 1975—1997（上）》，中共中央文献出版社 2004年版，第 498—500 页。

从十一届三中全会开始，中国的改革开放选择了一条从解决现实问题入手，将社会注意力引向发展经济、改善生活的方向。这逐渐成为了中国改革开放和民主政治建设的策略原则。如果仅仅从中国自身观察，也许还不能真正了解中国所选择的这种改革策略的意义，对比稍后于中国的苏联改革策略，可以加深对中国经验的认识。

苏联的改革开始于20世纪80年代中期，1986年2—3月间召开的苏共二十七大标志着苏联大规模改革的开始。时任苏共中央总书记的戈尔巴乔夫在政治报告中对于苏联的改革进行了全面论述，他首先阐述了苏联社会发展的历史阶段，即处于发达社会主义国家的历史起点上；他论述了改革的理论依据，即社会主义生产关系和生产力的矛盾，批评生产关系自动适应论；他提出苏联的改革是根本性的变革，提出加快发展战略，由粗放式经营到集约化经营，改变经济管理，提高劳动生产率。他提出改革是全面的改革，政治改革将与经济改革相配合。最后，他还提出了检验改革的标准问题，即社会主义生产实践是检验改革的唯一标准。

1987年，戈尔巴乔夫应美国一位出版商请求，出版了一部全面论述苏联历史和改革的广有影响的著作《改革与新思维》。该书对20世纪30年代斯大林时期工业化和农业集体化，苏共"二十大"和赫鲁晓夫时期内外政策，勃列日涅夫和柯西金时期1965年开始的经济改革等一系列重大历史问题，做出了新的评价，详细介绍了当时苏联改革的根源和实质、措施和步骤、问题和前景，还阐述了苏联对外政策的新思维，包括苏联同中国、美国、欧洲、亚洲、中东、拉美等国家和地区的关系。

与中国的改革相比，苏联的改革理论准备十分充足，全面分析了历史与现实问题，提出了改革的指导思想和理论，设计了改革的整体方案。按照邓小平的说法，苏联的改革是从"算旧账"开始的，苏共二十七大后，开始了全党、全民大讨论，寻找苏联社会发展停滞的原因，为改革确定了方向和方案。苏联的讨论不断深入，从勃列日涅夫时代的发展迟缓，到赫鲁晓夫时代的主观主义，再到斯大林时代的"肃反扩大化"和"大清洗"，最后，一直清算到十月革命。苏联改革中出现了一幅十分奇特的社会景观，一方面，人们在不断地讨论各种历史问题、理论问题，不断地进行意识形态争论，不断地提出各式各样的改革方案；另一方面，苏联经济、社会状况全面恶化，连居民生活的基本消费都无法保障。

苏联改革的最高潮应属1990年苏联推出的改革的"顶层设计"——"500天计划"。1990年7月28日，时任苏联总书记的戈尔巴乔夫和俄罗斯联邦最高苏维埃主席叶利钦达成协议，决定成立由苏联总统委员会成员沙塔林院士领导的专家小组，在俄联邦的500天计划的基础上，制订一个全国向市场经济过渡的"500天计划"——《向市场过渡——构想和纲领》。该计划设计在500天之内，分4个阶段全面完成苏联从计划经济向市场经济的改革和过渡。经过激烈的争论，1990年10月19日，戈尔巴乔夫向苏联最高苏维埃提出《稳定国民经济和向市场经济过渡的基本方针》，作为向市场经济过渡的总方案加以实施。在这个一揽子计划实施的第一阶段，即1990年当年，苏联经济全面陷入衰退。当这个著名的"500天计划"还未结束的时候，苏联已经轰然解体了。

比较中苏两国的改革，中国的改革从开始就没有陷入理论的争论和对历史问题的清算，而是专注于解决国家最需要解决的实际问题，这样就避免了社会的再次争论和混乱。解决实际问题的过程也是深化对于社会发展方向和规律的认识过程，通过实际问题的解决为发展方向和最终目标创造条件。苏联的改革试图解决一切阻碍改革的思想和理论障碍，试图事先设计方案，结果反而引发了社会争论，为改革设置了障碍。

"顶层设计"和"摸着石头过河"是两种改革思路与策略，一个侧重于理论先行，触及事物本质，注重从根本上解决问题；一个侧重于实践，从现象入手，注重解决具体问题。"顶层设计"注重治本，但治本需要有必要的条件，一是对于问题的本质确实要有正确的认识和把握，二是具备治本的条件。在实践中，这种"最优方案"一般情况下是难以具备的。"摸着石头过河"注重治标，即从现象入手。现象不是本质，但现象大于本质，现象包含本质。从现象入手可以最终达至"本质"。问题推动是一种"次优"的选择。

（二）积小胜为大胜：降低改革成本

以解决现实问题作为改革的起点，在一般情况下优于根据"顶层设计"的一揽子改革计划的深层原因，还在于政治问题的复杂性以及由于复杂性带来的成本和风险。

从人类政治制度发展的历史看，政治体制和制度的变迁，一般都是出于对重大事件的反应和对重大问题的解决。中外历史上凡是没有充分实践基础的改革变法，往往是站不住脚的。政治发展史还表明，一种政策、一种制度的选择与建构主要取决于三个因素：一是提供针对某种社会问题的解决方案；二是在多种可供选择的解决方案中倾向于选择实施成本比较低的那一种；三是政策或制度可能带来的各种风险中，选择风险较低的那一种。改革起点和路径的选择在客观上也是遵循着三个因素进行的。

"顶层设计"的改革方案必然是全面和整体推进的改革进程，必然涉及改革全部或重要领域，在需要更多条件的同时，也面临更多的困难和不确定因素，因此，"顶层设计"方案实施的成本和风险都要高于问题推动的方式。

问题推动的方案，涉及面小，需要具备的条件较少，面临的困难和不确定因素较少。因此，从问题推动入手推动改革的实施成本和风险，一般来说要低于"顶层设计"的方式。总体说来，以问题推动发动改革、推进民主政治建设的价值在于降低了改革的成本，通过解决具体问题的累积效应达到改革的预期目标。

与"顶层设计"相比较，问题推动也有弱点。问题推动策略的弱点在于，改革与建设的不同领域、实施的不同政策之间往往会出现不协调，甚至矛盾的现象，这需要在实践中逐步协调磨合。

三　试点推进的程序原则

政治体制改革和民主政治建设策略另外一方面的重点是，在改革和建设过程中遵循经过试点、逐步推进的程序原则。政治问题的复杂性决定了任何一项主张、任何一种政策都具有一定程度上的不确定性，政治领域从来没有"万全之策"。因此，在遵循一切从实际出发的原则的同时，还要坚持一切经过试验、试点的方式，对既有政策进行试验。

（一）认识论：寻求主客观统一

社会不同于自然界。自然规律一旦被认识和掌握，得出的相关认识和科学知识往往可以直接应用于实践。社会领域则不同，社会科学知识在理论上被认为是正确的，在实践中未必行得通；一时行得通的，时间长了未必行得通。因此，社会实践尤其是体制改革必须经过试点，必须在实践中加以检验，必须经过时间的考验。

社会领域中的实验也不同于自然科学实验。自然科学实验可以以部分推断整体，可以在实验室里做实验，可以人为地制造和保持试验对象相对独立和静止的状态。社会则是一个处于不断变化中的事物，社会中的人具有主体性、主观能动性。这些使社会活动变得更加复杂。社会领域中的任何试点都是有局限性的，往往一时一地成功的经验换个时间、地点就不行了。社会领域中局部经验往往不具有普遍性，许多成功经验之所以成功在很大程度上是因为限于一个比较特殊的局部环境中，一旦推广情况就会有很大变化。因此，在政治体制改革中即使经过试点、在被证明是局部成功的经验也不能贸然普及，而要逐步地推开，在实践中进一步观察、调整、完善。试点的过程是不断利用客观现实检验主观认识的过程，是寻求主客观相统一的过程。

（二）试错法：分散改革风险

自20世纪90年代以来，中国的政治体制改革进行了大量的试点，几乎所有的改革尝试和举措都经过了实验。这是十分正确的做法。试点是用实践检验政策和理论，试点可以给人们纠正错误的机会。历史经验表明：政治体制改革最忌"一揽子"方案，一旦失误满盘皆输，连纠正的机会都没有。任何政治体制改革只要经过试点就不会有大错，即使是试点失败了，那恰恰意味着避免了更大的错误。试点失败了、试验失败了，则意味着对错误更加深刻的认识。一切经过试验、试点是试错法，是规避风险的必要手段。

任何新生事物的成长和发展都不可能是一帆风顺的，改革不可能不犯错误，关键是要预留改正错误、纠正偏差的机会。从一定意义上，只要不是"一揽子"计划的失败，只要不是全局性的失误，改革出现问题，民主政治建设发生偏差并非坏事。出现问题和失误有利于加深对改革和建设规律的认识，坏事可以变成好事。

（三）公推直选：改革试点案例分析

"公推直选"，是 10 年来我国扩大党内民主，以党内民主带动人民民主的最重要的改革举措。这项改革措施是扩大民主选举中的竞争性的重要尝试，对于未来我国执政党的党内民主和进一步扩大社会民主的改革路径具有重要的先行探索的意义，因此也为各方面所瞩目。这样一项重大的改革措施就是经过了基层首创，总结经验，经过试点，逐步推进的实验性程序。10 年来的公推直选的实验，是我国改革开放以来的政治体制改革和民主政治建设中，具有代表性的通过试点逐步推进改革的典型案例。

公推直选是指把原来党委直接提名和委任变为在党组织领导下，通过党员个人的自我推荐、党员群众的联名推荐、党组织的推荐这三个环节产生候选人，然后由全体党员直接参与选举产生党组织领导班子。

公推直选最早可以追溯到 20 世纪末，1999 年时广东省深圳市龙岗区的一些乡镇开始试行党内选拔任用干部的票决制。一般认为，公推直选正式开始于 2003 年 12 月 7 日，四川省成都市新都区木兰镇由党员直接选举镇党委书记。实际上，这一时期在全国许多省市都开始了在基层党委的选举中实行公推直选。与此相类似的还有在全国更大范围和更高职级上"公选"领导干部的尝试。据有关资料显示，2002 年至 2006 年的 4 年间，全国通过公开选拔担任党政领导干部的人数达 1.5 万人。①

---

① 参见《中国官员选任制度改革加快选人用人更加民主》，《人民日报》2008 年 4 月 9 日。

基层与地方的试点得到了党中央的肯定。2004 年 9 月，中共十六届四中全会通过的《关于加强党的执政能力建设的决定》提出："逐步扩大基层党组织领导班子成员直接选举的范围。"党的十七大上，正式将公推直选确定为十七大后实行和扩大党内民主、改革干部人事制度的主要措施。十七大报告中指出："改革党内选举制度，改进候选人提名制度和选举方式。推广基层党组织领导班子成员由党员和群众公开推荐与上级党组织推荐相结合的办法，逐步扩大基层党组织领导班子直接选举范围，探索扩大党内基层民主多种实现形式。""不断深化干部人事制度改革，着力造就高素质干部队伍和人才队伍。坚持党管干部原则，坚持民主、公开、竞争、择优，形成干部选拔任用科学机制。规范干部任用提名制度，完善体现科学发展观和正确政绩观要求的干部考核评价体系，完善公开选拔、竞争上岗、差额选举办法。"[1]

公推直选在十七大以后，在更大范围和更高层级继续试点。2009 年 5 月 15 日，深圳市第一个经公推直选，并在差额选举条件下选举产生了深圳市民政局机关党委书记。这是公推直选向中高级领导干部选拔制度渗透的开始。此后，深圳民政局采用党组推荐、联名推荐、自荐和党员直接选举的方式选举了机关党委委员、书记、副书记、纪委书记。深圳市成为第一个在同一机关全面实施公推直选的城市，走在了公推直选全国试点的前列。继深圳之后，2009 年 8 月，江苏南京市的 363 个城市社区全部采用公推直选方式选出党组织书记、副书记和委员。2010 年 5 月，南京市郊的 806 个村通过公推直选的方式产生村党组织领导班子。加之上一年全市 363 个城市社区的实践，南京市演绎了有 8 万多党员、近 270 万群众参与的大规模直选。南京也因此成为全国首个在村和社区基层党组织全面实现公推直选的城市。

2009 年 9 月，党的十七届四中全会再次肯定了公推直选，并提出进一步逐步扩大公推直选的范围。多年来，在多个地区和多种层次上的公推直选改革试点，其理论价值在于，它提供了发展竞争性民主形式的

---

① 　胡锦涛：《高举中国特色社会主义伟大旗帜　为夺取全面建设小康社会新胜利而奋斗》，中国共产党新闻网，http://cpc.people.com.cn/GB/64162/64168/106155/106156/6430009.html。

实践，通过公推直选这一形式的运用，加强和加深了竞争性选举与竞争性民主的认识。

从积极的方面看，公推直选，首先体现了群众公认原则，在领导班子成员候选人初始提名上建立群众参与机制，将初始提名权从少数人手里转移到多数人手里，使全体党员和广大村民成为党内候选人提名的主要参与力量及主要监督力量。其次，体现了机会平等的原则，在全体党员参与竞选上建立平等参选机制，就是从制度上保证每位党员的平等发展机会，都有可能经过规定程序成为候选人并当选，并实行优胜劣汰，让优秀党员脱颖而出。第三，体现了选举人自由意志的原则，在党组织书记产生方式上建立直接选举机制，党组织书记由党员直接选举或差额直接选举，使党内选举更好地体现选举人的意志，保证选出为广大党员充分信任、对党和人民的事业高度负责的领导班子及其书记。第四，体现了公平公正原则，在试点中，绝大部分基层组织在程序上都建立了"三方监督"机制，由党员代表、村民代表和上级党委代表三方组成选举监督小组，全程履行民主选举过程中的监督之职，确保整个选举有序、公开、公平和公正地进行，变封闭式选举为开放式选举。

但是，经过10年的试点，公推直选中存在的问题和潜在的风险也被逐步发现出来。发现问题与风险，也是试点的重要价值所在。

公推直选所依据的重要理念和制度设计目标是所谓"由多数人选多数人"的干部选拔机制。即改变过去由主要党政领导"一把手"和组织部门决定领导干部人选的模式，以增强干部认识制度的透明度和公平性。但实践的结果却给予人们新的认识，选举或扩大范围的推举，即"多数人选多数人"并不必然导致公平公正性的提高。如2008年中部地区某县"公选"正科级干部，结果最后产生的12名候选人绝大部分为"干部子女和县里两大房地产老板的亲戚"。[①] 又如2011年某市采用与公推直选类似的"双推双考"选拔4名团干部，结果胜出的4人中

---

① 胡印斌：《公选乡长，以符合程序之名假冒民意》，《中国青年报》2009年8月26日。

有 3 人为市领导的子女。①

　　试点中逐步暴露出的问题，逐步使人们意识到公推直选以及扩大民主的竞争性，在我国社会以及当前发展阶段上需要注意以下两方面的限制性因素。

　　第一，历史传统及国民性的制约。

　　历史传统和国民性是国情的一部分，任何政治建设以致民主发展都要受到历史传统和国民性的影响。在我国长期的历史演进过程中，农业社会的社会关系造就了我国社会浓郁的人情，人们注重个人及家族关系，注重个人情感。在许多情况下"人情"甚至胜于法律，胜于是非原则。这样的历史传统与国民性今天依然广泛存在并在人们的社会交往和社会实践中发挥着实际影响。

　　在实行公推直选试点的过程中，浙江省就意识到了历史传统和国民性对体制改革的影响。浙江省有关部门意识到，实行公推直选，需要有一定的社会文化条件作为保证。就社会条件而言，实行公推直选的地方，应该有着良好的社会风气。基层组织的凝聚力和控制力比较强，党组织本身不存在山头帮派，社会不为家族势力或者地方势力把持，人民群众思想文化素质良好。如果在不具备这些社会文化条件的情况下，贸然推行公推直选，很大可能要招致失败。浙江省在开展乡镇试点时，选择了政治生态比较健康、选情平稳的地方和浙北地区；而对于选情比较复杂的地方和浙南地区，则持非常谨慎的态度。即使如此，在省会杭州市 2008 年的试点中，还是有两个地方由于宗族、宗派等因素的干扰，没有选出党组织书记。此外，公推直选也需要一定的经济条件，公推直选程序严谨、步骤繁复，需要进行较大的社会动员，经济成本比较高。浙江嘉兴市秀洲区在乡镇试点中，抽调了区委组织部全体机关干部、区直各单位组织人事干部、各乡镇组织员进行组织指导，历时两个月，支付了大量的人力、物力和财力。嘉兴市在总结试点成功经验时，认为首要的是嘉兴经济快速稳定均衡发展，为公推直选奠定了坚实的物质基础。从实践经验看，一定社会、文化、经济条件，是健康推行公推直选

---

　　①　王晨光：《"官推官选"，一个伪民主的样本》，《中国青年报》2011 年 5 月 12 日。

制度的必要基础和保证。

第二，公推直选中的金钱问题。

与我国多年来在基层自治的选举中金钱左右选举的现象相似，公推直选中实际上也存在类似情况。尽管公推直选不是标准意义上的选举，但公推直选具有部分的选举性质和特征。在市场经济条件下，只要是选举就必然涉及金钱政治问题，即掌握较多经济资源与金钱的社会群体，可以通过经济手段、通过金钱的作用影响选民意志，左右选情，甚至控制选举结果。这样的问题在公推直选以及近年来的所有竞争性选举或具有一定竞争性的干部选举、选拔中广泛地出现了。

按照西方政治学的某些观点，民主的主要含义就是选举，甚至可以说，选举就是民主。西方著名学者熊彼特就是这种观点的重要代表，熊彼特认为：一般公民的政治和知识能力低下，缺乏理性而趋向情绪化，没有治理国家的能力。所以他指出："民主方法就是那种为作出政治决定而实行的制度安排，在这种安排中，某些人通过争取人民选票取得作出决定的权力。"[①] 政治过程类似市场过程，选民是需求方，政客、官僚等精英是供给方。实际上，民主的真正含义意味着：政治精英竞取权力与选民进行选择的统一，而二者结合的方式就是选举。

选举是否等同于民主？关键是看选举能否满足这个命题中一个潜在的前提，选举是选民真实意愿的自由表达。如果可以满足这个前提，则的确可以将选举等同于民主。但问题是，在经济资源占有不平等的现实社会里，在金钱不是均等分布的市场经济条件下，掌握优势经济资源和金钱的社会群体与个人，可以通过掌握的经济资源和金钱，影响甚至控制社会信息的传播，利用利益输送换取具有广泛影响社会组织与个人动员和影响选民，甚至采取直接或间接收买的方式换取选票。在存在这样多种手段和方式、渠道，控制选民信息来源，影响选民意志意愿，调控选民投票行为，最终影响控制选举结果的情况下，选举的民主性是不可靠的，甚至是不成立的。

---

① 熊彼特：《资本主义、社会主义和民主主义》，吴良健译，商务印书馆 1999 年版，第 395—396 页。

　　过去在我们已有的观念里，干部选拔当中，所谓"少数人选多数人"会存在认不清、看不准的问题，甚至会出现"跑官要官"和"卖官鬻爵"。但经过试点，我们发现，即使"多数人选多数人"，同样会出现认不清、看不准的问题，同样会出现"跑官要官"的现象，"多数人"同样是可以影响的，"多数人"同样是可以蒙蔽的。只是影响"少数人"与影响"多数人"的方式方法有所不同而已。这就是试点的价值，只有通过试点才能真正发现问题，只有经过试点才能检验人们的主观意志是否符合客观实现。

　　试点，是用实践检验我们的认识；试点，可以深化我们的认识；试点，可以防止重大的、全局性的失误；试点，可以分散风险，防范危机。一切重大决策必须经过试点，逐步实行，这是我国政治体制改革和民主政治建设中取得的极其重要而宝贵的经验，今后必然要长期坚持实行。

第八章

民主经验的国际比较

民主政治是人类政治发展中的普遍现象。民主政治是社会发展的产物，尤其是与近代以来工业化、城市化、现代化的社会进程密切相关。现代民主，从发生学意义上讲，是工业化、城市化和现代化进程中经济社会结构变动在政治领域中引发的后果。民主政治具有内容和形式两个层次的含义，民主政治的主要内容包含了：权利保障、权力制衡和权力运行中的多数决定等三个因素。民主政治的形式则多种多样。从历史现象层面观察民主政治，各个国家的民主政治发展方向、路径以及最终达到的目标似乎是相同的。于是，人们产生了民主是一种所谓"普世价值"的印象，似乎是"条条大路通罗马"。

但是，仔细观察人类社会的历史进程，深入研究民主政治进程，就会发现尽管民主政治是一种普遍的政治现象，尽管各国民主政治发展趋势有所相似，但民主政治产生的具体原因和背景，民主政治发展的具体路径和形式，民主政治发挥的社会作用，具有很大的差别。如果说，民主政治是人类社会发展的一种普遍趋向，如孙中山所言"世界潮流，浩浩荡荡，顺之者昌，逆之者亡"。那么，确切地讲，条条大路通罗马，条条大路各不同。这样就产生了对民主政治建设的经验进行比较的必要性。

近年来，我们把民主政治研究的视野扩大到了世界多个国家，其中既包括与我国历史和实现情况接近或相似的国家，也包括其他不同类型的国家，有发展中国家也有发达国家，有亚洲国家也有欧美国家，有资本主义国家也有原社会主义国家。选择具有典型意义的国家以及不同类型国家进行民主政治的比较研究，可以从别国实践中发现值得我们注意和借鉴的经验教训。所谓民主经验的国际比较，根据我们的体会，概括起来说，就是：在差异性中发现问题，在重复性中寻找规律。

在民主经验的国际比较当中，欧美资本主义发达国家的经验、后发展的第三世界国家的经验以及苏联东欧原社会主义国家的经验，属于不同类型，但又是必须关注和研究的。

欧美发达资本主义国家是近代民主政治的先行者，积累了大量的历史经验，同时欧美与我国社会发展道路不同，在社会性质不同、发展模式不同的背景下，民主政治发展在形式选择上的异同值得深入研究思考。为什么东西方国家，即社会主义国家与资本主义国家，在民主政治内容实施的重点上，在民主政治形式的选择和建构上有很大差别，为什么西方国家可以实施的民主形式，在社会主义国家不能实行或实行起来效果大相径庭？这是中国在民主政治建设中需要深入研究和认识的重要问题。

第三世界发展中国家在工业化、现代化的道路上相比于西方发达资本主义国家是后来者。在工业化、现代化的道路上，众多发展中国家与中国相比，有着相同或相似的历史起点和发展环境。在工业化、现代化进程中政治发展的实践方面，中国与发展中国家，特别是邻近中国的亚洲发展中国家更具可比性。亚洲部分发展中国家工业化、现代化进程中的政治发展具有相似性，在一定历史阶段中表现出了一定程度上的共同性的发展规律，可与中国的经验相互比较，引发对发展中国家在工业化时代政治发展规律的深入思考。

苏联是世界上第一个社会主义国家，苏联建立的政治体制为后来东欧、中国等社会主义国家所效仿。从 20 世纪 60、70 年代开始肇始于东欧逐步扩展到中国以至苏联，社会主义国家纷纷对原有苏联模式的经济、政治体制进行改革，探索建立的适应时代发展和本国实际的新制度与体制，发展和建设具有本国特色的社会主义民主也是其中重要内容，发展民主是一些国家改革的基本纲领和口号。但是，在 20 世纪 80、90年代之交，东欧、苏联的改革陷入困境，改革演变为"改向"，最终导致了原有社会主义制度瓦解，甚至国家的解体。为什么以苏联为代表的原社会主义国家的改革失败了，为什么在发展民主的目标之下社会陷于混乱和动荡？其中主要的经验教训对于中国的重要性不言而喻。

一　西方现代民主政治的分析与比较

（一）近现代西方民主的四个时间概念

近代以来的西方民主政治起源于英国，1215 年的英国国王与贵族代表签署的《大宪章》开启了近代西方民主的先河。《大宪章》以法律形式确定王权对于贵族权利的保障和贵族代表会议与国王之间一定程度的权力制衡。《大宪章》所包含的权利保障和权力制衡是现代民主的两项基本原则，因此，《大宪章》被视为现代西方民主政治的起源。在《大宪章》后 400 多年，还是在英国产生了现代西方民主政治的第三项基本原则——多数决定。1640 年爆发英国革命，1647 年为了筹建革命后的新议会，当时掌握着英国政权的克伦威尔军队中产生了意见分歧，在克伦威尔主持下意见分歧的两派进行了著名的"普特尼辩论"。辩论中，代表平民利益的"平等派"提出《人民公约》，提出了"人民主权"的理念，其政治主张是实行普选产生议会。"人民主权"概念的重要意义在于：它蕴涵着民主政治制度的权力运行规则——多数决定。但是，普特尼辩论中提出政治主张和民主原则又过了 40 年以后，到 1688 年光荣革命的时候才终于付诸实施。英国革命结束时，现代西方民主政治形式中所蕴涵的三项基本原则，权利保障、权力制衡和多数决定，最终得到了确立并对后世资本主义民主制度产生了深远影响。权利保障、权力制衡和多数决定，分别构成了现代西方资本主义国家中公民权利和国家政权组织构建与运行必须遵循的基本法则。

虽然，早在 17 世纪，西方民主政治的基本原则就已确立，但民主政治原则演化为普遍的政治制度，政治制度再转化为普遍实施，又经过了漫长的历史过程。英国革命发生 100 多年后，1776 年和 1789 年，分别爆发了美国独立战争和法国大革命，掀起了一次民族民主革命的高潮，再到 1848 年欧洲资产阶级革命，起源于《大宪章》，形成于英国革命的西方民主政治原则才终于转化为政治实践并在此基础上初步建立起了资本主义民主政治制度。但是，19世纪在西方普遍建立的民主政治制度更多地还是停留在宪政体制的意义之上，即只是在宪法、法律和正式国家机构的意义上，规定和体现了民主政治的基本原则。这样一种宪政体制意义上的民主政治，真正比较完整地进一步转化为实际的政治运行，在一定程度上转变为社会现实，又经过了100余年。到20世纪中期第二次世界大战结束后，百年前即被承认，写入宪法、法律的政治制度，才基本落实到当代西方的政治实践以及社会现实生活当中。1789年法国大革命中提出的"自由、平等、博爱"，一直到建立于1959年的法兰西第五共和国才在一定程度上比较稳定地体现在社会政治制度当中。美国19世纪60年代南北战争后宣布的废除奴隶制和实现权利平等，也是在整整100年后的20世纪60年代，如火如荼的民权运动才把早已宣布的平等权利变成了比较普遍的现实。

纵观西方民主政治发展的历史，应有800年、400年、200年和100年四个时间概念。800年，即距今约800年前英国《大宪章》确立了西方近现代民主的最初原则；400年，即约400年前近现代西方民主原则在英国革命中全面确立；200年，即约200年前资产阶级革命在欧美广泛建立起了西方民主的宪政体制；100年，近100年以来西方现代民主才最终广泛和比较稳固地建立起来并付诸普遍的社会实践。

（二）竞争性选举是现代西方民主的重要形式

尽管西方民主有着多方面的内容和形式，但在诸多内容与形式之中，竞争性选举无疑是最基本和最重要的形式，竞争性选举是现代西方民主的显著标志。

选举一词来源于拉丁语的动词 eligere，意为挑选。一般认为，选举是根据公认规则和程序，由相关人挑选公职担任者的行动。早在古希腊雅典的民主政治制度下就出现过选举，但雅典选举中选举权限制极其严格，同时雅典公职人员也由抽签方式产生，选举只是两种方式之一。值得注意的是，选举并非只存在于民主政治之中，专制制度下也有选举。在欧洲中世纪，教皇和神圣罗马帝国的皇帝是选举产生的。在我国元代，皇帝的产生也采用过选举的办法。现代民主制度中的选举最早来源于英国革命中下层阶级的政治诉求。1647 年，以罗伯特·李尔本为代表的"平等派"，在"普特尼辩论"中提交了《人民公约》，第一次提出由普选产生议会的政治主张。直到进入 20 世纪，西方国家逐渐进入了普选时代，第二次世界大战后普选制度在西方世界得到普及。

现代西方选举制度与此前历史上选举制度的主要区别在于三点：实现了没有特殊限制的普遍选举，实现了竞争性的选举，建立了一套比较规范的选举制度。而以往历史的各种选举在不同程度上是缺乏上述三个要素的。列宁说过："资产阶级的共和制、议会和普选制，所有这一切，从全世界社会发展来看，是一大进步。"① 应当说，现代西方选举制度是资本主义民主在人类民主政治发展历史上的一个创造和贡献。一般说来，竞争性的普遍选举制度作为一种民主形式，在西方社会条件下其功能主要有三项：

第一，资本主义民主政治条件下，周期性选举有促进国家政权对于社会利益诉求具有较好回应性的作用。

资本主义社会是一个利益多元化的社会，来自各个阶级、阶层以及不同利益集团的利益诉求层出不穷，不仅有普罗大众与上层精英阶层之间的矛盾，上层精英阶层以及统治阶级、集团内部也是矛盾重重。西方资本主义社会的稳定在很大程度上要取决于上层精英对于普罗大众利益诉求一定程度上的回应，同时执政集团对于统治阶级内部不同集团的利益诉求也要予以回应和解决。由于形式上的一人一票的选举以及多数决定原则的实行，资本主义国家的执政党、掌权者因选举需要必须面对常态的社会压力，因此也必须不断地对于来自社会各阶级、阶层和利益集团的利益诉求，特别是统治阶级内部不同集团的利益诉求做出回应。政权与社会之间不同的利益因应，在一定程度上有利于社会矛盾的及时发现与化解，有利于缓和社会矛盾的积累，进而有利于维护社会的稳定。西方国家普遍存在"小问题不断，大动荡不多"的社会现象，与上述矛盾回应与化解机制有一定关系。

第二，资本主义民主政治条件下，资产阶级统治集团内部矛盾因多

---

① 列宁：《论国家》，《列宁选集》第 4 卷，人民出版社 1995 年版，第 38 页。

党竞争、选举和轮换制而得到规制化的缓解。

在任何社会，统治阶级、执政集团内部的团结对于维护统治、保持社会长治久安都是至关重要的。如何保持统治阶级与执政集团内部的团结是古往今来的一个重要的政治议题。现代资本主义民主政治条件下，实行多党政治，资产阶级内部不同政党、不同派别相互竞争，轮流执政。在形式上平等竞争的条件下，统治阶级、执政集团内部不同派别之间的斗争是公开化的，并且形成了一定的政治规则。派别斗争的基本目的是获取执政权，执政权周期更迭。公开化和合规性，在一定程度上可以限制派别斗争中非法手段的使用，获胜一方并非一劳永逸，失利的一方可以保持体面并拥有未来的机会。这样的制度规则，有利于将统治阶级内部的斗争限制于一定范围之内和一定强度之上，防止内部矛盾与斗争的极端化，进而在总体上有利于统治阶级内部的团结统一。

第三，资本主义民主政治条件下，周期性选举有利于政权合法性的重建。

统治阶级与执政集团掌握着国家权力。统治行为，特别是长期的统治行为势必引发社会的对立与反抗。同时，社会生活、社会发展自身也会产生出大量的问题与矛盾，这些问题与矛盾的积累以及由此带来的社会不满也会自然而然地逐渐向统治阶级、执政集团集中。执政党往往是各种社会矛盾的交集点，是各种社会不满情绪的发泄对象。对于国家政权而言，如何转移和缓解社会矛盾和不满情绪的压力是一个重大的课题。资本主义民主政治条件下，多党竞争、轮流执政带来的一个重要的、经久不息的政治效应，就是社会矛盾和不满情绪压力的周期性释放和转移，即随着选举周期和执政党、政治领袖的更替，原有矛盾和不满的压力随着原来执政党和政治领袖的下野而得到一定程度的释放和化解，并且随着新的执政党和政治领袖的上台，社会在一定程度上重新燃起希望，甚至在一定程度上重新团结凝聚起来。人们可以观察到，在西方国家每到一个执政党和政治领袖执政的中后期，都不可避免地出现支持率下降乃至急剧下降的趋势。而一旦新的选举到来，新的执政党和政治领袖上台后都会有一个"蜜月期"，即获得较高的支持率。这种情况周而复始，在西方国家形成了一种带有规律性的普遍现象。

这实际上是一种政治合法性的重塑机制，而它有利于资产阶级的长期统治。

毫无疑问，选举，包括竞争性选举，是一种重要的民主形式，但是，需要指出的是，无论何种选举，都不是民主唯一的形式。选举的建构合法性、民意表达和民主监督功能，也可以通过其他的民主形式实现。

（三）竞争性选举的三种局限性

根据我们对西方国家选举多年来的观察和研究，从消极的方面看，西方的竞争性选举至少在三个方面存在着严重的局限性，即金钱政治问题、扩大社会分歧问题和社会成本问题。这些问题也构成了对西方民主政治存在和发展的困扰。

1. 金钱政治问题

政治是经济的集中表现，政治活动的基础是经济利益的诉求。政治制度总是在一定经济制度的背景下存在和运行的。不能脱离一个社会的经济基础来认识政治制度，包括民主制度。在西方社会中，政治民主是建立在资本主义私有制基础上的，是与资本主义生产关系相适应的。作为一种民主形式，竞争性选举要体现"公开、公平、公正"原则。就像马克思早就指出的那样："选举的性质并不取决于这个名称，而是取决于经济基础，取决于选民之间的经济联系。"[1] 在实行生产资料私有制的经济制度之下，经济资源与财富的占有和分配严重不平等。掌握较多经济资源的个人和群体，必然要利用掌握的经济资源，通过各种途径影响并进而控制社会公共权力，以保护和扩大自己的既得利益。恩格斯说过："资产阶级的力量全部取决于金钱，所以他们要取得政权就只有使金钱成为人在立法上的行为能力的唯一标准。"[2] 金钱政治是资本主义民主的痼疾。资本主义生产方式的本质

----

① 马克思：《巴枯宁〈国家制度和无政府状态〉一书摘要》，《马克思恩格斯选集》第 3 卷，人民出版社 1995 年版，第 298 页。

② 恩格斯：《德国状况》，《马克思恩格斯全集》第 2 卷，人民出版社 1959 年版，第 647 页。

是资本增殖运动，这种运动不仅存在于经济领域，也要渗透到政治以及其他社会领域，成为资本主义社会支配一切社会活动、支配人们行为的根本准则。

"金钱是政治乳母。"西方的竞选为金钱控制和操纵是一个不争的事实。美国的政治家堪称富人俱乐部，最近的 2012 年美国大选产生的国会也是史上最富国会，前十大富翁议员个人财产平均为 2. 034 亿美元，其中排名首位的著名参议员麦凯恩个人财产高达 5 亿美元。2012 年大选，来自民主、共和两党的美国总统候选人筹款和花销也不出所料地创下历史新高。民主党总统候选人奥巴马个人筹款 9. 15 亿美元，总花费为 11. 07 亿美元；共和党总统候选人罗姆尼个人筹款 4. 46 亿美元，总花费为 12. 38 亿美元。而总统候选人和国会议员候选人竞选经费的主要赞助者均为大企业集团和地方、行业权势集团。2012 年美国大选的头号捐助者为赌博公司金沙集团，金沙集团向民主、共和两党共捐助 5240 万美元。其他 10 大捐助者均为大企业和地方集团。[①] 从 20 世纪 80 年代以来，美国历次大选中的胜出者都是筹集竞选经费最多的一方，故美国有舆论认为，只要事先看看候选人的经费就可以预知选举的结果了。

2012 年的美国大选中最为著名的争议是"公民联盟诉联邦选举委员会"案，[②] 这一著名的案例将与美国历史上著名的马布里诉麦迪逊案（确立最高法院违宪审查权）、科斯特诉桑福德案（赋予黑人公民权）、《纽约时报》诉沙利文案（赋予新闻监督一定程度的豁免权）三大判例，一道被列为美国乃至世界司法史上最重要的、影响深远的判例。这一判案的意义就在于，进一步为美国的选举中的金钱政治扫清了道路。

2010 年 1 月 21 日，联邦最高法院首席大法官约翰·罗伯茨宣布，最高法院 9 位大法官以 5∶4 比例裁定，"公民联盟"或称"联合公民"

---

① 以上数据根据美国"责任政治研究中心"（The Center for Responsive Politics）的"公开的秘密"网站（http://www.opensecrets.org/）提供的美国大选资料统计得出。"责任政治研究中心"是美国收录选举资料最详细的民间研究机构之一。

② 案卷号 Citizens United v. Federal Election Commission 558 U. S. 08205 2010。

诉联邦选举委员会案的上诉合法，判定 2002 年美国《两党选举改革法案》第 441 条 b 款中，关于在竞选最后阶段限制企业和组织以营利或非营利目的资助候选人的条款违反了美国宪法第一修正案言论自由的原则。这一历史性的判例，使近 10 多年来美国逐步限制选举中"金钱政治"的努力付诸东流。美国选举资金有"硬钱"、"软钱"之分。所谓"硬钱"（Hard money）是指个人直接向某个竞选活动捐出的钱，"软钱"（Soft money）则是在规则和联邦选举竞选法之外筹集的政治资金。硬钱一般是直接捐给候选人，而软钱则是捐给那些所谓"政治行动委员会"或民主、共和两党的州党部的钱。选举以金钱为基础。美国选举花费日益增加，自然也遭到了越来越多的诟病。从 70 年代开始，美国开始了限制选举资金的努力，应当说也取得了一定成效，但 2012 年最高法院的判决改变了这一历史趋势，它撤去了对政治行动委员会间接赞助政党和候选人的限制，使美国权势集团和财阀可以通过间接赞助的机构，即所谓"超级政治行动委员会"将竞选资金无限制地注入选举。

在现代西方资本主义社会中，权势集团控制政治政权，运用掌握的经济资源转换为政治权力的过程十分复杂，其基本方式是：利用金钱控制选举，利用金钱操纵舆论，利用金钱影响政策制定。在选举中，高额选举经费是能够保证富人垄断政权和限制人民权利的无形手段。在竞争性选举中，没有巨额选举经费是无法获得候选人提名、进行竞选宣传和争取选票的。选举，由此就变成了资本利益集团代表之间的角逐，而平民百姓则无缘跻身于这个昂贵的"游戏"。在竞争性选举中，金钱力量主要表现在控制信息，进而引导民意、影响选民态度上。现代社会中，社会信息高度不对称，绝大多数人民处于信息闭塞或被误导的盲目状态，缺乏对复杂的社会政治、经济现象的认识和判断能力。西方有关的政治社会学研究表明：大多数选民的态度受到大众传播媒体的高度影响。在西方资本主义的商业社会中，价值规律决定一切，媒体受金钱的左右。因此，选举的实质过程是：金钱掌握媒体，运用媒体影响民意，进而影响选情的过程。需要指出的是：现代西方社会的竞选中，金钱左右媒体进而影响选情不是"阴谋论"意义上的，而是体制化的，是商业化社会的必然现象。①

2. 扩大社会分歧问题

竞争性选举有利于不同利益群体的利益表达和选择，但同时竞争性选举机制又会起到细化、固化和扩大社会分歧的结果。竞争性选举不利于社会共同利益的形成与整合，不利于形成社会共识。有争必有乱。在世界许多国家，竞争性选举往往演变为社会矛盾并升级为社会冲突的导火索和加油站。一些身处竞选政治之中的学者也对此感到失望，认为"选举政治，早已成为特殊利益集团的政治角斗场，利益集团不是代表了大众的利益，而是撕裂了社会大众……民主的政党政治不过是虚拟了社会分歧，把大众卷入不必要的纷争之中"②。

竞争性选举是一种"有输有赢"、"你上我下"的"零和博弈"，这是其扩大社会分歧的根本原因，它的具体机制表现在三个方面：

第一，竞选"对人不对事"。竞争性选举是候选人之间的竞争，按照"一个胜出"的机制，仅仅说明自己、宣示自己的政策主张远远不够，还必须打击对手。"否定别人"一定程度上比"论证自己"更重要，竞争性选举总是幸存者当选。这样竞选往往演变成了"涂黑"对手的竞赛，从而抵消了发现、代表、整合社会利益的功能。这就是现代西方竞争性选举的世纪效果和理论价值之间的相悖与异化。2000年的法国大选，涉嫌金融丑闻的希拉克和极端种族主义者勒庞对决，法国人伤感地说他们只是在"骗子和疯子"之间做出选择。2012年美国大选，民主、共和两党间的攻讦和诋毁也达到了前所未有的程度，争取连任的奥巴马总统被描述成一个阴谋推翻美国，否定美国基本价值的"社会主义者"，甚至是"法西斯主义者"。

第二，分化选民、分裂社会。竞选是对选民的争夺，为了争夺选民，就要不断"发掘"各个社会群体的特殊利益，强化各个群体对自身利益的诉求，其结果是使公众耽于眼前和局部利益。在不能

---

① 参见理查德·斯克尔《现代美国政治竞选运动》，张荣建译，重庆出版社2001年版，第126页。

② 黄万盛：《正在逝去的和尚未到来的——〈破碎的民主〉中文版序》。（网络资料：http://www.xschina.org）

兼顾不同群体利益的要求时，局部利益诉求和权利意识强化，只能激化社会的对立情绪，遮蔽和阻碍了公众对他们共同利益的认知和追求，不益于形成社会共识和凝聚力，甚至起到"撕裂"社会的作用。

第三，"赢家通吃"。竞选政治中的各个党派和政客都有自己的社会基础、选民队伍，竞选要靠他们，而获胜后自然要"投桃报李"，以巩固自己的社会基础和选民队伍。台湾选举后当选者定四处"谢票"，有礼如仪。这样做的结果自然是进一步强化了社会的分歧。美国在传统上是一个意识形态分歧不大的社会，共和党和民主党两大政党的政策主张之间只有"宽一英里，深一英寸"的差距。但是近年来，选举导致社会意识分歧的效应在美国也日益显化：中间选民减少，选民日益向两党集中，选民构成界线日益清晰，地域分布日益固定，选民态度也日益情绪化。①

从西方国家民主政治发展的历史经验看，在实现工业化、经济社会结构发生重大变动、社会矛盾增加的所谓"社会转型期"，西方国家实行的以竞争性选举为基础的议会民主制度经常处于不稳定状态，实际上并不适合于这一时期的社会需要。这是西方民主政治发展历史上的一条值得人们注意的重要经验。

竞争性选举和议会民主不适于社会转型期的比较典型的情况发生在18、19 世纪之交的法国和 19 世纪的德国。

1789 年法国大革命发生。在此后一百多年里，尽管法国社会实现了工业化，社会面貌发生了很大变化，但法国的资产阶级民主政治始终动荡不宁，一直没有真正稳定下来。自 1792 年法兰西第一共和国建立到 1800 年拿破仑当上第一执政的八年间，法国举行了三次立法院选举，而这一期间却发生了"热月政变"、"果月政变"、"花月政变"和"雾月政变"四次非正常的政权更替。法国革命中诞生的国民议会始终充斥着党派争斗并时常演化为暴力冲突。仅在国民议会成立后第一年 1793 年的 5—9 月间，就发生了议会中的吉伦特派逮捕巴

黎公社领导人埃贝尔，国民自卫军围攻国民议会，马拉遇刺和雅各宾派颁布《惩治嫌疑犯条例》并逮捕和处死反对派等一系列事件。法国国民议会为党派斗争所困，而不能有效地担负起稳定国家的任务，无法处理法国当时面临的一系列国内外重大事务，无力抵抗日益严重的外来威胁。混乱的政局，使国民议会逐步失去了往日的光环。内忧外患、动荡不宁的法国需要的不是这样的"清谈馆"，而是一把"战刀"。在这种局面下，原本名不见经传的年轻将领拿破仑发动了"雾月政变"，驱散了议员，成为法国最高的统治者。1804 年举行的公民投票中拿破仑居然被选举为"法兰西皇帝"，建立了法兰西第一帝国。在选举中拿破仑获得 357 多万张选票，反对者仅寥寥 2500 人。

无独有偶，在拿破仑称帝 48 年后，他的侄子路易·波拿巴再一次登上了法兰西皇帝的宝座。1852 年，全法年满 21 岁、享有公民权的法国男子就是否恢复帝制进行"全民公决"，结果 96% 的人赞成，3% 的人反对，另有 1% 的人弃权。结果路易·波拿巴继他叔父之后，又当上了法兰西皇帝，再一次把共和国变成了帝国。

面对法国的历史，人们还能说，民主政治也许不是一个最好的制度，但却可以避免最坏的吗?! 法国议会民主发展的坎坷经历恰恰表明，当议会民主严重不适合于社会发展要求时，它就可能变成没用的东西，甚至变成了最坏的东西而被时代和人民所抛弃。否则的话，就不会有法兰西第一共和国变成了法兰西第一帝国，法兰西第二共和国又变成了法兰西第二帝国这样的历史。这样的历史背后反映的是处于转型时期的社会并不适于实行议会民主和多党竞争。

在欧洲比法国后起的德国，在其历史发展中也出现过与法国类似的情况。1848 年，在欧洲革命的推动下，德意志爆发了"三月革命"，自由资产阶级登上政治舞台。但是，选举产生的全德意志国民议会，即法兰克福国民议会，整天吵吵嚷嚷，清谈空议，成为德国历史上有名的"老太婆议会"。作为欧洲近代化道路上的后来者，当时德国面临的严峻历史任务是建立民族国家、迅速实现国家的工业化。人们常说的历史选择就在于：一个符合民族生存发展需要的制度才会被人民接受，才能最终建立起来。现代德意志民族国家的重要缔造者俾斯麦，深谙这一规律性的历史现象。他说过："……我们不可能通过演说、联合会、多数决议来进一步达到目的……而是不可避免地将通过一场严重斗争，一场只有通过铁与血才能解决的斗争来达到目的。"① 时势造英雄。像当年法兰西第一共和国和法兰西第二共和国造就拿破仑和路易·波拿巴那样，德国软弱混乱的政局造就了俾斯麦。俾斯麦紧紧抓住德国统一的旗帜，利用君主立宪制政体，强硬地压制自由资产阶级的政治要求，终于用对法战争的胜利为德国统一奠基。统一后的德意志也没有实行英国或法国式的议会制度。从 19 世纪中叶到 20 世纪中叶的一百年间，成为独立民族国家的德意志在议会民主和专制政体中间摇摇摆摆、反反复复，直到第二次世界大战后才真正建立起稳定成熟的议会民主政体。与法国相似的德国民主政治发展的历史也再次证明了处于工业化转型期的社会对竞争性选举和议会民主的不适应性。

3. 社会成本问题

竞争性选举耗费巨大，对于我们来说是一个不熟悉的事实。2006 年 5 月 18 日，联合国开发计划署发表《登记和选举成本全球调查报告》指出：民主选举的成功与否在一定程度上取决于为选举投入的资金及其使用方式。尤其是在刚刚实行民主选举（即竞争性选举——作者注）的国家，选举是一个非常耗费资源的过程。② 竞争性选举需要投入大量资源，对于许多国家是一项沉重的社会负担。

竞选对于西方发达国家来说，日益演化为一场按商业规则运作的政治推销活动。其耗费日益浩大。还是以美国为例，2012 年众议院选举总花费达到 10.65 亿美元，参议院选举总花费达到 6.99 亿美元。总统和国会选举仅仅只是选举活动的一部分。据统计，每年美国全国有近百万个公职由选举产生，全国各地要举行约 13 万次选举，而每个公民参加的投票少则二三次，多则七八次。

---

① 转引自丁建弘《德国通史》，上海社会科学院出版社 2002 年版，第 212 页。

② 《联合国每日新闻》2006 年 5 月 18 日。（网络资料：http：//www.un.org/chinese/News/daily）

美国选举花费一览表（1998—2012）①

周期	总的选举花费	国会竞选	总统竞选
2012 *	＄6，285，557，223	＄3，664，141，430	＄2，621，415，792
2010	＄3，643，942，915	＄3，643，942，915	
2008 *	＄5，285，680，883	＄2，485，952，737	＄2，799，728，146
2006	＄2，852，658，140	＄2，852，658，140	
2004 *	＄4，147，304，003	＄2，237，073，141	＄1，910，230，862
2002	＄2，181，682，066	＄2，181，682，066	
2000 *	＄3，082，340，937	＄1，669，224，553	＄1，413，116，384
1998	＄1，618，936，265	＄1，618，936，265	

＊　总统选举年

西方周期性的选举活动催生了商业化的竞选活动和辅选行业，又反过来加剧和推动着选举成本的上升。这种专业化的辅选行业中有大量各种类型的辅选机构，为各种竞选活动进行民意调查、形象设计、宣传造势、组织管理等。据美国《华盛顿邮报》报道，辅选与游说已成为华盛顿发展迅速且收入颇丰的重要行业。目前，登记注册的从业人员达到 3.5 万人，这个庞大的数字和通过选举产生的美国联邦官员的比例是 60：1，他们每年经手的资金超过 20 亿美元。②虽然美国国家公共财政基本不用补贴选举活动，但用于竞选的各种费用毕竟都是社会财富的一部分。

对于西方富裕的发达国家来说，竞选之所以在形式上搞得很公平、很好看，大量的金钱投入是一个重要原因。竞选在很大程度上演化为双方投入资源的比拼。曾经担任美国众议院议长的奥尼尔说过："目前，任何一个竞选都包括四个方面：候选人，候选人的观点，竞选组织以及竞选用的钱。没有钱，你干脆就不要想其他三个方面。"③

竞选费用对于发展中国家更是不堪重负。在不少穷国，竞选往往需

①　资料来源美国"责任政治研究中心"（The Center for Responsive Politics）"公开的秘密"网站（http：//www.opensecrets.org/）。

②　转引自国务院新闻办公室《2005 年美国的人权纪录》。

③　转引自张毅《美国国会选举与金钱》，《美国研究》1990 年第 2 期。

要国外资金的支持，或者干脆利用黑恶势力敲诈选票，以降低成本，节约费用。这是许多发展中国家民主政治畸形、难看的重要原因。

我们应当重视中外历史上以及当代世界各国、各地区选举政治的经验教训。我国台湾、香港、澳门实行竞争性选举，也是值得认真观察和研究的。台、港、澳实行资本主义制度，其民主类型应属资本主义民主，但各具自己的特色。台港澳的民主政治不是中国特色社会主义民主政治的一部分，但却是中国民主政治的一部分，是同一语言、同一文化背景下的性质、形式不同的民主政治，因此特别值得我们关注。

台湾自 20 世纪 80 年代中期开放"党禁"，转向民主政治大致已有20 余年。台湾实行民主政治有其进步意义，国民党 1949 年溃败台湾，在台湾实行白色恐怖，严酷镇压，给台湾历史留下了黑暗的一页。台湾实行民主化改革后，当地人民长期被压制的情绪释放出来，形成了政党轮替，这是有其必然性的。

但是，台湾实行民主政治以来，也出现了许多严重问题，一度被西方某些舆论大加渲染的"民主奇迹"的光环正在消退，正在被大量的社会乱象所掩盖，这其中的经验教训需要研究总结。台湾实行民主政治的时间不是很长，但民主政治特别是竞选政治的局限性却表现得却十分典型和充分。其中突出的问题有两个：

一是凸显政争、扩大分歧、"撕裂"社会。台湾社会步入民主政治后，显现出高度的政治化倾向，人民参政议政热情很高，台湾地区的选举参选率一般都能达到 70%—80%，这是在当今世界各国各地区选举中不多见的。这种现象的另一面就是政治竞争激烈。台湾地区选举中典型而充分地表现出了竞争性选举中"对人不对事"的特点，尤其是原来在野的民进党的选举策略就是强化分歧、突出矛盾的策略，以此建立和巩固自己的选民队伍。但这样做的效果虽然有利于本党竞选利益，却扩大了社会分歧，甚至起到了分裂社会的作用。

二是"黑金政治"严重。台湾地区选举中黑帮势力介入、"黑金"泛滥现象十分严重，为各界所瞩目。根据台湾学者的调查，在台湾 309个乡镇（市）中，有黑道介入选举、干预政治问题的已占八九成。台湾"法务部"表示，已经清查出三百多位民意代表具有黑道背景，县市议员中"黑金"出身者比例竟高达 35%。① "黑金政治"败坏着台湾地区民主政治的声誉，也腐蚀着台湾社会。

此外，台湾的选举民主中暴露出的问题，还祛除了过去附加在民主政治上面的一些似是而非的看法，如民主富强论和民主廉政论等。

台湾实行民主政治以来，特别是实现执政党轮替以来，经济表现每况愈下，经济增长减慢、失业率上升，国际经济机构对台湾经济评价降低。近年来台湾经济低迷固然有经济全球化当中资本转移规律的影响，但台湾社会高度政治化，社会乱象横生，执政党"拼政治"、"不拼经济"等因素的作用，也是有目共睹的。

民主廉政论，特别是认为多党制有利于制约腐败，是一个相当流行的说法。其实，各国经验都不能说明这个观点。台湾在实行多党竞争的选举制度以及政党轮替的同时，腐败现象却是愈演愈烈。台湾选举前是"黑金"盛行，选后是贪污盛行。2006 年的台湾"第一家庭腐败案"和针对台湾地区领导人本人和家庭的大规模"倒扁"风潮，成为世界范围内的新闻事件，颇让世人侧目台湾民主。台湾实行民主政治以来的腐败现象，再次说明多党制与制约腐败没有必然联系，反倒显示出多党竞争引发腐败的效应。

（四）西方竞争性选举对中国的启示

选举是民主政治的重要形式之一。近年来竞争性选举问题，在我国国内特别是学术界引起越来越多的关注，这是一个在我国社会主义民主政治建设中不容回避的具体而敏感的问题。有论者主张把扩大竞争性选举作为我国民主政治建设的重点和方向，希望通过竞争性选举加强政权合法性，落实公民政治权利，防止和解决执政党和政权脱离群众及腐败问题等。在我们民族的近现代历史上缺乏选举民主的实践，近代以来的国家政权都不是竞争性选举的产物，几代人没有经历过全国范围的竞选。由于缺乏实际经验，我们对于竞选这个并不熟悉的事物抱有很高的期待。有的论者甚至把竞选看作是解决一切问题的根本之道，似乎除了

---

① 台北：《中国时报》1996 年 11 月 17 日。

竞选，其他民主形式都不足道，都不能解决根本问题。这种"一选就灵"的看法，其想象成分大于现实，缺乏经验的支撑，更不是建立在对我国国情条件和历史任务的清醒、深刻的认识基础之上的。

我们不应拒斥作为民主政治重要实现形式的竞争性选举，但由于缺乏实践经验，我们更要以科学严谨的态度对待它。从对西方选举民主实践的认识中，从西方实践对我国民主政治建设与发展的启示角度看，竞争性选举所固有的"扩大社会分歧"和"金钱政治"等问题是我们必须注意的两个重要问题。如果对这样两个问题没有必要的认识，我们对于民主选举的认识就会是盲目而肤浅的。

第一，在处于工业化阶段、社会矛盾高发期的社会应慎重采用竞争性选举的民主形式。

西方民主中竞争性选举的历史与实践告诉我们，在工业化阶段多数西方国家的竞争性选举是不稳定的，由于选举带来了政权的不稳定和政局的不稳定，如法国第四共和国时期，就以政权经常更迭和政局动荡著称。有的国家则不实行国家行政机构的竞争性选举，如德国19世纪工业化时代实行的"没有政府的议会制"，实行君主立宪制，国家行政权集中于德皇和宰相为首的权力精英集团手中。

为什么在工业化阶段即使是早已在宪政体制层面规定了实行民主选举的西方国家，在政治实践中也并未普遍实行这一制度？原因就在于工业化时期的社会矛盾。工业化时期是伴随着经济社会结构的广泛而深刻的变化，伴随着社会分化和新社会结构的生成。社会分化形成社会动员和提供发展动力的同时，也会带来新的社会矛盾和社会问题。而新的社会结构在随工业化发展而尚未形成和稳定之前，处于结构变动中的社会又是不稳定的，缺乏社会结构对于社会稳定的维系和支撑作用。因此，这时的社会是不稳定的，是注定处于社会矛盾的多发状态的。还应指出的是，在发展与结构变动的同时，社会的价值观也经历着变动和不稳定，原来用以对社会制度提供思想与道德维系作用的旧价值观从弱化到瓦解，而新的价值观尚未形成更未形成普遍的共识。价值缺失、思想混乱显然无助于社会的稳定。在这样的因工业化发展而带来的利益调整、结构重建、思想变动的所谓"转型期"，必然会产生诸多的社会矛盾与问题，而在这一时期实行竞争性选举，就为发动和强化社会矛盾提供了一个制度化的途径和体制化的动员机制。各种利益集团自然也会利用这样的途径和机制表达利益诉求，参与政治进程，争取政治权力。

工业化时期社会结构性变动和广泛的政治参与需求，在选举的催化作用下就会导致社会的主要议题向政治领域集中，向政治斗争转化。社会议题的转变在一些情况下会反转回来影响工业化和社会生产活动的正常进程，由此导致社会的政治化，导致社会分歧扩大和矛盾加剧，最终会影响甚至中断工业化进程，造成社会动荡。西方历史表明，在工业化时期，不同类型的政治体制、不同形式的民主的选择会直接影响工业化的进程。这就是为什么一些西方国家在工业化时期并未选择或并未真正实行它们早已在宪政体制上，即在宪法、法律中已经规定的那种政治制度和民主形式了。

我国正处于实现工业化、现代化的关键时期。与世界各国工业化进程中的普遍经历相似，我国在工业化、现代化进程中也正处于一个社会矛盾多发时期。这一时期，在整体发展、普遍增长和受益的前提下，社会出现新的分化，利益呈现多元化发展趋势，人民内部矛盾呈现多发性、多样性发展的态势。这个时期，注定是争论多于共识，分歧多于一致的时期。从长远看，当前多数的矛盾与问题、争论与分歧会逐步随着工业化、现代化进程，随着经济社会发展而逐步消解消失。而如果现在就希图解决这些矛盾和问题，甚至是"根本解决"这些矛盾和问题，是不现实的。殊不知，根本问题是根本解决不了的。工业化、现代化进程中出现的问题会随着社会结构变动和发展，逐渐失去存在的基础而得到解决。当前，如果采取竞争性选举等策略，无异于"火上浇油"，不仅无益于问题的解决，反倒会为扩大和激化矛盾提供一种社会机制和途径。

第二，"金钱政治"问题无法得到有效解决。

在研究中外选举问题的过程中，关于金钱和选举的关系，我们逐步得出了一个认识结论：金钱是选举的基础。当然这里所说的选举是竞争性选举。如何解决或制约金钱政治问题，如何使经济资源与选票脱钩，在世界范围内至今尚无有效办法。

西方从历史到现实的有关金钱政治的种种现象无需一再赘述，即使在我国为数不多、范围有限的竞争性选举，也迅速而普遍地染上了"金钱政治"的弊病。

在我国竞争性选举主要存在于三个层次及领域：一是基层群众自治制度实行后的村民委员会的选举；二是东南沿海经济发达地区市县一级人民代表大会代表选举；三是实行公推直选条件下，部分党内领导职务的推荐及选举中也出现了一定的竞争性，即党内民主中的所谓"竞争性选拔"。其中第三种情况的范围和规范尚不够清晰、稳定。从近年来的实践情况看，所谓"金钱政治"问题在我国各类竞争性选举中均已出现。

根据中国社会科学院政治学研究所"2011年选举观察课题"，对于2011年我国村级组织换届选举和县乡人大代表选举展开观察与研究发现，在我国东南沿海经济发达地区基层选举中存在着富裕阶层以经济资源为基础获取竞选优势和优胜的普遍现象。根据观察到的情况，基层竞选中，主要是村委会和市县人大代表选举中，雄厚的经济实力和竞选资金已经成为选举的必要条件和手段。

政治学研究所课题组调研结果显示，在经济发达地区有竞争的情况下，村委会主任竞选大约需要花费人民币上百万元；在经济发展水平中等地区有竞争的情况下，大约需要花费二三十万元人民币；在经济不发达地区也要花上几万元人民币。市县人大代表选举，在经济发达地区有竞争的情况下，大约需要花费几百万元。竞选经费使用的途径主要有四种：一是普遍的宴请，课题组观察到了一个沿海县城全城餐厅、饭店甚至"卡拉OK"厅全部为选举宴请订满的场景，观察到选后在高档饭店宴请全体村民的场景。二是具有经济实力的候选人在平时通过资助公共事业、捐款慈善事业积累"名声"以利选举的情况。三是专门竞选团队的出现，即组建付酬的竞选班子在经济发达地区选举中已成普遍现象。四是竞选中出现"陪选补偿"现象。所谓"陪选报偿"是在人大代表选举中，候选人之间有协商现象，事先确定"正选"与"陪选"，由"正选"方出资赔偿"陪选"在前期竞选中的花费。①

---

① 参见《近期我国基层选举中值得关注的若干问题》，《中国党政干部论坛》2013年第4期。

此外，在公推直选以及党内和行政领导岗位的选拔中，所谓"金钱开路"的现象也逐渐发展起来。在近年来揭露出的腐败案件中，已经显示部分党政官员收受贿赂的目的之一就是聚集金钱以竞取更高官职或营造社会声誉。

金钱因素在选举中发挥作用，对我国现行体制造成的负面影响集中于两个方面：

——腐蚀干部队伍。在我国传统的干部选拔体制之下，是自上而下地由上级领导和党的组织部门考察、选拔干部。党政干部在这种体制之下，个人进取的主要方式是积极工作，取得政绩，同时需要处理好与上级领导和本级同事的关系等。但当干部选拔制度中引入竞争性因素后，干部的进取的个人动力和因素上升，制度与机制引导干部需要更多个人资源以进行竞选活动或变相的竞选活动，如动员媒体营造"官声"，甚至进行"拉票"收买。在我国基层和地方政坛已经开始出现类似于西方选举政治之下的所谓"公共关系"活动（Public Relation）。而无论东西方，无论社会主义、资本主义，只要是所谓"公共关系"活动，金钱都是不可或缺的条件。这种体制性因素是部分干部腐败的动因之一。

——促进"官商共同体"的形成。比腐蚀干部队伍更进一层的是"官商共同体"的出现和形成。在我国，随着市场经济的建立发展和经济社会结构广泛而深刻的变化，生产资料和财富占有与分配不均衡的状况迅速扩大，社会富裕阶层已经出现。被学术界称为"经济精英"与"政治精英"和"文化精英"相结合的进程日益明显。资本对政权的渗透以及权力与资本的结合，在我国已经成为一个现实问题。在1998—2003年由中央纪委和监察部直接处理的109件省部级官员违纪违法案件中，经济类案件74件，占67.9%。其中，涉及私营企业的36件，占48.25%；在移送司法机关追究刑事责任的27件中，有23件涉及私营企业，占82.5%。

2004年9月发生在四川汉源的一起群体性事件尤其值得研究。这起因修建水库而引发的群体性事件，表面上看是因占地补偿问题引起部分群众的不满和抗议，而群众背后却有少数私营矿主的组织和动员，在部分企业主背后的是汉源县部分党政领导干部的指使。这些党政干部投资入股私营企业，与私营企业主结成了紧密的"官商利益共同体"，当地党政权力被严重资本化。原汉源县委副书记白然高在汉源工作多年，多次拒绝提拔，在当地影响很大。他在汉源事件中扮演了幕后主使的关键角色。"钱途"重于"仕途"现象，说明了"官商利益共同体"一旦形成不仅使国家政策难以有效执行，更严重的是会影响到干部的政治立场、行为方式，甚至可能改变基层政权的性质。

在金钱政治无法有效解决的情况下，引入竞争性选举的政治体制改革和扩大其在民主政治建设的权重，就具有很大的不确定性和风险。

此外，选举成本问题在我国基层实践中也已经初露端倪。目前，我国的村民委员会选举并非政权机关和官员的选举，但依然要花费大量的组织费用。一次全国性的村民委员会选举，需要投入干部大致 130 万至 170 万人，需要培训管理人员至少 600 万人，有时甚至达到 1200 万人以上。按照每位选民平均 0.5 元的标准，由政府财政支出的选举经费至少要 3 亿元，加上各村为选举支出的管理经费，选举管理经费总额应接近 10 亿元。这个统计数据还没有包括候选人及其支持者支付的竞选费用。随着经济发展和农民权利意识的增强，村民委员会选举所花费的竞选费用也大有上升之势。[①]

选举民主对于我们来说，在很大程度上还是一个陌生的事物。我们不应拒绝竞争性的选举，但也不能迷信竞选。我们应从国情出发、从实际出发，正确地评估竞争性选举的利弊得失，一分为二地看待竞争性选举问题。根据现实的需要适当地采取这种民主形式。但是，由于现实条件和历史任务以及国际环境，也由于竞争性选举本身的局限性，现阶段我国民主政治建设不宜采取竞争性选举的形式。

二 亚洲政治发展参照

中国的政治发展和民主政治建设有自身的特点，这是由中国的历

---

① 有关资料引自中国社会科学院"基层民主政治建设研究"课题组：《中国基层民主政治建设发展》报告。

史、国情和社会主义制度等基础性条件决定的。但是，中国是通过实现国家工业化、城市化来实现国家的发展和现代化的。工业化、城市化是当代中国政治发展的物质基础。从各国工业化的历史看，世界各国无论是早期的欧美和战后的亚洲诸国，工业化、城市化的进程显现出显著的规律性，工业化、城市化对于政治上层建筑的影响也具有相似性。特别是亚洲国家，其工业化、城市化具有相同的历史起点和发展环境，因此，亚洲国家尤其是东亚国家在工业化、城市化进程中其上层建筑领域的政治发展显现出显著的相似性与规律性。亚洲国家工业化时代的政治发展值得中国重视和研究，以求获得借鉴和启示。

（一）亚洲国家政治发展的规律性现象

根据近年来我们对于亚洲多国政治发展进行的比较研究，[①] 我们发现，东亚国家和地区，包括日本、韩国、新加坡、泰国、印度尼西亚等国以及我国台湾地区在其工业化进程中的政治发展具有明显相似性，即呈现出从"自由民主体制"到"威权体制"再到"多元体制"发展的共同的规律性特征。所谓"自由民主体制"的特征是：效仿西方建立民主宪政体制，社会自由扩大，思想活跃；但社会动荡，腐败盛行；经济有所发展或恢复，但起伏不定。所谓"威权体制"的特征是：人民经济社会权利有所保障和扩大，政治权力集中，经济发展迅速，在这一体制之下，东亚国家初步完成了工业化。所谓"多元体制"的特征是：开放政治权力，普遍实现竞争性选举，选举成为最重要的社会议题和社会景观；人民的政治权利有所扩大，社会自由度增加，社会福利也有所增加，但经济发展速度普遍降低。我们将亚洲国家中东亚地区工业化进程中呈现出的相似的政治发展，称为东亚模式。

根据我们的研究，在亚洲，日本在明治维新之后以及战后初期，韩

---

① 从 2008 年开始由笔者领衔成立东亚政治发展研究课题组，后发展为亚洲政治发展课题组，先后在日本、韩国、泰国、印度尼西亚、新加坡、越南、菲律宾、印度、伊朗以及我国台湾地区，以工业化进程中的政治发展为主题，展开了以经验性为基础的调研和比较研究。已出版和发表《自由　威权　多元——东亚政治发展研究报告》（社会科学文献出版社 2011 年版）等多部著作和多篇论文等学术成果。

国在"二战"后建国初期，印度尼西亚建国初期，新加坡在独立和建国初期，泰国在 20 世纪 30—50 年代，都不约而同地出现了仿效西方工业化国家政治体制的阶段。而且上述国家的所谓自由民主阶段的时间大致相当：日本从明治维新开始到明治十四年政变是 14 年，从 1945 年战败到 60 年代初日本进入高速发展期则是 15 年。韩国从建国到朴正熙当政是 16 年。印度尼西亚从 1950 年建立印尼共和国到 1965 年苏哈托当政是 15 年。新加坡从抗战结束 1945 年到 1959 年举行首次自治普选，新加坡人民行动党上台执政也是 14 年。上述四国所共同经历的 15 年左右的建立本国政治体制的最初阶段里，其共同特征是：政治体制的自由度较高，民粹主义思潮和社会运动活跃，但工业化进程较慢，有些情况下还出现了严重的社会对立冲突甚至内乱。在经历了 15 年左右的自由民主体制后，上述国家便转入了所谓"威权体制"时期。

上述国家实行"威权体制"的时期也大致相当，大约为 31 年，长则不过 33 年。日本从 1881 年的明治十四年政变到 1912 年大正时代举行的第一次宪政拥护大会，经过了 31 年。日本战后的"55 年体制"持续了大致 38 年，但若从池田勇人首相提出《国民收入倍增计划》日本进入高速发展期，到 1993 年因"泡沫经济"破灭自民党失去单独执政地位，"55 年体制"的黄金期也几乎是 31 年。当然，不能说"55 年体制"是典型的威权体制，但它在一定程度上具有威权体制的某些特征，如权力结构上的封闭特性。韩国军政体制，从 1961 年朴正熙当政到 1992 年金泳三当选总统，建立第一届所谓"文民政府"，也正好是 31 年。印度尼西亚的苏哈托体制，从 1965 年苏哈托上台到 1998 年苏哈托下台是 33 年。新加坡的情况相对特殊，新加坡现行体制也不能说是一个"威权体制"，但"59 年体制"在很长的一段时间内是具有威权体制特征的。新加坡自建国以来一直在宪政体制层面实行民主法制，政权在宪政体制与理论上是开放的，但长期以来人民行动党完全控制着国家的权力结构。如果说，这样的体制逐步出现一些变化和松动的话，那就是 1991 年大选，反对党突破了人民行动党对国会的完全控制，反对党议员进入国会。此后，新加坡政治体制出现了进一步谨慎开放权力的趋向，以此为考量，新加坡较为典型的"威权体制"时期大致也是 31 年。[①]

在实现工业化、现代化的进程中，东亚国家与地区的经济、社会结构随之发生广泛而深刻的变化，新的社会阶级、利益集团不断涌现、成长，社会利益结构日趋多元化。在此基础之上，东亚的政体纷纷向多元体制转化。这一进程在韩国、印度尼西亚等国被称为"民主化"，在我国台湾地区则被称为"政党轮替"。多元体制与威权体制的根本区别在于权力的开放。多元体制下，具有竞争性的制度安排，不同的政治主体可以通过竞选获取政治权力。

（二）东亚模式的体制功能

东亚国家和地区是第二次世界大战之后，在世界资本主义体系和既定经济秩序已经形成的历史条件下，利用内外条件，在较短时间内成功实现工业化的为数不多的国家和地区，被国际经济学界称为"亚洲奇迹"。除去经济方面的原因外，后起的东亚国家能够成功实现工业化，也有其内在的政治和社会方面的原因，其中东亚国家普遍出现的所谓"威权体制"的政治模式是一个重要的、值得分析的因素。

东亚国家和地区的工业化，既是一个经济发展的过程，也是一个社会进程。从社会进程意义上观察，工业化时代的社会进程包括了：社会流动、社会成员身份改变、社会财富增加和社会关系的变化。工业化进程将大多数社会成员纳入其中，人们在工业化、城市化进程中实现社会流动、身份改变和增加财富。工业化进程中，人们实现社会流动和改变身份的途径主要有两条：一是经济途径，通过接受教育和个人努力，通过生产、经营活动实现个人发展的目标；另一条是政治途径，通过群体性的政治活动、政党活动，通过争取政治权力，以政治权力改变社会规则，实现社会流动和身份改变。

第二次世界大战结束初期，亚洲以及东亚地区多数国家，纷纷效仿西方发达资本主义国家建立西方式的宪政体制，实行所谓"自由民

---

① 参见《自由威权多元——东亚政治发展研究报告》，社会科学文献出版社 2011 年版，第13—18 页。

主"，开放政治权力，实行竞争性选举，结果给社会各种利益集团创造了通过政治参与竞取政治权力的机会，导致了各个社会群体和集团之间普遍的政治斗争和权力争夺，社会进程主题转向政治参与、政治斗争，最终纷纷引发社会动荡，一些国家工业化进程一再受阻，社会一派困顿。如韩国建国后的李承晚执政和张勉执政的"民主失败"时期，因实行所谓美国式的自由民主体制而陷入了因社会广泛政治参与引发的社会混乱和动荡。新加坡建国后，也出现了所谓高喊"默迪卡"（自由）时代的政治混乱。泰国从 20 世纪 30 年代到 80 年代，权力分散与集中的转换经历了三个周期，其中凡实行权力开放的所谓"自由民主"时期，都是国家动荡和混乱的"多事之秋"。东亚政治发展的大量的经验事实表明，在工业化进程中实现权利与权力双重开放，必然会刺激社会集团通过政治活动改变法律、政策，即直接改变社会利益分配规则和利益格局来获取有利地位和更多利益。概括起来说，在工业化时期实现西方式的自由民主的宪政体制，实行竞争性选举，对于社会意味着一种"分配性激励"，即激励社会成员通过集体行为和政治参与，竞取政治权力以获取利益。但事实上这种"分配性激励"引发的是广泛的政治斗争，最终将社会引向动荡，反而阻碍了工业化进程。

所谓"东亚模式"，即在较短时期内成功实现国家工业化的部分亚洲国家。它们的主要经验是：在工业化时期，在开放社会权利的同时，关闭了社会通向政治权力的通道。这种方式的确在一定时期在一定程度上限制了公民的政治权利，政治权力的正当性也不是来自竞争性选举。但在另一方面，这一体制也起到了防止和阻断工业化时期社会集团通过政治活动和政治参与直接争夺国家政权，并进而直接改变利益分配规则的活动，从而形成一种"生产性激励"，即通过关闭权力通道而将社会参与的潮流导向了生产活动、导向了经济领域，迫使社会集团以致个人，只能通过经济行为、经营活动争取社会流动、身份改变和获取财富的机会。

我们认为，避免"分配性激励"，形成"生产性激励"，是东亚工业化时期普遍实行的"威权体制"所产生的主要社会功能，也是东亚部分国家和地区在短时期内实现工业化的主要的体制性原因。应当说，东亚政治发展模式是在特定历史阶段和特定条件下的一种特殊的发展策略与体制，但它具备一定的普遍性和可重复性，其中包含了某种具有启示意义的规律性的因素。

三 苏联民主政治建设的经验教训

苏联是世界上成立最早的社会主义国家①，也是最早探索建立社会主义民主政治制度的国家。苏联在社会主义民主与法制建设中的经验与教训都是深刻的。

（一）苏联的民主政治理论与实践

十月革命前，列宁即着手研究在未来的社会如何实现人民当家作主。1905 年，列宁在《三种宪法或三种国家制度》中设想，在民主共和国中，"全体人民享有全部权力，即统一的、完全的和整个的权力"②。十月革命成功以后，列宁多次强调"劳动群众能对国家制度和国家管理施加更直接的影响"，"真正实现大多数人享受的民主制度，使大多数人即劳动者实际参加国家的管理"③。

十月革命后，列宁领导的布尔什维克党采取了最早诞生于俄国 1905 年革命中工人代表会议的政权组织形式——苏维埃④，作为新生国家的政权组织形式。后来转化为苏维埃社会主义共和国联盟。1918 年 7

---

① 苏维埃社会主义共和国联盟（俄语：Союз Советских Социалистических Республик，俄语缩写为 CCCP；英语：Union of Soviet Socialist Republics，英语缩写 USSR）的简称。苏联于 1922 年 12 月 30 日成立，创始国是 1917 年十月革命胜利后建立的 4 个苏维埃社会主义共和国：俄罗斯联邦（苏俄）、乌克兰、白俄罗斯和外高加索联邦（阿塞拜疆、亚美尼亚、格鲁吉亚）。此后，哈萨克、乌兹别克、土库曼、吉尔吉斯、塔吉克，爱沙尼亚、拉脱维亚、立陶宛，摩尔达维亚等共和国先后加入，苏联的加盟共和国达到 15 个。1991 年 12 月 25 日，苏联解体。

② 列宁：《三种宪法或三种国家制度》，《列宁全集》第 10 卷，人民出版社 1987 年版，第 313 页。

③ 列宁：《俄共（布）纲领草案》，《列宁全集》第 36 卷，人民出版社 1985 年版，第 82—83 页。

④ 苏维埃（俄文：совет 的译音），意即"代表会议"或"会议"。俄国 1905 年革命时出现过由罢工工人作为罢工委员会组织起来的代表会议，简称"苏维埃"。1917 年二月革命时期，俄国各地成立了工人士兵代表苏维埃和农民代表苏维埃，与当时的临时政府并存。十月革命以后，苏维埃成为俄国的政权组织形式。

月，全俄苏维埃第五次代表大会通过了第一部社会主义宪法，规定："全部政权都归苏维埃掌握。"后来的苏联实行议行合一制，苏维埃是国家最高权力机关，既负责立法，又负责执法和监督。宪法规定，苏维埃共和国的最高权力机关属于全俄苏维埃代表大会，在代表大会闭会期间，则属于全俄苏维埃中央执行委员会。中央执行委员会负责指导工农政府及全国一切苏维埃政权机关的活动，统一协调立法工作和管理工作。中央执行委员会下设人民委员会，人民委员会负责执行。列宁宣布，"苏维埃民主即无产阶级民主在世界上第一次把民主给了群众，给了劳动者，给了工人和小农"[①]。苏联此后的几部宪法（1924 年宪法，1936年宪法，1977 年宪法）都肯定了一切权力属于人民，人民通过作为苏联政治基础的人民代表苏维埃行使国家权力。

但是，新生的苏维埃政权尚未稳固，1918 年爆发了内战和 14 个协约国的武装干涉，苏俄为了集中人力、物力、财力以应对战争，实行了对粮食和基本生活用品的配给制、余粮征集制、义务劳动制等战时共产主义政策。战时共产主义经济政策在政治体制上的反映是权力的高度集中。布哈林在谈到这段历史时说："在所谓的战时共产主义时代……广大的各级苏维埃政权机关、苏维埃的全会，实际上几乎等于没有了。领导权完全交给了执行委员会的主席团。"[②]

战争结束后，经济凋敝，百废待兴。为了迅速恢复经济，苏俄于1921 年 3 月开始实行新经济政策，以征收粮食税代替余粮征集制，允许私人经营中小企业，允许外国资本家在苏俄经营租让企业或同苏维埃国家组织合营股份公司。在经济政策调整的同时，政治体制方面加强民主的呼声高涨。1921 年 3 月，布尔什维克党召开第十次代表大会，主要内容有三方面：一是讨论了从战时共产主义向新经济政策的过渡；二是作出《关于党的统一的决定》；三是通过《关于党的建设的决定》。在《关于党的建设的决定》中，分析了军事时期党组织的极端集中制，指出，一旦进入和平时期，就应采取有别于战争时期的政策。决定提

---

① 列宁：《第三国际及其在历史上的地位》，《列宁选集》第 3 卷，人民出版社 1995 年版，第 795 页。

② 布哈林：《布哈林文选》上册，人民出版社 1981 年版，第 452 页。

出，要实行"工人民主制"，在党内反对委任制，实行选举制、报告工作制和监督制，加强集体领导、集体决策，允许在党内就重大问题进行自由争论和相互批评。[①] 另一方面，鉴于党内对重大问题意见的分歧，第十次代表大会通过的"关于党的统一"的决议，强调"严格的纪律"和"最高程度的统一"。

新经济政策初见成效，俄共即开始考虑实现工业化的问题。1922年列宁在纪念十月革命5周年时讲到了实现工业化的紧迫性。他指出："不挽救重工业，不恢复重工业，我们就不能建成任何工业，而没有工业，我们就会灭亡，而不能成为独立国家。""要挽救俄国，单靠农业丰收还不够"，"我们必须有重工业"。[②] 1925年苏联共产党（简称联共（布））召开第十四次代表大会通过了实现社会主义工业化的方针，决定把苏联从农业国变为工业化国家。1926年，大规模的社会主义工业化开始。

1927年12月联共（布）召开第十五次代表大会，通过了关于制订发展国民经济第一个五年计划（1928—1933年）的指示。高度集中的计划经济体制初步形成。工业化需要大量资金，国际形势决定苏联工业化的资金只能在国内积累，农业成为积累资金来源的重要部门。1927—1928年，由于苏联国家规定的粮食价格偏低，农民卖粮不积极，粮食收购出现短缺。1928年，苏联采取对富农强制没收余粮政策，同时在推出全盘集体化运动中，实行依靠贫农、团结中农、消灭富农的政策。1929年又强行实行了农业集体化运动。1931年，苏联苏维埃第六次全国代表大会宣布要在30年代内实现"在技术经济方面赶上和超过先进资本主义国家"的口号。30年代末苏联实现社会主义工业化的目标顺利实现，苏联成为工业产量居世界第二位的工业强国。

十多年的工业化强行军，巩固了苏联的经济基础，取得了经济建设的巨大成就。但在政治上，却打断了苏联建立之初的那种民主政治的设想，工人民主管理国家的理念实际上并未能真正付诸实践。

1936年苏联宣布已建立了社会主义制度，人剥削人的现象已经消

---

① 参考《苏共决议汇编》第二分册，人民出版社1956年版，第54—65页。

② 《共产国际第四次代表大会文献》，《列宁全集》第43卷，人民出版社1987年版，第282页。

灭。12 月 5 日苏联苏维埃第八次非常代表大会通过《苏维埃社会主义共和国联盟宪法（根本法）》。宪法规定苏联为工农社会主义国家，全部权力属于城乡劳动者，由各级劳动者代表苏维埃行使；确定社会主义公有制为苏联的经济基础；扩大公民的基本权利，规定公民享有劳动、休息和物质保障等权利，实行普遍、平等、直接和秘密投票的选举制度；宪法规定苏联是形式上的联邦制国家，苏联的最高权力机关是由联盟院和民族院两院组成的最高苏维埃及其主席团，主席团既是最高苏维埃的常设机关，也是集体元首。宪法还规定了有关社会制度和国家制度的其他内容。难能可贵的是，1936 年宪法还规定"法官独立，只服从法律"；"各检察机关独立行使职权"。一直存在于苏联共产党人头脑中的工人当家作主的民主观，又一次在纸面上出现。

1936 年苏联宪法以根本大法的形式保障了人民的民主权利，在社会主义民主与法制史上自然具有重要价值。但是，在现实生活中，为了集中一切可以调动的资源快速实现工业化的目标，不仅经济上实行高度集中的计划经济体制，在政治体制方面，党和国家的领导体制集中化的趋势并未打破。这时，由于工业化的顺利实现，使另一种现象增多起来，即党的领袖日益成为人们崇拜的对象，个人的作用被夸大，甚至发展为个人崇拜。结果首先是原来在苏共党内作为长期传统的在一定程度上存在的党内民主进一步丧失。其严重的结果是关于党和国家发展道路的重大路线方针的争论演变为党内政治斗争、权力之争，并且逐步升级，甚至发展到以"肃反扩大化"的镇压方式来解决党内分歧，民主与法制遭到严重破坏，制造了大量冤假错案。

1941 年反法西斯战争爆发，民主政治建设的和平环境再次被终结。经过几年的浴血奋战，苏联人民取得了反法西斯战争的伟大胜利。斯大林作为国家和军队最高领导人的威望达到巅峰。崇高的威望使得苏联领导人在胜利后不仅没有及时纠正战时高度集中的经济和政治体制，加强人民民主；相反，热衷于大搞个人崇拜，强调集中而淡化民主，甚至发展到独断专行，最后发展到完全听不得不同意见。

斯大林逝世后，赫鲁晓夫对斯大林的个人迷信和独断专行进行了批判，平反了冤假错案。在他执政的 10 年中，在经济体制方面进行了农业改革和工业管理体制的改革。在政治体制和行政管理体制方面，尝试废除干部终身制，实行任期制；扩大地方的经济权限，把中央管理的国营企业中的三分之二下放到加盟共和国管理；赫鲁晓夫提出了扩大人民权利的设想，甚至提出建立"全民国家""全民党"的口号。赫鲁晓夫的改革取得了一定的成效，特别是农业改革对于解决苏联当时最为关心的粮食增产问题，起到了积极作用。但是，赫鲁晓夫的改革也存在片面性，对体制存在的问题并没有全面研究和认识，改革缺乏系统性，盲目的分权，甚至把州和边疆区的党组织改组成两个独立的党委会，即"工业党"和"农业党"，造成经济管理上的诸多混乱，导致了地方主义泛滥，产生了一些负面的效果；特别是突然简单地否定斯大林，在党内和国内、国际造成了思想的混乱。赫鲁晓夫执政后期，本人也开始搞起了个人崇拜，独断专行，再加上他的改革触动了一些人的利益，最终被赶下台，改革也被迫终止。

勃列日涅夫上任初期也进行了改革。在经济体制方面，推出了"新体制"，以经济方法代替行政方法，扩大企业权力，减少指令性计划。在政治体制方面，提出了"把中央集权同地方的首创精神结合起来"，扩大地方苏维埃的权力，提高苏维埃的地位和其在立法中的作用。改进政府工作，采取多种形式，完善群众的监督工作，以促进经济改革的进行。[①] 勃列日涅夫的作风比他的前任平和，在处理党内分歧方面一般不再采取打击方式，而是采取较缓和的"冷处理"，基本保持了党内的团结。在梅德韦杰夫所著的《赫鲁晓夫执政年代》中称，在勃列日涅夫上台之后，"真正的集体领导开始出现"[②]。在苏联解体后，俄罗斯"舆论"基金会进行的一项社会调查结果显示，俄罗斯民众认为苏联时期最民主的制度是在勃列日涅夫时期。[③]

---

① 金挥：《勃列日涅夫时期影响经济体制改革的基本因素》，《苏联东欧问题》1985 年第 6 期。

② 梅德韦杰夫：《赫鲁晓夫执政年代》，邹子婴、宋嘉译，吉林人民出版社 1981 年版，第 168 页。

③ 《调查显示俄民众认为勃列日涅夫和普京政权最民主》，中新网，2005 年 4 月 7 日。ht-tp：//www.chinanews.com/news/2005/2005—04—07/26/560074.shtml。

勃列日涅夫时期，苏联提出建立发达社会主义的目标，并将其写入1977 年苏联新宪法。苏联在经济与军事上与美国展开了全面的竞赛。苏联建设了许多巨大的军事工业工程，建立了宇航工业体系。而这种体制继续需要高度集中人力、物力、财力。70 年代，苏联的军事力量基本赶上了美国，并且在常规武器上超过美国。苏联的国民收入在 1982 年达到美国的 67%。为了实现建立发达社会主义并且赶超美国的目标，苏联在政治体制方面再次走上了强调集中削弱民主的老路。

在勃列日涅夫执政后期，政治体制中长期积累的问题日渐严重。党政不分，以党代政；机构臃肿，官僚主义盛行；个人集权，歌功颂德，搞个人崇拜。在干部制度改革方面倒退，恢复了传统的干部领导职务终身制和干部委任制。在勃列日涅夫后期，苏联的干部队伍老龄化已经成为严重问题，1981 年苏共政治局委员平均年龄为 70 岁，书记处成员为 68 岁，核心成员的平均年龄高达 75 岁。[①]

1982 年 11 月，安德罗波夫担任苏共中央总书记。虽然安德罗波夫在任仅有一年多的时间，但是，他在改革方面的探索是具有重要价值的。在经济领域，推行了农业集体和家庭承包制；在工业和建筑业领域推广和完善了承包作业队制；进一步扩大国营和集体企业的自主权。在政治体制方面，安德罗波夫指出，不要把苏联的政治体制理想化。苏维埃的民主制度过去有现在有，而且必须估计到将来仍然会有发展中的困难，这主要就是官僚主义和形式主义。安德罗波夫提出要向使人民民主流于形式的做法真正宣战，必须大力发展社会主义人民自治。[②]

安德罗波夫时期，强调只有在每个劳动者参加管理的情况下才能解决苏联经济中的问题。这一时期苏联在民主政治方面的探索有如下主要特点：一是把民主管理与体制改革紧密联系起来，使劳动者感到自己是生产的主人；二是把发展民主管理与发展社会主义自治联系起来，探索不断完善发扬民主，扩大劳动者在生产中、在所有社会实践中主人翁权

---

① 陆南泉：《停滞不前的勃列日涅夫时期》，《经济观察报》2013 年 8 月 9 日。http://finance. ifeng. com/a/20130809/10399210_ 0. shtml。

② 《苏联共产党第二十二次代表大会主要文件》，人民出版社 1961 年版，第 348 页。转引自李华《安德罗波夫执政与苏联社会变迁》，《当代世界社会主义问题》2002 年第 3 期。

利及作用的新方式方法。① 但是，安德罗波夫在任时间十分有限，他没能等到改革取得明显成效就因病逝世了。他的继任者契尔年科在任也仅一年多，甚至没有来得及启动任何改革。

苏联的经济、政治体制是在特殊的历史条件下形成的。这种高度集中的政治经济体制的优势是可以调动一切可以调动的经济政治资源，集中力量实现既定的目标，保障苏联在三个五年计划之内实现社会主义工业化，为此后取得反法西斯战争的胜利奠定了物质基础。但是，这种体制的缺陷也是明显的：首先，党的最高领导人权力过度集中，破坏了民主集中制，最终甚至发展为个人独断专行，破坏法制；其次，党和政府的关系不清，党政不分，以党代政②，苏维埃制度实际上有名无实；再次，中央和地方关系方面，权力过分集权于中央；最后，机构臃肿，官僚主义严重，人民群众参与国家管理仅停留于法律和制度层面。尽管一些苏联领导人也曾尝试改革，但由于各方面的原因，改革都没有能够延续，更没有从根本上真正触动体制。

（二）戈尔巴乔夫改革与苏联解体

1985 年 3 月，54 岁的戈尔巴乔夫担任苏共中央总书记，给已经习惯于老人政治的苏联政坛带来生机和活力。

戈尔巴乔夫上任后，即着手进行改革，并且准备从经济改革入手。1986 年 2 月苏共二十七大召开，戈尔巴乔夫代表苏共中央所做的政治报告中，正式提出社会经济"加速发展战略"和根本改革现行经济体制，提出完善计划体制，扩大企业自主权，用经济手段领导经济，实现管理民主化，改革经济管理的组织结构，等等。但是，戈尔巴乔夫领导的经济体制改革，并没有从体制机制的改革入手，而是强调在计划经济的框架内进行改革，以行政手段推动改革。改革没有取得预期的效果，并且导致了一定的经济混乱。

---

① 参见陆南泉等《苏联兴亡史论》，人民出版社 2002 年版，第 674 页。

② 马林科夫：《在第十九次党代表大会上的总结报告》，人民出版社 1952 年版，第 82 页。转引自赵红根、王士俊《赫鲁晓夫时期政治改革的特点及其教训》，《苏联东欧问题》1985 年第 2 期。

1987 年 1 月苏共中央全会对改革进行了分析，得出的结论是：改革阻力在很大程度上来自对社会主义概念的教条主义理解以及由此而产生的保守主义思想。于是，苏共将改革转向政治体制改革。1987 年 1 月，戈尔巴乔夫的代表作《改革与新思维》出版，全面阐述了戈尔巴乔夫的改革新思维。戈尔巴乔夫新思维概括地讲就是"公开性"、"民主化"、"多元论"和"人道的民主的社会主义"，以及"全人类的价值高于经济的民族的价值"。1988 年苏共第 19 次代表会议，戈尔巴乔夫宣布，将"人道的民主的社会主义"作为苏联政治改革的终极目标；将"公开性"、"民主化"、"社会主义多元论"作为苏共的革命性倡议；实行党政分开，"一切权力归苏维埃"。会后，"人道的民主的社会主义"付诸实践，苏联也由此走上了不归路。

1989 年春天苏联第一次实行人民代表大会代表的部分差额直选。出现了助选的刊物、集会和电视辩论等，并且通过电视和无线电直播，著名持不同政见者萨哈罗夫成功当选。1990 年 3 月，苏联人民代表大会通过决议，正式废除了宪法第六条关于"苏联共产党是苏联社会的领导力量和指导力量"等规定，苏共不再具有法定的领导地位。1990 年 7 月，苏共"二十八大"通过《走向人道的、民主的社会主义》的纲领性声明，这是苏共最后一次全国代表大会，也是苏共最后一次发表重要的纲领性文件。"二十八大"以后，苏联正式宣布"结束政治垄断"，实行多党制。一年以后，1991 年 8 月 24 日，苏共解散。1991 年 12 月 25 日，苏联解体。

（二）苏联改革的失误与教训

戈尔巴乔夫的改革为什么能够在短短的几年内导致苏共解散、苏联解体的严重后果。原因当然是多方面的。从政治体制改革的角度，我们认为主要存在以下教训。

第一，从观念出发，造成了思想混乱。

在改革初始阶段，戈尔巴乔夫和苏共党中央没有从实际出发，没有抓住当时苏联社会中迫切需要解决的现实问题进行循序渐进的改革，而是提出所谓的"公开性"、"民主化"、"社会主义多元论"等"新思维"，试图从思想、理论上全面清理一切阻碍改革的旧观念、旧理论，实际结果是引发了苏联党内和社会的历史大清算。1987 年，戈尔巴乔夫亲自发起了苏联官方的"非斯大林化"运动。苏共意识形态的负责人雅科夫列夫本人就大力推崇资本主义，否定社会主义。他赞美"资本主义带来了实用主义的伦理，在资本主义的自由、平等、博爱的口号中体现了崇高的理想主义，它依据的是清醒的、脚踏实地的现实考虑"[1]。在雅科夫列夫笔下，1917 年的十月革命是"毫不迟疑地抛弃了道德规范"的"政变"，[2] "布尔什维主义具有虚伪性、两面性和欺骗性"。[3] 雅科夫列夫指责戈尔巴乔夫以前的历任苏共领导人具有严重的人格缺陷，或"个性暴戾"，或"狡猾阴险"，[4] 社会主义工业化的实现成了"关于伟大成就的神话"[5]。苏共领导人和意识形态负责人对苏联历史的全面否定，造成了苏联社会全面的严重的思想混乱。1990 年 6 月，苏联最高苏维埃通过的《新闻出版法》规定，国家机关、政党、社会组织、宗教团体以及年满 18 岁的公民"都有权利创办舆论工具"。当年 10 月，已有 700 多家报刊，包括 13 个党的报刊进行了登记，其中 1/7 属个人所有，还出现了独立通讯社。《新闻出版法》生效后，涌现出不少新的报刊，其主要的舆论倾向就是反对共产党。媒体还大量刊登否定苏联和苏共历史的文章，一些不曾报道过的事实和失误被严重歪曲和无限夸大，一些媒体还以耸人听闻的报道、荒诞无稽的假新闻乃至针对苏共和社会主义的造谣、诽谤等来吸引读者，造成民众对政府的普遍不满和国内民族矛盾的不断激化。[6]

　　第二，错误地排斥共产党的领导。

　　苏联体制下共产党居于国家与社会的领导核心地位。在长期的一党执政过程中，苏联共产党以及苏联体制中出现了许多弊端，如官僚主

---

　　① ［俄］亚·尼·雅科夫列夫：《一杯苦酒——俄罗斯的布尔什维主义和改革运动》，徐葵、张达楠等译，新华出版社 1999 年版，第 339 页。

　　② 同上书，第 340 页。

　　③ 同上书，第 348 页。

　　④ 同上书，第 202—204 页。

　　⑤ 同上书，第 332 页。

　　⑥ 赵强：《舆论失控：苏联解体的催化剂》，《求是》2010 年第 21 期。

义、形式主义、特权现象，等等。这些因长期执政导致的执政党的懈怠和蜕化造成了苏联社会的停滞以及其他大量社会问题。党的过于集中的领导体制和党自身的问题是苏联改革的对象，是应当通过改革逐步解决的问题。但是，苏联在改革中出现重大失误，简单地否定共产党领导，把共产党组织排斥出改革进程，千方百计削弱甚至取消共产党的领导地位。结果造成了苏联社会严重的"停摆"现象和苏联在政治上的权力真空现象，并使苏联的国家权力逐步落入趁机而起的地方分裂势力和政治反对派的手中。

戈尔巴乔夫在改革之初还宣称，苏共是"改革的倡导者、推动者、组织者和领导者"，是"改革的保证人"，党是"最高权威，政治上的决定权是属于党的"[①]。但是，当改革遇到阻力后，戈尔巴乔夫把原因归结为"党和党的个别组织在许多情况下落后于发生在社会中的生气勃勃的改革进程"，并试图以多党制推动改革。[②] 1987 年 1 月苏共中央全会以后，苏联许多城市，特别是大城市出现了大量非正式组织。在列宁格勒成立的改革俱乐部影响很大，成员包括后来成为俄罗斯总理的盖达尔和副总理丘拜斯等人。从 1988 年到 1989 年，非正式组织从 3 万个猛增到 6 万个。1990 年苏共"二十八大"正式宣布"结束政治垄断"，实行多党制，苏共不再有法定的领导地位。

第三，在准备不足的情况下，试图进行不切实际的所谓全面改革。

苏联改革没有选择从易到难，循序渐进的策略，而是带有很大的盲目性。在缺乏理论研究和实践探索的情况下，试图从经济、政治、社会以及思想文化等各个方面、各个领域迅速、全面地改革旧体制，创立新制度，提出力所不及的"一揽子"的改革方案和"顶层设计"的路线图和时间表，如经济改革方面的从计划经济向市场经济过渡的"500 天计划"。整体性的改革计划和不切实际的目标，缺乏必要的条件，只能流于形式、陷入空谈。当经济体制改革陷入僵局的时候，又错误地把改革转向和集中于情况更加复杂的政治领域，最终导致了政治动荡和党和

---

①　[俄] 戈尔巴乔夫：《改革与新思维》，苏群译，新华出版社 1978 年版，第 158 页。

②　戈尔巴乔夫：1989 年 7 月 12 日对苏联电视台记者的谈话。转引自张振平《对戈尔巴乔夫改革苏联权力体系的思考》，《东欧中亚研究》1993 年第 2 期。

政权上层的分裂，成为苏联解体的直接诱因。以至于中国学者都评论说，"在经济改革没有成效的情况下，不经深思熟虑和充分准备就匆忙地把政治改革提到首位，照搬十月革命提出的'一切权力归苏维埃'的口号，结果造成国家权力的失控和国家管理的大混乱，使改革失去了稳定的社会环境"①。

第四，激烈的行政体制改革，导致中央和地方关系紧张。

在实行党政分开过程中行动过快，安排草率，形成了权力真空。在宣布实行党政分开方针后，戈尔巴乔夫提出一切权力归苏维埃，同时还大大精简政府行政机关和裁减人员，苏联政府原有的 51 个部减为 28 个。政府权力大大削弱，导致了经济发展和改革等重大问题处于"三不管"的境地：党无权管，最高苏维埃无力管，政府无法管。在推行改革政策时适当调整干部是必要的，但戈尔巴乔夫执政后干部调整过多，过于频繁。仅 1988 年一年被撤换的各级领导干部就达 13000 多人，其中部长级干部达 60 多人，共和国、州委一级达 30%—40%，部长会议成员几乎全部撤换。② 国家行政管理体制的混乱使地方开始出现谋求主权和独立的倾向。1990 年 3 月，苏联人民代表大会决定实行总统制，戈尔巴乔夫首任总统。总统制的仓促推出加剧了中央与地方的矛盾。苏联是由 15 个加盟共和国联合组成的联邦制国家。依照苏联宪法，各共和国具有相当大的独立性，拥有自己独立的政府、议会、法院、宪法、国旗、国歌和自由退出联盟的权利。总统制的确立，客观上削弱了各共和国的自治权力，与苏联的联邦国家体制产生了矛盾。作为回应，一些加盟共和国，甚至许多自治共和国纷纷实行了总统制，产生了十几个，甚至几十个大大小小的总统。戈尔巴乔夫力图通过总统的权威对全联盟事务进行治理，结果是共和国与中央的对抗不断加剧。

戈尔巴乔夫的改革从根本上动摇了苏共执政的基础。在党失去了人民的信任、舆论矛头指向党和政府、中央政府与地方政府矛盾加剧的情况下，共产党下台和国家分裂不可避免。1989 年 9 月和 11 月，阿塞拜

---

① 参见宫达非《中国著名学者苏联剧变新探》，世界知识出版社 1998 年版，第 43 页。

② 陆南泉：《戈尔巴乔夫经济体制改革失败与苏联剧变》，《当代世界社会主义问题》2008 年第 1 期。

疆和格鲁吉亚通过了"主权宣言"。1990 年 3 月，立陶宛、拉脱维亚和爱沙尼亚三国先后通过了关于恢复其独立国家地位的法律文件。1990 年 6 月 12 日，俄罗斯人民代表大会以压倒多数（903 票赞成，13 票反对和 9 票弃权）通过了《关于俄罗斯苏维埃社会主义共和国联邦国家主权的声明》，宣布俄罗斯联邦是一个主权国家，俄罗斯宪法和法律在俄罗斯全境内至高无上，俄罗斯联邦保留退出苏联的权利。1990 年 12 月又有 9 个共和国：乌兹别克、摩尔多瓦、乌克兰、白俄罗斯、亚美尼亚、土库曼、塔吉克、哈萨克斯坦、吉尔吉斯发表了主权宣言。苏联已经面临解体的危机。

戈尔巴乔夫决定于 1991 年 3 月 17 日就保留联盟举行全民公决。除立陶宛、拉脱维亚、爱沙尼亚、亚美尼亚、格鲁吉亚和摩尔达瓦抵制外，其余的加盟共和国都参加了公决，投票者赞成保留联盟的占 76.4%。各加盟共和国参加投票和投赞成票的比例为：乌克兰分别为 83% 和 70%，白俄罗斯分别为 83.5% 和 83%；乌兹别克斯坦分别为 95% 和 93.7%；哈萨克斯坦分别为 89% 和 94%；阿塞拜疆分别为 75% 和 93%；吉尔吉斯斯坦分别为 92.9% 和 94.5%；塔吉克斯坦分别为 94% 和 96%；土库曼斯坦分别为 97.7% 和 98%；俄罗斯分别为 75.31% 和 71.34%。[①]

戈尔巴乔夫为保留联盟做最后的努力，于 1991 年 5 月，与 15 个加盟共和国首脑达成协议，同意组成"新苏联"。1991 年 8 月 14 日苏联政府公布了"新联盟条约"文本，预定在 8 月 20 日开始签署。"新联盟条约"签字之日起生效后，1922 年的联盟条约即同时失效。依据新条约的规定，苏维埃社会主义共和国联盟将改名为"苏维埃主权共和国联盟"，简称仍为苏联。新条约同时规定，"苏联为平等共和国联合组成的联邦制主权民主国家"，"缔约的每个共和国均为主权国家"。结成联盟的各共和国保留独立决定涉及本国发展的一切问题的权利，在国际关系中苏联为一个主权国家，但结成联盟的各共和国有权同外国建立直接的外交、领事和贸易关系。条约还规定，联盟成员国的相互关系原

---

① 薛衔天：《试论俄罗斯民族主义与苏联解体》，《东欧中亚研究》1996 年第 3 期。

则是：平等、尊重主权和领土完整、不干涉内政、和平解决争端、合作互助、诚实履行根据联盟条约和共和国间协议而承担的义务。①

1991 年 8 月 19 日，苏联副总统、国防部长、克格勃主席、总理、内务部长等宣布组建紧急状态安全委员会，发表了《告苏联人民书》，软禁了当时正在黑海度假的苏联总统戈尔巴乔夫，试图阻止签署"新联盟条约"。由于得不到军队的支持和叶利钦的强力干预，"8·19"事件成为不成功的"政变"。1991 年 8 月 21 日，在"8·19"事件后执掌了俄罗斯大权的叶利钦宣布苏共非法。在苏联解体以前，苏共就成为非法组织。

1990 年 12 月 24 日，苏联第四次人代会通过了《关于新联盟条约的总构想及其签署程序》的决议，决定把现行联盟改组为"自愿平等的主权共和国联盟——民主的联邦制国家"。12 月 7 日俄罗斯总统叶利钦与白俄罗斯总统舒什克维奇、乌克兰总统克拉夫丘克在白俄罗斯签署了《别洛韦日协议》，宣告三国退出苏联，成立独立国家联合体。1991 年 12 月 21 日，除立陶宛、拉脱维亚、爱沙尼亚、格鲁吉亚外的原苏联的 11 个加盟共和国领导人在哈萨克斯坦当时的首都阿拉木图会晤，通过了《阿拉木图宣言》和《关于武装力量的议定书》等文件，宣告成立独立国家联合体。1991 年 12 月 25 日，戈尔巴乔夫宣布辞去苏联总统职务。苏联宣告解体。

苏联政治发展史是一部社会主义国家和共产党人探索社会主义民主政治的教科书。苏共多次改革的夭折，特别是戈尔巴乔夫以民主化为名改革的失败以及最终断送苏联，更是社会主义民主政治发展史中的反面教材。从十月革命以来，苏联就成为中国革命的一面镜子。一部苏联兴亡史至今依然是中国的镜子。这是先行者的不幸，也是后来者的幸运。

---

① 《苏联公布新联盟条约文本》，《人民日报》1991 年 8 月 16 日第 6 版。

第九章

中国民主建设的策略与展望

中国已经找到了一条适应本国工业化、现代化发展要求的政治发展道路，建立起了有中国特色的民主政治模式。中国仍处于工业化、现代化发展进程之中，随着事业的发展、时代的变迁，中国的民主政治建设还会继续探索前进。中国的民主政治发展与政治体制改革在本质上是当代中国社会发展进步的产物，政治制度要不断地适应经济社会结构的变动。民主政治为社会发展所塑造，也为社会发展提供支持和保障。

正确的策略对于未来中国的民主政治建设和政治体制改革的顺利进行十分重要。策略正确与否关键要看是否从实际出发，是否顺应发展的要求。民主政治建设和政治体制改革策略的选择，一方面受到政治发展路径的制约，受到既有模式形成的内在逻辑的约束；另一方面又要面对新的问题，能够解决新的问题，满足发展的要求。改革是对既定模式的补足、纠错和完善，改革策略是实现上述目标的手段。

中国现有的政治体制具有历史的合理性，是国情、时代、环境的产物。而一切事物又会像恩格斯评价黑格尔的那个著名的命题"凡是现实的都是合乎理性的，凡是合乎理性的都是现实的"时所言，"按照黑格尔的思维方法的一切规则，凡是现实的都是合乎理性的这个命题，就变为另一个命题：凡是现存的，都一定要灭亡"[①]。任何一种政治体制或政治模式都是一定社会发展阶段性的产物。当代中国的民主政治模式是中国工业化、现代化时代的民主，它的产生、发展及其自身的特征、

---

① 恩格斯：《路德维希·费尔巴哈和德国古典哲学的终结》，《马克思恩格斯选集》，人民出版社 1995 年版，第 216 页。

特点，都离不开中国的工业化、现代化，都与中国的工业化、现代化密切相关。基于这个原理，中国的民主政治也必然会随着中国工业化、现代化的发展进程而发生变化。今天的人们还无法预估未来中国政治发展和民主政治模式演变的具体结果，但今天的人们可以根据工业化、现代化的发展趋势，对中国政治发展和民主建设的未来做出分析和展望。

一　推动中国民主建设的制度供给因素

中国民主政治的未来如何？中国的政治体制改革将如何进行，朝着什么方向发展？这是一个被广泛关注的问题。预见中国政治的明天，不能从主观愿望出发，更谈不上依据某种理论而进行推论和推断，只能从实际出发。所谓从实际出发，就是要深入分析和了解中国政治发展实践中引发制度创新和体制改革制度的供给因素究竟是什么？通俗地说，就是究竟是什么因素推动着中国的政治体制改革和民主政治发展。

应当说，推动中国政治发展的社会因素是多样的。在改革开放以来不同时期的改革的动力因素也有一定程度的变化，其中也不乏主观因素，特别是在改革开放初期主要领导人和领导集体的主观意识、政治理念对政治体制改革的初期具有显著的影响。但随着政治体制改革的展开，特别是到了1989年之后，政治体制改革的主观色彩逐渐淡化，因应客观形势和客观条件的因素日益增强，这一点尤其是在高层政治决策中十分明显。回顾改革开放以来民主政治建设和政治体制改革的推动因素，总体上看，最主要的因素有三个方面：适度分权，实现权力制约的需要；实现科学决策，提高执政能力的需要；反腐倡廉，加强执政党建设的需要。

（一）权力制约的需要

1980年8月，邓小平在中共中央政治局扩大会议上发表的后来被命名为《党和国家领导制度的改革》的讲话，正式开启了中国的政治体制改革。在这篇讲话中，邓小平指出："从党和国家的领导制度、干部制度方面来说，主要的弊端就是官僚主义现象，权力过分集中的现象，家长制现象，干部领导职务终身制现象和形形色色的特权现象。"①
在邓小平列举的四种主要"现象"当中，"权力过分集中"是关键，权
力过分集中在一定程度上是其他现象的根源，也是最主要的弊端和问题
所在。因此，解决所谓"权力过分集中"问题一直是改革开放以来政
治体制改革的核心问题。解决权力过分集中的策略是适度分权和权力制
约，这成为贯穿政治体制改革的一条基本线索。

在改革初期，解决权力过分集中现象的基本思路是党政分开。邓小
平在《党和国家领导制度的改革》的讲话中，即部署了政治体制改革
的四项任务，核心内容就是实现"权力不宜过分集中"，"解决党政不
分、以党代政的问题"。1986 年，在准备中共十三大的背景下和政治
体制改革需要加速以适应经济体制改革的舆论氛围中，邓小平先后四次论
述政治体制改革，从该时到十三大前后，是中国政治体制改革的又一个
高潮期。邓小平在这一年 9 月 13 日听取中央财经领导小组汇报时指出：
政治体制改革的内容，"首先是党政要分开，解决党如何善于领导的问
题。这是关键，要放在第一位。第二个内容是权力要下放，解决中央和
地方的关系，同时地方各级也都有一个权力下放问题。第三个内容是精
简机构，这和权力下放有关"②。党政分开的改革思路，在 1989 年以
后，出现了调整。政治体制改革的主要内容之一，从党政分开转向了适
度分权和权力间的制约。

自从先有洛克，后有孟德斯鸠提出并论述权力制衡学说之后，以权
力制约权力的理论一直属于"西方理论"，即资产阶级政治学说的范
畴。同时，分权制衡的制度设计与安排，也被认定是资本主义民主的制
度特征。法国大革命中的《人权宣言》称："凡权利无保障和分权未确
立的社会，就没有宪法"，就是一个明证。

在马克思主义的话语体系中，在早期经典作家，即马克思、恩格斯
的理论视野中是排斥权力制衡的概念的。在马克思、恩格斯等早期经典

---

①　邓小平：《党和国家领导制度的改革》，《邓小平文选》第 2 卷，人民出版社 1983 年版，
第 327 页。

②　邓小平：《关于政治体制改革问题》，《邓小平文选》第 3 卷，人民出版社 1993 年版，第
177 页。

作家看来，在社会主义条件下，一切权力都来自人民、属于人民。因此，解决对权力的控制，即消除"异化"，①是确保人民对权力的拥有和掌控。在马克思时代仅有的短暂的无产阶级革命实践——巴黎公社的经验总结和理论抽象中，马克思提出了"巴黎公社原则"，即最大限度地消除领导者与被领导者之间的差别，保证用以为消除"异化"而生的社会主义不产生再次的"异化"。一旦统治者与被统治者之间的差异被消除，一旦如马克思所说，巴黎公社的伟大之处就在于"显示出走向属于人民、由人民掌权的政府的趋势"②。既然社会主义国家属于人民，由人民掌权，自然谈不上权力制约权力，权力制约本身即属于权力异化的范畴。因此，在马克思关于社会主义的学说和视野中，自然没有权力制约的问题。即使是以今天的观点来解读马克思，即使是有权力制约，那也是由人民群众监督权力，这才是真正的制约。

但是，实践表明，在所有的现实政治体系中，权力制约的需要在客观上是存在的，权力制约的实践也是客观的，区别只是在方法和程度上的差异。即使是社会主义在十月革命后完成的社会主义从理论到实践的飞跃——苏维埃俄国建立后，第一个社会主义国家的缔造者列宁在革命刚刚成功的时候，就发现了社会主义条件下的无产阶级内部的差异性问题。列宁意识到，即使在社会主义条件下，无产阶级内部的领导者与被领导者之间存在着差别，存在着客观矛盾。一个由优秀分子组成的，担负重大责任和需要专业技能的领导阶层，是一个稳定的社会阶层，这个阶层并不混同于群众。革命后的现实与在革命前，列宁在《国家与革命》中的设想全然不同。③面对现实，列宁一方面敏锐地废止了十月革

---

　　① 在马克思看来，资本主义是对人的异化，政治权力是对人权的异化。在《法兰西内战》中，马克思写道："表面上高高凌驾于社会之上的国家政权，实际上正是这个社会最丑恶的东西，正是这个社会一切腐败事物的温床。"根据马克思主义的基本原理，在资本主义生产方式和生活方式中，人的自然本性被泯灭，代之以"商品拜物教"强加给一切人的价值祛除。而只有消除资本主义制度，人类才有能力摆脱"一般等价物"的普遍化，获得自由和全面的发展。

　　② 马克思：《法兰西内战》，《马克思恩格斯选集》第3卷，人民出版社1995年版，第64页。

　　③ 在《国家与革命》中，列宁把社会主义的社会管理设想为"邮政模式"，即极其复杂的整体被分解为极其简单的部分，由普通劳动者即可分担。由此，消除因分工和教育与专业技能造成的社会差别以及管理者与被管理者之间的分离与对立。

命后一度实行的"巴黎公社原则"，对于干部和技术人员、管理人员实行高于工人的特殊待遇。另一方面，列宁提出了"官僚主义"问题，要求对于事实上超于本阶级的先锋队实行民主监督和制约。列宁当年建立起的"工农检察院"就客观地反映了这段历史中的"无产阶级"与"先锋队"之间的对立统一，体现了列宁的现实主义的监督思想和制度安排。

在苏联以及受苏联模式影响的社会主义政治体制中，在中国以及中国共产党的政治体制以及话语体系中，事实上的权力制约关系一直存在于民主集中制的体制安排和理论论述之中。权力制约的制度安排和理论表述被公开认定并得到进一步的体制化、制度化的发展，是在中国1989 年以后的政治实践和政治体制改革当中。

1989 年的政治风波和接踵而来的"苏东剧变"，改变了自80 年代以来中国政治体制改革和民主政治建设的思路与走向。党政分开、社会对话的思路转变为更加重视党的领导，即改革和完善以中国共产党的领导为核心的政治体制，成为90 年代以来的基本思路与走向。在以加强和改善党的领导为指向的改革实践探索中，保证党的领导和执政地位不动摇是基本要求，在这一目标范围内权力体系内部的制约逐渐成为改革的客观要求与趋势。权力体系内部制约，既可以防止并替代党政分开和社会对话产生的那类"外部性"问题，又可以在内部实现监督和约束。

2000 年年底，江泽民在十五届中纪委第五次全会讲话中，第一次明确提出："通过深化改革和体制创新，建立结构合理、配置科学、程序严密、互相制约的权力运行机制。"[①] 这是中共主要领导人第一次在重要讲话中，明确提出在体制创新中建立权力制约机制问题。2002 年中国共产党十六大报告中，正式对于权力制约问题进行了专门论述，十六大报告中不仅再次对建立权力制约体制机制进行重申"建立结构合理、配置科学、程序严密、制约有效的权力运行机制，从决策和执行等环节加强对权力的监督，保证把人民赋予的权力真正用来为人民谋利

---

① 江泽民：《推动党风廉政建设和反腐败斗争深入开展》，《江泽民文选》第3 卷，人民出版社 2006 年版，第 190 页。

益"，还进一步论述了权力制约与监督的制度安排，包括党政主要负责人的人事权、财务管理使用权的制约，党政领导机构与党的纪律检查机关、司法机关以及行政监察、审查部门之间的权力制约，通过党政领导机关政务公开和党政领导干部述职述廉制度、重大事项报告制度形成机关内部上下级之间的制约与监督，等等。[①] 这是党的代表大会第一次对于"加强对权力运行的制约和监督"进行了确认和阐释。2004 年 9 月，中共十六届四中全会通过的《中共中央关于加强党的执政能力建设的决定》中则再一次强调了权力制约，《决定》指出："加强对权力运行的制约和监督，保证把人民赋予的权力用来为人民谋利益。各级党组织和干部要自觉接受党员和人民群众监督。拓宽和健全监督渠道，把权力运行置于有效的制约和监督之下。"[②] 2012 年，在中共十八大上，中国共产党正式确认了权力制衡的概念，堪称中国共产党在民主理论上的一个突破。十八大报告指出："要确保决策权、执行权、监督权既相互制约又相互协调，确保国家机关按照法定权限和程序行使权力。"[③]

从总体上看，中国自改革开放以来，主要是 1990 年代以来，通过政治体制改革实现的权力制约主要表现在权力体系的四个方面：

首先，权力核心内部制约。中国政治体系中政治权力结构的核心是中国共产党的各级领导机构，当代中国权力制约首先表现在中国共产党的各级领导机构中主要负责人和领导集体之间的权力制约，即改革开放以来的集体领导和个人分工负责体制逐步形成落实和完善，其标志是"党委议事规则"。尽管长期以来集体领导和个人分工负责制度一直被规定和倡导，但只是到 1990 年代以后才逐渐得到落实。

其次，权力部门间制约。这在强调"党的领导"的中国政治体制中是比较敏感的部分，但改革开放以来，特别是近 20 年来，中国主要

---

① 江泽民：《全面建设小康社会，开创中国特色社会主义事业新局面》，《十六大以来重要文献选编》（上），中央文献出版社 2005 年版，第 28 页。

② 《中共中央关于加强党的执政能力建设的决定》，《十六大以来重要文献选编》（中），中央文献出版社 2006 年版，第 282 页。

③ 胡锦涛：《坚定不移沿着中国特色社会主义道路前进，为全面建成小康社会而奋斗》，《中国共产党第十八次全国代表大会文件汇编》，人民出版社 2012 年版，第 26 页。

权力部门之间的权限划分开始显现，在党中央的统一领导前提下，一定程度的权力部门之间的分工与制约初步形成。这最主要表现在两个方面：一是人民代表大会的实际作用的提升和法制化水平的提高，表现在人大对"一府两院"的监督与制约；二是纪律检查、监察部门的相对独立和权限的扩大。

第三，中央与地方间制约。简政放权是政治体制改革的开端之一，由于中国地域广大和发展不均衡特征，简政放权的主要领域是中央向地方放权，调动地方的积极性，这是中国成功发展的要诀之一。长期的简政放权的体制变迁的结果是地方与中央权限的划分和体制化、机制化。由此，形成了一定程度上的中央与地方间的权力制约。

第四，党派间制约。中国共产党领导多党合作政治协商是中国的政党制度，改革开放以来，中国共产党以外的民主党派的实际政治作用提升，政治协商日益体制机制化，发挥了实际的作用。党派间政治协商过程实际上也是一定程度的权力制约的实践过程。

（二）提高执政能力的需要

改革开放使中国走上了快速实现工业化、现代化的赶超之路。在改革开放的进程中，中国在取得显著进步的同时，也遇到了越来越多、越来越复杂的形势和困难与问题。江泽民在 2002 年中共十六大召开之前，回顾了中国现代化事业遇到了各种困难、风险与挑战。他谈道："回顾建国以来的历史，我们遇到的波折，可以说是连续不断。从反右斗争开始，经过'大跃进'、庐山会议、'四清'运动等，直到'文化大革命'十年动乱。党的十一届三中全会以后，邓小平同志带领我们否定了'以阶级斗争为纲'，实行改革开放新政策，总的局势是稳定的，但也发生了'西单墙'、一九八六年学潮和一九八九年政治风波。"回顾1989 年以后的十三年，江泽民指出："这十三年，我们党面临的国内外环境异常复杂，改革开放和现代化建设任务十分繁重。可以说是外有压力、内有困难，考验不断。我们遇到了苏东剧变、海湾战争、一九九一年华东大水、'台独'分裂势力加紧进行分裂祖国活动、亚洲金融危机、一九九八年严重洪涝灾害、科索沃战争和美国轰炸我驻南斯拉夫大使馆、中美撞机事件、九一一事件和阿富汗战争等一系列重大事件。"①

改革开放以来，中国实现工业化、现代化建设在取得发展进步的同时，中国社会的经济社会结构也随之发生广泛而深刻的变化，社会利益日趋多元、多样，国际环境和国际形势也发生历史性变化，西方从对中国现代化进程持观望、利用态度，转向全面遏制和封堵。作为领导中国现代化事业核心力量的中国共产党，在实践上、理论上也遇到了一系列十分复杂的局面和深刻挑战。在新世纪之初，江泽民就明确提到过，对待马克思主义的正确态度、从革命党到执政党的转变、党的"两个先锋队"问题、增强党的阶级基础和扩大党的群众基础等问题。② 这一切发展和变化对于中国共产党和中国政府以及各级党政干部提出了新的要求，要求领导现代化事业和管理世界上最大人口规模国家的政权及各级官员的中国共产党具有更加完备的执政能力。在改善和提高政权与官员执政能力背后的是政治制度、政治体制的改革，提高执政能力的基础是政治制度、政治体制对于新的社会环境的适应性和适应水平。

执政能力的问题，最早见诸改革开放之初，邓小平关于废除领导干部事实上存在的终身制，实行干部革命化、年轻化、知识化和专业化的所谓干部"四化"的诉求与论述中。应当说，实行改革开放，对于执政党和干部队伍而言同时意味着新的学习和探索，以及相应执政能力、管理能力和文化知识水平的提高。尽管如此，正式提出"执政能力"问题是在2004年的十六届四中全会上，十六届四中全会通过了《中共中央关于加强党的执政能力建设的决定》。《中共中央关于加强党的执政能力建设的决定》提出了通过"科学执政、民主执政、依法执政，不断完善党的领导方式和执政方式"的论断。

改革开放以来，以适应提高执政能力的需要推进政治体制改革和民主政治制度建设的政治进程主要表现在三个方面：

---

① 江泽民：《对十六大报告稿的几点意见》，《江泽民文选》第 3 卷，人民出版社 2006 年版，第 515—516 页。

② 江泽民：《关于十六大报告起草工作的批示》，《江泽民文选》第 3 卷，人民出版社 2006 年版，第 439 页。

第一，推动和促进行政体制改革，提高效率、降低成本。

改革前的政治体制以及行政体制是适应于计划经济需要而形成的。在市场经济条件下，政治体制以及行政体制需要改革与转型。改革开放以来，先后进行了四轮行政体制改革，行政体制改革前期以简政放权为主，后期以降低行政成本为主。我国国情和基本政治制度决定，国家要在经济社会发展中扮演不可替代的重要角色。我国的市场经济体制建立在很大程度上是政府推动的产物。在社会主义市场经济体制建立和形成后，政府依然肩负着宏观调控和公共服务的重要职能。市场机制与政府作用的有机结合，使我国经济发展实现了持续稳定快速的增长。

但是，随着时间的推移，政府作用以及宏观调控体制机制中出现了大量新情况新问题新矛盾，其中行政成本居高不下是一个反映各方面问题与矛盾的标志性、外在的突出表现。我国各级政府肩负着大量经济社会发展和维护社会秩序、保障公共安全的公共管理与服务职能，在有效治理的同时，行政成本也在不断上升。特别是日益凸显的所谓"维稳"工作中，甚至还出现了"花钱买平安"的现象。长期以来地方公共支出大量依靠地方政府的预算外收入，有的地方政府开支的一半要靠自己的"创收"，由此又催生了诸如"土地财政"等一系列具有潜在风险的严重问题。行政成本与地方政府过重的财政负担与政府职能有关，要减轻政府负担、降低行政成本，最根本的还是要依靠改革。在提高治理效率和降低行政成本的双重动因的推动与促进之下，从中央到地方进行了大量的改革尝试，并逐步转化为新的体制机制。在中央层面，主要表现为通过改革理顺政府与市场关系，不断扩大市场在资源配置中的作用。在地方层面则表现为扩大基层群众自治和社会自治组织在社会建设和基层社会管理中的职责与作用。

第二，改革基层治理、社会管理体制，回应人民权利意识和利益诉求。

民主观念的基础是权利意识增长。改革开放以来，中国人民的权利意识普遍增长。从计划经济转向市场经济，促使经济社会结构发生深刻改变，人民群众中不同的阶级、阶层、群体之间的利益关系发生改变。权利意识增长和利益关系的变化，从主客观两个方面推动了当代中国社会新的利益矛盾与冲突的大量出现。贫富矛盾、劳资矛盾、城乡矛盾以及地区差距导致的矛盾，成为当代中国主要的社会矛盾。同时，在我国政治体制之下，各种社会矛盾有向政权聚集的现象，这是中国政治的一个特点。我国社会制度的突出优点是能够"集中力量办大事"，而这个优点的另一面则是：各种社会矛盾诉求也易于向党和政府集中。由多种社会矛盾集中转化而来的矛盾，可称为"官民矛盾"。我国改革开放最初的20年，各种社会矛盾比较分散，随着经济社会结构变化不断深入，各种社会矛盾向官民矛盾转化现象逐步出现。1998年，是我国社会矛盾发展的一个"拐点"，即多种社会矛盾出现了较为明显地向官民矛盾集中转化的趋势，其标志是我国行政诉讼案件的激增。2008年以来，我国国内社会矛盾进一步增加、上升。世界性的金融危机尽管没有从根本上破坏我国的经济形势，但毕竟带来了一定的问题和困难，影响到了部分中等收入阶层收入的增长，甚至还给部分低收入阶层生活带来一定困难。更深层次的问题是，我国工业化、城市化已经进入了中期，东南沿海地区及大城市逐步进入到了工业化、城市化发展的后期。社会一旦进入这一发展阶段，社会流动、身份改变的机会将趋于平缓甚至减弱，由此必然影响到社会成员，特别是年轻群体和社会地位较低阶层的发展预期，进而影响这些群体和阶层的社会情绪与社会评价。

权利意识的增长、社会矛盾的增加以及向政权集中的趋势，构成了新时期政治参与的动因，要求我国的政治体制做出回应，形成制度供给的需求，产生了政治体制改革和发展民主政治，特别是基层民主的现实需要。进入21世纪以来的十多年，是中国回应式的体制改革的快速增长期，其重点主要表现在社会矛盾直接发生的社会基层层面、大量的基层社会治理和基层群众自治、基层民主管理，甚至基层党的工作中出现了大量以回应民众利益诉求、扩大基层民众权利、维护基层社会稳定、提高基层社会治理水平为导向的体制、机制改革与制度创新。如：浙江温岭的基层公共事务的群众会商制度"民主恳谈"、浙江杭州城市民主管理的"复合主体模式"、山东新泰的强化基层社会管理和化解社会矛盾的"平安机制"、河南南阳提高乡村民主管理水平的"四议两公开"工作法、广东惠州的提高基层民主治理水平的"四民工作法"、贵州铜仁村级民主管理的"三会制度",等等。①

第三,改革决策体制,以民主决策促进科学决策,建立吸纳社会诉求的体制机制。

广泛深刻的经济社会结构变化,日益复杂的社会关系,不断增长的社会矛盾,对于社会治理与管理能力和水平提出了越来越高的标准和要求。在这种形势下,吸纳社会诉求,以广泛的社会协商,提高社会治理中的利益均衡性和政策的包容性,就成为改革决策体制的主要动力。而这方面的实践集中表现在政治协商、社会公共事务协商领域中的体制机制改革。

1992 年,在中国共产党十四大上,江泽民首次把决策的科学化、民主化确定为社会主义民主政治建设的重要任务。十四大报告提出:"领导机关和领导干部要认真听取群众意见,充分发挥各类专家和研究咨询机构的作用,加速建立一套民主的科学的决策制度。"② 从十四大以后,在建立多种层级和多种形式的政治协商和政策协商的改革探索中,中国党政决策体制发生了深刻变化,由此带动了政治体制的一系列改革和变化。20 世纪 90 年代以来的发端于决策民主化路向的体制改革主要表现为:公开立法即立法征询,发展完善政治协商制度,重大决策决定社会意见征集,公共事务听证制度,法律、政策的专家和研究机构咨询制度,等等。

(三) 反腐倡廉的需要

经济基础决定上层建筑。改革开放以来,中国社会的经济基础发生了深刻变革,从计划经济转变为社会主义市场经济。经济基础发生的重大变革深刻影响到了政治体制与行政管理体制。市场经济因素对我国政治体制以及民主政治建设的影响具有两面性。一方面,市场经济对民主

---

① 上述列举的基层体制机制改革的案例,在全国具有一定代表性和影响力。根据我们在全国多个地区的调查研究,实际上类似制度、体制、机制的改革创新在全国已有广泛实践,只是各地名称、叫法不同,但实质性做法基本类似。

② 江泽民:《加快改革开放和现代化建设步伐,夺取有中国特色社会主义事业的更大胜利》,《江泽民文选》第 1 卷,人民出版社 2006 年版,第 236 页。

政治发展产生了推动作用，主要表现在促进权利意识增长以及多元化的利益格局产生对政治体制改革和民主政治建设的制度需求；但另一方面，市场经济因素对社会主义民主政治也会产生消极作用。这种消极作用主要表现在两个方面，一是市场经济因素导致社会分化，消解经济平等，而经济平等正是社会主义民主政治的物质基础，这方面的问题已经在我国社会生活中逐步暴露出来，富有的阶级阶层与普通人民群众在利益诉求以及政治参与意图、能力等许多方面已经出现了明显的区别与差异。二是市场经济因素对权力产生腐蚀作用。市场经济是货币经济。从人类社会发展的历史经验看，商品经济为权力的腐化提供了直接的诱因，而货币交换是腐败的最为直接和重要的具体条件。在我国历史上白银的货币化是推动明、清两季官场腐败贪墨盛行的直接原因，形成了腐败发展史上的一次质的转换。

改革开放以来，随着腐败的滋生蔓延，反腐倡廉斗争也在不断发展，反腐倡廉又进一步推动了体制改革和制度建设。改革开放以来，因反腐倡廉需要而推动的体制改革和制度建设主要表现在三大领域：

第一，推进党政干部人事制度改革。

"办好中国的事关键在党"，党政干部人事制度改革是中国政治体制改革的核心内容，作为多年来反腐倡廉的内在动力，推动了党政干部制度改革，主要包括：公务员制度的建立、党政干部选拔任用和管理监督制度，党政干部回避、交流以及任期制度，全面推行党政干部民主推荐、民主测评、民意调查、考察预告、任前公示、离任审计等干部管理的流程与程序。改革开放以来，党政干部人事制度的法律法规等制度规范逐步形成体系，制定、发布和实施了《公务员法》、《中国共产党党员领导干部廉洁从政若干准则》、《深化干部人事制度改革纲要》、《党政领导干部选拔任用工作条例》、《党政领导干部选拔任用工作监督检查办法（试行）》、《党政领导干部选拔任用工作责任追究办法（试行）》等，对干部人事制度改革进行全面规划，对干部选拔任用的基本原则、标准、程序、方法等作出严密规定，对干部从政行为进行合理规范和全面监督。

第二，深化政府管理体制改革，重点推进审批制度改革。

反腐倡廉的核心问题在于防止和减少政府以及各级党政干部在经济

与社会管理中的利益冲突。而防止和减少利益冲突的关键是处理好政府监管与市场经济的关系，全面系统地规范政府管理行为，其中重点是推行行政审批制度改革，加快推进政企分开、政资分开、政事分开、政府与市场中介组织分开，促进政府转变职能。从 2001 年我国推行行政审批制度改革以来，国务院各部门共取消和调整行政审批项目 2000 多项，地方各级政府取消和调整 77000 多项，占原有项目总数的一半以上。对于保留的行政审批项目，通过广泛设立行政服务中心公开审批，建立行政审批电子监察系统及时监控，完善行政审批责任追究制度和信息反馈机制，提高工作效率，减少了权力寻租的机会。

第三，实行司法体制改革。

司法体制是政治体制的主要组成部分，司法体制改革是政治体制改革的主要内容，建立严格完善的司法体制既是反腐倡廉的现实需要，也是民主政治发展的主要标志。改革开放以来，中国确定的司法体制改革的目标是：坚持和完善中国的特色社会主义的司法制度，确保审判机关、检察机关依法独立公正行使审判权、检察权。[①] 为此，多年来围绕科学配置侦查权、检察权、审判权和执行权，制定了大量法律法规，加强对司法活动的监督，规范司法人员对自由裁量权的行使，建立执法过错、违法违纪责任追究制度，其中包括建立和实行公开审判制度、人民陪审员制度、人民监督员制度、律师制度、法律援助制度和人民调解制度等扩大司法民主、推进司法公开的诸多具体制度。

改革开放 30 多年来，推动中国政治体制改革和民主政治建设的根本原因，并不在人们的思想意识里。当然，不可否认思想意识对政治发展有一定的影响，但真正影响政治体制的，真正推动政治发展的是现实中的因素，是来自政治体制维护自身存在发展的现实需要。具体说，推动我国政治体制改革和民主政治发展的最重要的客观因素，莫过于在实行社会主义市场经济体制和人民权利意识普遍增长的背景下，政治权力自我约束与制衡、提高执政能力和保持政权廉洁的现实需要，这三大需

---

① 胡锦涛：《坚定不移沿着中国特色社会主义道路前进，为全面建成小康社会而奋斗》，《中国共产党第十八次全国代表大会文件汇编》，人民出版社 2012 年版，第 25 页。

要是当代中国政治体制改革和民主政治发展的真正动力，也是理解和预判中国政治体制改革和民主政治建设未来走势的基础。

二　推进民主建设的三项基本策略

继续发展民主政治是中国实现工业化、现代化的内在需要，今后中国仍将继续探索和发展具有自身特色的民主政治制度。从国际经验看，在实现工业化、现代化以及社会结构转型的历史时期，以竞争性选举为基础的政党政治和议会政治并不是一种合适而有效的政治制度与体制。考虑到我国的历史与国情、社会发展阶段与面临的现实任务，可以预见未来中国的民主政治发展所选择的方向与路径，不会是发展和扩大竞争性的政治制度，包括实行竞争性选举和进一步扩大与上推已经实施多年的基层选举。现阶段，我国不具备发展竞争性民主形式的社会条件，国家与社会面临的主要任务依然是经济发展，与经济发展相适应的政治建设的任务与功能，则依然主要是凝聚社会共识，调动人民的生产和建设的积极性。

综合考虑时代条件、历史任务和国际环境，笔者依然秉持六年前在《民主政治十论——中国特色社会主义民主理论与实践的若干重大问题》一书中[①]，对于中国现阶段政治体制改革和民主政治建设策略的基本认识。我认为，分层次扩大有序政治参与，扩展协商民主范围和提高协商民主质量，建立权力制衡体系和发展民主监督等三项策略，仍将是今后一个时期中国民主政治建设和政治体制改革应重点采用的基本策略。

（一）分层次扩大有序政治参与

政治参与是民主政治的一项重要内容。在我国的民主政治实践中政治参与占有重要地位，是人民群众在共产党领导下实现当家作主的民主权利的重要途径。我国的政治参与有多种途径，民主选举是一种形式，

---

① 房宁：《民主政治十论——中国特色社会主义民主理论与实践的若干重大问题》，中国社会科学出版社 2007 年版。

但更多的是政策性参与，即通过意见反映和意见征询，法律与政策的形成是建立在征询和反映人民群众意愿基础之上，通过征询人民群众的意愿使党的执政方略和各级政权的法律法规、政策能够准确地反映和代表各族人民的根本利益。改革开放以来，我国建立起了一套比较完整的民意反映和征询系统，主要包括政务公开、民主决策、政策评估等基本环节以及在立法和重要决策过程中实行公示、听证、专家论证、技术咨询和公开征集意见等多种具体制度。我国的人民意见征询制度正在逐步规范化、法制化，如：国务院制定的《全面推进依法行政实施纲要》中确定了我国政府"公众参与、专家论证和政府决定相结合"的行政决策的法定机制。

在我国现实的社会条件下，实施政治参与的重要保障条件是保持政治参与的有序性。政治参与失序，曾经在我国民主政治实践的历史上留下过严重的教训。"文化大革命"中，毛主席向广大青年学生发出号召："你们要关心国家大事，把无产阶级文化大革命进行到底。"实行"大民主"，结果造成了社会的大混乱。这样的教训值得我们在现在和今后中国的民主政治建设中认真研究和汲取。从政治参与的角度观察"文化大革命"，其失误并不在于人民群众"关心国家大事"，而在于群众的政治参与的无序。"文化大革命"中政治参与的无序性表现在两个方面：一是缺乏正确的参与方式和程序，二是参与缺乏层次性。"文化大革命"中，广大群众特别是青年学生被动员起来参与国家的政治生活，主要的方式是"大鸣、大放、大字报、大辩论"，这样的参与形式很快演化为不同意见的群众群体之间的争论和争斗，演化为民粹主义的政治参与。事实证明，民粹式的政治参与是无效的，只能分裂人民，制造矛盾。缺乏层次性是"文化大革命"中政治参与的另一突出问题，尤其值得我们今天研究和吸取经验教训。在民粹主义政治中，群众运动被赋予真理性，群众在国家政治生活的各个层次上都有权参与。"文化大革命"中，政治参与最终表现为"工人阶级占领上层建筑"。"文化大革命"的民粹主义政治参与从反面告诉人们：有效的、有序的政治参与必须区分层次。这是一个重要的经验。

在我国现有条件下，实行分层次的政治参与是保证政治参与的有序性的关键。现代的民主形式，即间接民主政治中要处理的一个基本关系是"精英"与"群众"的关系问题。民主要有人民群众的政治参与，特别是最广大、最普通的群众都有参与的权利，但问题是这样的参与如何进行。由于信息不对称、经验不对称以及利益局限性，客观上限制了人民群众进行政治参与的范围和能力，这是我们在谈论民主问题以及政治参与问题时必须考虑的。而现在这些问题似乎很少提及甚至不被考虑，这是不行的。

分层次政治参与的原则应当是：利益相关性、信息充分性和责任连带性。由于社会生活中信息不对称、经验不对称以及利益局限性的客观存在，政治参与必须区分层次。也就是说：要区分不同的政治事务，以利益直接相关程度、信息掌握充分程度和责任的连带程度为尺度，引导相关性强的群体及代表进行分层次的政治参与，而对那些利益关系较为间接、情况不了解，其结果影响不明显的群体，原则上就不应参与。掌握利益相关性、信息充分性和责任连带性的原则，既可以从总体上保证人民群众参与国家政治生活的权利，又可以防止参与的无效与混乱。

扩大有序政治参与是当下及未来我国民主政治建设与政治体制改革的重点，同时也是一个需要大力探索的领域。扩大政治参与有利于调动广大人民群众的积极性，有利于反映民意、民主决策。但在社会矛盾多发期，政治参与也具有诱发社会矛盾的潜在风险，政治参与在为政治系统提供支持的同时也可能增加不稳定因素。这些都要通过不断的实践探索加以解决。当前和今后一个时期，在建立和完善适合中国国情的政治参与方式和积累分层次政治参与经验方面还有很大的发展空间。

（二）扩展协商民主范围，提高协商民主质量

中共十八大在执政党的全国代表大会上提出了协商民主的概念，提出完善协商民主制度和工作机制，推进协商民主广泛、多层、制度化发展的改革目标，把协商民主作为当前和今后一个时期发展中国特色社会主义民主政治的重点。协商民主是中国当代政治的一个传统、一个优势。与竞争性选举相比，政治协商有利于不同利益群体的利益协调与整合，有利于化解利益群体之间的分歧与对立，有利于社会整体利益的形

成与实现。尤其是处于工业化、现代化进程中社会利益关系迅速变化、经济社会结构变动不居的转型时期的国家，政治协商是较为适合、较为有利的民主形式。

中国共产党领导的多党合作和政治协商制度是中国的基本政治制度之一。中国共产党领导的多党合作和政治协商制度，特别是其中的中国人民政治协商会议，是中国新民主主义革命的产物，同时也吸收继承了中国传统政治文明的有益成分，是中国特色社会主义民主政治制度的一个创造。实践证明，中国共产党领导的多党合作和政治协商制度是一项成功的制度，应当继续坚持和发扬。但是，中国民主政治中的政治协商机制远不止于中国共产党领导的多党合作和政治协商的范围。政治协商是我国民主政治实践中的一种广泛应用的基本形式，政治协商不仅存在于国家层面，也存在于基层民主自治之中，如浙江温岭的"民主恳谈"就是基层民主实践中由群众创造的好的民主协商形式。在其他民主形式中，如我国的选举制度中，包括党政领导干部的选举也都融入了政治协商机制。这是一种很好的结合，融会了不同民主形式，具有取长补短、扬长避短的效用。

将协商民主作为未来发展中国民主政治的基本策略和重点方向，就需要进一步扩大协商民主的范围，应将民主协商机制体制化、制度化。西方民主政治体制中，分权制衡机制作为一项民主政治的原则被安置到西方政治体制中的方方面面，如：权力机构之间的分权制衡表现为国家层面政权机关之间立法权、行政权、司法权的"三权分立"与制衡；权力者之间的民选的责任政治家和职业管理者之间的所谓"政客"与"官僚"的分工与制约；联邦制中的国家与地方之间的权力与责任的划分；社会管理中所谓"国家"与"社会"，实质是政府与自治组织之间的权力与责任的划分，等等。我国协商民主也应广泛地扩展到社会政治生活的各个领域，以政治协商作为法律、政策形成和实施的普遍的制度化的形成机制和协调机制，成为中国民主政治的核心原则。

提升协商民主的质量是未来中国协商民主发展的关键问题。目前我国实行协商民主的相关配套的制度和措施还需要不断地建设、提升和完善。在未来发展中国式的协商民主中，社情民意的客观、准确、全面的

发现和反映机制应成为发展协商民主的一项重要相关制度，应纳入中国
民主政治建设的议事日程。协商民主较之选举民主，其表达机制相对薄
弱，因此，在发展重点协商民主的背景下，加速建设中国的社情民意调
查系统就显得十分必要。当前中国的社情民意调查工作存在缺陷，尚未
建立起专业、系统和完善的社情民意调查系统，因此协商民主的基础并
不牢固。在这方面，中国应广泛学习借鉴国外相关经验，结合本国国情
和现实需要，加快建立和完善专业化的社情民意调查机构和体系，特别
是应当建立相对独立的专业化、职业化的民意调查机构。

（三）建立权力制衡体系，发展民主监督

在现阶段民主政治发展不以扩大竞争性选举为基本策略的条件下，
权力制约与民主监督就必然会具有更加重要的地位和作用。

权力制衡是西方政治理论和政治制度的核心内容之一。长期的实践
表明，权力制衡作为一项防止权力蜕化，保障权力性质的基本措施是有
效和可靠的。权力制衡属于人类政治文明的优秀成果，是一种在民主政
治体制下的普遍适用的原则。权力制衡的基本原理是相同或相似的权力
主体间的相互监督和制约，而民主监督的基本原理是授权者或被代表的
主体对于受托者或代理人的监督和制约。权力制衡和民主监督，是两个
性质不同、功能相近的制约与监督政治权力的管理机制。但是，权力制
衡与民主监督以及二者关系的问题，在社会主义政治实践和民主政治建
设长期处于模糊状态，没有在理论上被明确认识，更没有在实践中有意
识地推行和实施。

在苏联社会主义早期政治实践中，列宁主张社会主义国家的政体实
行"议行合一"。列宁在十月革命前夕撰写的重要理论著作《国家与革
命》中，十分赞赏马克思在总结 1871 年巴黎公社革命经验时提出的取
消议会，实行议行合一的主张。他特别引用马克思的话："马克思写
道：'公社不应当是议会式的，而应当是工作的机关，兼管行政和立法
的机关。'"[①] 取消议会和实行议行合一，意味着改变了资本主义民主政

---

① 列宁：《国家与革命》，《列宁选集》第 3 卷，人民出版社 1995 年版，第 149 页。

治实践中立法权和行政权之间的分权与制衡，应当说，这是马克思主义经典作家们的一个重要的关于社会主义政治制度的构想。

在苏联以及中国等社会主义国家建立之初，也的确按照马克思的设想试图建立和实行议行合一的政治体制。但实践的结果表明，议行合一在实践中是困难的。首先，由于权能上的差别，一个机构难以做到兼行立法权和行政权。其次，立法权与行政权的合一自然取消了两权之间的制衡，而有时监督过于庞大的权力机关易出现问题和困难。十月革命后不久，列宁通过初期的执政实践，意识到议行合一在实践中实际上是难以实施的，决定法律与方针、政策的最高权力机构和负责实施的执行机构具有自然分离的趋势。列宁在《我们怎样改组工农检查院》一文中，指出党中央全会已有发展为党的一种最高代表会议的趋势，而日常工作由政治局和书记处处理。在怎样制约和监督党和国家机关的问题上，十月革命后，俄共和列宁采取的主要措施是，建立由来自基层优秀工人、农民组成的工农检查院为代表的监察机构来监督党和政府。但这种直接的监督的效果很差，被列宁形容为：大难题。①事实上，工农检查院制度最终还是被取消了。

实践表明，权力制衡和民主监督属于两个不同的范畴，其主体、对象以及方式等各个方面均有所区别。权力制衡处于权力体系内部的制约与监督，是通过权力的合理分解形成相互制约、相互监督的作用和效果。这种制约与监督固化于权力体系内部，可以比较有效地作用于法律与政策的形成过程，防止权力的异化和滥用。因为是权力体系内部的制约与监督，所以是更具有专业性的制约与监督。民主监督是来自权力体系外部的制约与监督，是在不同程度上和通过不同方式来自授权主体的制约与监督，比如，在我国一般被称为"社会监督"、"群众监督"或"舆论监督"等。在当年苏俄和苏联则是以工农检查院为代表的直接监督。民主监督因来自权力体系之外，其监督类型则不同于权力体系内部监督。民主监督因其主体不同、地位不同，因信息对称性方面的问题和

---

① 参见列宁《我们怎样改组工农检查院》，《列宁选集》第4卷，人民出版社1995年版，第779—783页。

利益诉求指向不同方面的原因，被实践证明，不适于对权力实施过程进行制约和监督，而更加适合对于权力实施的结果和权力机构与权力者的行为操守进行制约和监督。

把权力"关"进制度的笼子，这是实行权力制衡的通俗说法。中国长期的政治发展和民主政治建设的实践，终于使我们认识到权力制衡与民主监督的重要区别，特别是承认权力制衡的价值是具有重大进步意义的。区分权力制衡和民主监督，是未来推进我国民主政治建设和政治体制改革的重要前提和基础；区分权力制衡和民主监督，可以更科学地、更有效地制约监督权力。

包括权力制衡和民主监督在内的政治制度的选择和建构，要根据经济社会发展的阶段性特征和发展的需要，要适合本国国情，要从实际出发。我国现在正处于并将长期处于社会主义初级阶段。这是我国的基本国情中的基本因素。在社会主义初级阶段，国家与社会的主要任务是发展生产力，作为一个大国还必须赶超世界先进发展水平才有自立于世界民族之林的地位和能力。因此，为保证国家发展的主要任务和核心利益，中国的政治权力体制在可以预见的将来还将是集中程度较高的政治体制，中国在可以预见的将来还不会采取以竞争性选举为主要形式的民主发展策略。因此，中国的权力制衡体制现在不是将来也不会是西方式的所谓"三权分立"式的分权制衡体制，中国共产党的领导地位将决定中国最高决策权的集中统一。但是，在保证中国共产党的领导地位的前提下，中国政治权力体系内部仍然可以发展权力制约机制，事实上，目前中国权力体系内部业已存在权力制衡机制。

中国在发育权力制衡机制的政治体制改革中，必然会沿着分类、分层、分级建立权力制约机制的方式推进权力制约体系的建设。所谓"分类"，是分别在党委、政府、人大、司法等主要权力机关之中首先建立完善的内部权力制约机制。所谓"分层"，是区别中央和地方以及部门，根据条件和需要建立各具特色的权力制衡机制。所谓"分级"，由于中国当前所处发展阶段以及处于当前发展阶段的政治制度历史的限定原因，中国的政治权力将长期处于相对集中的形态，因此，中国政治体系中的权力制衡机制并非均衡和均质的，处于权力不同层级上的制衡机制将有所区别。最高权力以及权力核心的地位与其他层级的权力的制约机制和程度将有所区别。

在缺乏竞争性选举的民主形式类型中，民主监督的地位和作用更加突出，它是人民群众行使民主权利的重要体现。特别是在我国实行社会主义市场经济的条件下，民主监督作为一种重要的民主政治形式更是不可或缺的。民主监督是保障人民赋予执政党、国家权力机关和政府机关的各项权力不变质，保证权为民所用、利为民所谋的根本方法。从一定意义上讲，民主监督是保障现阶段我国民主政治发展正确方向的关键因素之一。只有实行有效的民主监督，其他的民主形式才能真正发挥效力；进一步讲，只有实行和加强有效的民主监督，我国社会主义民主政治的性质才能得到真正实现。因此，民主监督是现阶段中国特色社会主义民主政治建设需要大力加强的重要领域。

正是因为民主监督十分重要，因此要从中国的实际出发，根据实践的要求不断地改进和完善。民主监督首先应具有广泛性，监督的范围和监督的参与都应具有广泛性，尽可能将可监督的对象和内容都纳入监督范围。其次，民主监督要规范化、制度化，又要防止民粹主义倾向，防止越权监督。民主监督的重要功能是腐败的发现机制，如何确定监督对象、范围和方式需要科学、规范。从理论上讲，民主监督要监于事外，察于事后。如果察于事前，监于事中，就失之于宽泛了。通俗地说，民主监督要去查"坏蛋"，而不能去看"好人"。因为，如果去看"好人"，必然将监督范围扩大，甚至扩大到全体和全过程，这样就必然遇到成本问题，而成本一高，就必然带来"选择性执法"问题，一旦出现"选择性执法"问题，就会引发"谁来监督监督者"的问题。明朝厂卫制度，就出现了这样尴尬的递进性的问题，最后反而使监督系统本身受到了腐蚀。这些都是历史上值得今人汲取的经验教训。

三　中国民主发展展望

中国的民主政治在前进。中国民主政治的未来，关系着中国现代化事业的成败利钝，不仅是中国社会发展的重大问题，为中国社会所关注，也具有一定的国际影响。其中，中国的政局是否能够长期保持稳定，中国政治体制改革是否存在风险，以及中国民主政治发展的未来模式等是最为重要和最为人们关心的问题。

（一）中国政治体制的结构性稳定问题

中国在持续 30 多年的改革开放实现了经济的高速发展，创造了人类最大人口规模的国家工业化高速持续发展的纪录，而从目前的世界工业化的历史看，只有少数较小规模的经济体取得过可以和中国改革开放以来工业化发展相比较的成绩，况且中国的高速发展还在持续。中国在经济快速发展，社会迅速变迁的历史阶段，也遇到了诸多的社会问题和社会矛盾增长的局面。发展与稳定成为一对相互影响、需要权衡的范畴。

从现象上看，中国改革开放以来，伴随着经济社会发展，新的社会问题和矛盾也一直在增加增长。特别是最近十余年，以 1998 年和 2008 年为两个节点，中国的社会问题和社会形势出现了显著的变化。

1998 年伴随着经济体制改革的深化，主要是国有企业的转型，社会利益群体间差别被历史性地凸显出来，改革开放以来整体利益提升和改善掩盖着的群体间差距局面被打破，社会不同群体间的利益差别具有零和博弈的意味。由此开始，中国社会内部原来相对均质化的利益格局不复存在，社会差距逐步扩大显化，社会成员、利益群体间的矛盾呈现出多元化、多样性发展和增长。

2008 年，经过 30 年的改革开放，我国东南沿海地区的工业化、城市化迎来了历史性的转折，从工业化、城市化的初中期步入工业化、城市化的中后期。工业化、城市化的转折带来了一系列深刻的社会关系、社会形态的相应变化。其中最重要也是最主要的变化是，工业化前期出现的规模巨大、高速成长的社会流动转向平缓期。另一方面，前期工业化、城市化在社会结构中的成果表现——新的社会分层开始出现，由此带来了前期财富与资源的代际传播现象，在新中国的历史上第一次出现了。概括起来说，东南沿海工业化的阶段性转型，造成了新的社会形势，从相对消极的方面看，就是社会流动减速和社会资源代际传递带来了社会心理上的双重压力。这种新局面和新的社会压力就是 2008 年以来中国国内社会舆论和社会气氛转向的基础性原因。

2008 年以来，中国社会进入了一个改革开放以来社会问题和矛盾的相对多发期，其突出的表现是社会群体性事件呈现进一步上升趋势，社会极端性事件呈现上升趋势，社会舆论倾向展现出更多的负面情绪。在这种形势下，有舆论认为中国社会及政治体制将面临一个不稳定的局面。国际上，一度消沉的"中国崩溃论"又有所抬头。政治稳定是重大社会问题。从政治科学的角度看，认识与判断政治稳定是极其复杂、困难的问题。一个国家是否稳定显然不能仅仅根据某些现象进行判断，在认识与判断过程中更要排除判断者的主观因素。否则任何论断和判断都是没有价值的。目前，对于政治稳定问题的认识，主要还是要依据有关这一问题的历史经验和国际比较而做出。

根据我们近年来对于亚洲多国工业化阶段政治发展的调查和比较研究，有关工业化阶段政治转型、政治民主化以及其中社会运动、政治稳定等问题的认识，我们认为，工业化阶段导致一个国家政治变迁的基本因素是工业化进程中出现的新兴社会集团的政治参与导致的。而新兴社会集团政治参与的障碍或由此产生的社会矛盾、冲突则是导致工业化阶段社会不稳定的基本原因。

在对亚洲多国政治发展进程进行观察和研究中，我们发现，工业化进程带来了广泛而深刻的社会流动、身份改变、财富增加和社会集团关系变化，其中最为重要和最具影响力的变化是，新的社会阶级、阶层和利益集团的出现，即社会学所说"巨型社会聚集体"的出现。我们权且称为"新兴社会集团"。新兴社会集团是政治体系的"陌生人"、"后来者"，不具备特定的法律地位，缺乏政治权力，在利益分配中处于不利位置。由此，产生了新兴社会集团政治参与的意愿和动力。一般情况下，政治体系的权力结构具有相对封闭性，各国宪法和法律体系在形式上平等对待各个社会集团及其利益诉求，但实际上政治过程中新兴社会集团存在着进入政治体系的困难和障碍，由此导致了新兴社会集团政治参与和分享权力的动力。由此，可能带来政治体系的不稳定甚至是政治体系的变革。

在亚洲政治发展的观察与比较研究中，我们进一步发现新兴社会集团的政治参与的意愿和行动能力取决于三个因素，即思想能力、组织能力和经济能力。思想能力反映新兴集团的自我意识发育的水平，表现为反映集团利益的意识形态、话语体系。组织能力反映新兴集团内部的联系和组织程度，表现为政治团体、政党的出现和活动水平。经济能力是所有集体行动的基础，经济能力提供了新兴集团政治参与活动的发动和维持机制——奖励与惩罚。新兴集团的政治参与以及政治发展的进程，从发生学意义上讲，主要取决这三个因素的综合。不同的新兴社会集团三种能力有所差别，在政治发展进程不同阶段上新兴集团整体上的能力表现也有所差异。一般说来，只有同时具备三种能力的新兴集团才具有全面的政治参与和改变政治进程的能力。

如果我们对亚洲多国所做的政治发展比较研究是有价值的话，如果亚洲多国政治发展经验可在一定程度上为我们所参考，则以此为基础和方法，分析认识中国工业化进程中的政治发展以及政治稳定问题则是有参考价值的。

从政治学的角度观察我国的社会结构，改革开放以来随着经济社会发展，我国社会结构发生了广泛深刻的变化，最为显著的变化是出现了三大新兴的社会阶层，加上原有的三大社会阶层，共有六个主要的社会阶层，它们是：干部、国有企事业单位职工、务农农民、农民工、城市白领和私营企业家。其中，干部、国有企事业单位职工、务农农民是改革开放业已存在的传统社会主体阶层，尽管改革开放以来自身也发生了巨大变化，但总体社会地位和功能没有发生根本性变化。农民工、城市白领和私营企业家是改革开放以来的新兴社会集团，可谓改革开放的产物。依亚洲政治发展的历史经验，新兴社会集团的政治参与将是政治体系变革的主要因素。若根据这一规律性认识，农民工、城市白领和私营企业家等三大社会阶层的状况和动态将是中国未来政治稳定的主要的结构性相关因素。

根据新兴社会集团的政治参与的意愿和行动能力，对于我国农民工、城市白领和私营企业家三个阶层的相关因素进行分析，可以在一定程度得出对于我国未来一个时期政治稳定形势的认识和判断。这是一种关于政治稳定结构性因素的认识模式。

　　农民工，主要是指依靠工资收入生活但户籍身份还是农民的群体。农民工是支撑中国改革开放和现代化的重要力量。这一群体的形成，与城乡分割的户籍制度有着密切的联系。近年来，农民工的外出流动无论是数量还是结构，都渐趋稳定。从数量上来说，自21世纪以来突破1亿之后，到2009年达到1.45亿，近些年来的增速明显下降，呈现出数量相对稳定状态。根据我们的研究，农民工阶层的主要诉求是获得较为平等的就业机会和劳动收入，希望在劳动时间、劳动条件、劳动强度等劳动权益方面获得足够的保护，从发展诉求上农民工有提升自身人力资本价值的期待。总体上看，农民工是中国工业化、城市化进程获得流动机会的一代人，实现社会流动是他们的最大利益和机会。从目前情况看，农民工阶层思想状态是稳定的。从政治参与角度看，农民工阶层在新兴社会群体中，在思想能力、组织能力、经济能力等三个方面都最为薄弱。因此，农民工阶层无论作为何种性质的政治参与主体都是影响力最为薄弱的。在可以预见的将来，农民工阶层不具备作为单独的利益集团进行社会行动的能力。

　　白领阶层，是指在企业、事业单位、社会组织中从事非直接物质生产劳动的工薪阶层（由党组织任命的主要领导干部除外），以及从事非物质生产的自由职业者，是依靠专业技术谋生的群体。根据测算，目前我国白领阶层大约为6820万人。白领阶层的经济地位处于中等水平。从工资收入来看，白领阶层的大多数高于全国城镇平均工资水平，比较稳定。白领阶层总体上是改革开放的受益者，相当一部分人所从事的职业本身就是改革开放的产物，总体上他们是改革开放和中国特色社会主义道路的支持者，是社会稳定的关心者。另一方面，白领阶层的自我意识强烈，自立感较强，对执政党和政府的批评和挑剔比较多。他们对与自身利益相关的政策措施十分关注，对于社会公正、公平以及政府行政效率、公共服务水平等问题比较敏感。从政治参与的角度看，白领阶层具备一定的思想能力，具有一定群体意识，但在可预见的将来这一群体的组织能力和经济能力尚不具备。因此，其独立进行政治参与的能力是薄弱的。

　　私人企业主，指私营企业的投资人。私营企业，指在各地工商管理局登记"企业资产属于私人所有、雇工8人以上的营利性的经济组织"。截至 2009 年底，私营企业主（投资者）人数为 1650 万人。私营企业主阶层最大的愿望是把企业办好，其政治要求多与其企业发展有关。根据我们的相关研究，我国大多数私营企业主高度认同改革开放政策，其中人数较少的大私营企业主对社会和政府的满意度相对较高，他们和行政主管部门联系紧密，企业问题的解决比较顺畅。中等规模的私营企业主政治评价处于中间状态。小型私营企业主对与之相关的政策以及对政府的满意度处于较低水平。从政治参与的角度看，私营企业家阶层的整体政治认同度较高，其现实利益与政府的政策和社会稳定形势关联度高，特别是其上层目前属于政治支持度较高的社会群体。但从另外的角度看，与其他两个新兴社会集团相比，私人企业家阶层在决定政治参与能力的思想能力、组织能力和经济能力等三个方面都是处于最高水平的，换言之，私人企业家阶层是我国新兴社会集团最具政治参与行动能力的群体，也是未来对中国政治发展最具影响力的集团。

根据亚洲政治发展经验，新兴社会集团的政治参与是导致处于工业化进程中国家政治变迁的结构性因素。参考这一经验，对比中国相关进程与状况，可以认为，中国当前和今后一个时期并不具备可能导致政治变迁的结构性动因。转化为描述政治稳定情况的术语，可以认为，目前中国社会有社会骚动而无社会运动，当然这种社会运动是政治学意义上的，而非社会学意义上的。所谓无社会运动，是指现阶段的大量群体性事件基本上属于分散性的社会利益冲突，而非来自大型社会集团的政治参与。因此，当前以及今后一个时期，中国社会不具备导致亚洲部分国家曾经发生的那种结构性政治变迁的基础性条件。

综合我国社会发展各方面的实际状况，结合比对国际经验，再考虑到我国现有政治权力结构平稳交接的体制机制业已形成，可以预见在未来 10 至 20 年现行政治体系和政治权力结构将会保持基本稳定，发生结构性变动的可能较小。

（二）中国政治体制改革的风险问题

在做出关于中国未来 10—20 年内有较大可能保持政治体系结构性稳定的判断的同时，并不意味着未来中国政治发展不存在任何风险。在保持结构性稳定的前提下，依然具有其他风险因素，而对于风险因素的预测和分析，也是展望中国未来政治发展和民主政治建设走势的重要条件。同样根据国际经验和中国现实情况来分析，未来中国社会和政治体系依然具有若干风险因素或导致中国的不稳定。其中有三个问题最值得关注。

第一，民主政治发展和政治体制改革导致权力分散化风险。

权力集中与分散是衡量和划分政治体制的另一个标准。民主政治发展将导致政治权力，特别是高层核心政治权力的分散，是民主政治发展的客观趋势。因此，长期以来在马克思主义、社会主义的民主话语体系中，一直存在着民主与集中的权重和权衡问题。尽管今后一个时期，中国政治体系和权力结构将保持基本稳定，但以扩大社会民主为取向的政治体制改革还将继续，如扩大政治参与、扩大民主协商、加强权力制衡和民主监督等，地方和部门层面的体制改革也将继续。所有这些改革，都具有分散中央权力的潜在风险。这一点不仅为民主政治发展长期历史趋势所证实，也有越南等国家政治改革的事例作为近期的佐证。

与亚洲多国政治发展中的规律性现象进行对照，越南工业化进程中的政治发展与韩国、印度尼西亚以及我国台湾地区等多个亚洲国家和地区，在工业化进程中的政治参与导致政治变迁的现象有着明显区别。越南在工业化初期阶段，即出现了推行以扩大竞争选举为特征的民主化改革的趋势。越南实行革新开放时间较短，目前从总体上看尚处于工业化的初级阶段，相应地社会分化以及经济社会结构变动也尚属初期，新兴社会群体无论集团意识还是集团组织性都处在萌发状态。为什么越南的政治发展进程却出现了引人注目的"超前"现象？越南政治变革超前于经济基础和社会结构的变化的原因何在？根据多方调研，我们认为：越南实行的包括扩大党内民主举措在内的政治体制改革的动因主要来自上层，是权力结构内部的原因所导致的。越南"自上而下"的改革的根本原因在于党的最高领导层中缺乏领袖人物，最高领导层没有"核心"。越南最高领导层中具有平等地位的领导集体成员以及他们所主管的部门，由于工作主动性、积极性牵引导致了扩张权力倾向，但是由于缺少领导"核心"，权力扩张倾向无法得到抑制和平衡，逐步演化为权力主体之间相互竞争、相互牵制和弱化他人权力的趋向，最终导致了整体上集中统一权力的分散和弱化趋势。这一趋势已经成为越南保持政治体系稳定和党的团结统一的隐患。

越南的经验证明，政治体制改革导致的政治权力结构的"扁平化"趋势，可能导致集中程度较高权力结构出现分散化的趋势，而这对于处于工业化阶段的国家可能意味着更多的矛盾和不稳定。

第二，经济社会发展波动的风险。

工业化、现代化进程是社会矛盾的多发期，在中国社会矛盾有易于集中转化为社会与国家之间，即人民群众与党和政府间矛盾的倾向。经济持续发展与维持社会流动，是任何一个处于工业化、现代化进程中的国家社会稳定的根本保证。中国改革开放 30 多年来的实践也证明了这一点。因此，未来 10 至 20 年保持经济持续发展和社会流动是保持中国社会稳定的基础。然而，经济发展本身并不具备持续稳定发展的特性，未来中国经济发展虽然依然具有巨大的潜力和发展的空间，但经济自身的波动性和外部环境影响对于中国经济带来的风险始终是存在的。一旦发生大规模、长时段的经济波动，甚至经济危机，就可能进一步危及社会稳定，对政治体制构成挑战与威胁。

导致未来中国经济波动最大的可能来自两个方面，一是自身经济政策和改革措施的失误，一是外部经济环境的影响。对于内部经济政策与改革措施失误和外部环境风险的控制能力，是关系未来中国稳定的重要因素。

从内部风险控制看，关键是要形成"退路"机制。针对重大经济政策和改革措施应有反向论证和善后预案，形成一旦出现经济政策和改革措施重大失误的补救和纠错机制。"退路"机制是经济社会发展风险控制的重要环节。

从外部风险控制看，在经济全球化时代，来自世界经济中不确定因素的风险会呈现继续上升的趋势。外部风险也会随之变得越来越大。但尽管如此，依然需要努力防范外部风险。在这方面，继续维持强大的国有经济、谨慎逐步的金融开放和战略物资的安全供应保障是最为重要和关键的因素。外部风险的可控性很大程度上取决于这三大要素。

第三，舆论冲击与失控的风险。

主导社会的意识形态、调控社会舆论、管理社会情绪，是国家治理的重要内容，是维护社会稳定的重要思想条件。从社会结构的稳定性观察和判断社会稳定，是传统的政治学的视角，如前所述，社会结构性变动和来自新兴社会集团的政治参与对未来中国社会的影响仍将处于较低水平，政治体系和社会稳定在未来遭遇结构性挑战和风险的机率不大。但从国外经验和中国近年来自身遇到的新情况看，在传统的结构性问题之外，另一种风险在增加，这就是舆论冲击和社会情绪管理方面的挑战。

中国的工业化、现代化正处于关键时期，这是经常为人们所谈论的。然而，何谓"关键时期"？从工业化、现代化进程的维度看，中国在未来 10 至 20 年即将经历从工业化初中期向工业化中后期的转折。工业化进程的转折，反映到社会结构、社会关系和社会思想领域同样会引发转折效应。从社会结构看，工业化初中期社会流动高潮将趋缓，转入平稳状态，这意味着与此前 20 至 30 年比，社会流动将呈现回落趋势。换言之，未来的年轻一代将比他们的父兄面临较少的机会。从社会关系看，改革开放前的相对均质的社会不复存在，代之以利益多元化的复杂的社会关系，社会矛盾呈现多发和上升趋势。从思想领域看，思想意识的多元化成为基本趋势，社会的自我意识上升，并随工业化中后期到来社会流动机会相对减少而导致更多的社会问题和不满情绪，社会舆论和情绪有从较为积极和正面转向消极和负面。这种现象一旦出现并形成一定强度，将对政权的合法性、正当性构成挑战。

传统社会治理中，因社会舆论工具、传播手段主要掌握在国家政权手中，因此政治权力一般情况下能够实施对思想意识形态、社会舆论和社会情绪的引导和调控，至少可以掌握主动权。但在新的社会条件下，由于技术变革和新媒体、自媒体的出现和迅速发展，当代社会的传播方式、传播途径发生了革命性的变革。而这一变革的结果之一就是，作为社会治理的重要手段的舆论工具、传播手段已从政权的垄断或主导转向普遍化，日益为民众所掌握。这种局面在当代世界普遍发生，几乎构成对所有国家政权的挑战，中国自然也不例外。

在工业化中后期社会舆论转向、社会情绪变化和舆论工具、传播手段多元化和非垄断化的双重变化和冲击下，未来中国和所有的发展中国家一样，其工业化、现代化进程中的社会稳定将面临一种过去未曾有过或过去并不重要的挑战和风险——来自社会思想舆论场的冲击和挑战。也许这种冲击和挑战并非具有结构性因素的支撑，也许这种冲击和挑战更多地限于思想意识领域，甚至也许这种冲击和挑战并不代表"沉默的大多数"而仅仅是拥有话语权的少数活跃分子的意识和诉求，它们仍然会造成以往未有的巨大挑战，有可能造成前所未有的非结构性的社会动荡。预言这种主要来自社会思想领域和舆论场的由社会情绪支撑的"非结构性社会动荡"，并非毫无现实根据。

我国近十余年来，随改革开放和经济社会进步而出现的社会自我意识成长，负面社会情绪急剧增长已经在一定程度上展现了这种前景。近十余年来，我国民间主要表现为民族意识、宗教意识和权利意识的自我意识普遍增长，随工业化、现代化发展而出现的自我意识的成长具有两面性，在激励自我、促进社会进步的同时，也展现出极端化的负面趋势，其主要表现是：民族意识极端化发展为民族分裂意识，宗教意识极端化发展为宗教极端思想，权利意识极端化发展为民粹主义思潮。这一现象已经对中国的主流意识形态和社会稳定产生了影响。

可以预见，社会思想引导、社会舆论调控、社会情绪管理，将在未来中国社会的治理中占据更加重要的地位，将在未来维护社会稳定中发挥更大作用，将是未来中国实现工业化、现代化的最为重要的保障条件之一。

（三）中国选举民主的未来

经过长期的实践探索，经过对于国外经验教训的借鉴与吸收，中国的执政党和领导集团已经认识到，在工业化、现代化进程中，在社会主义初级阶段，中国的民主政治的实践形式注定要以协商民主为主。

在现阶段，中国的民主政治选择协商民主作为主要实践形式和发展策略，但并不排斥选举民主，毕竟选举民主也是民主政治的重要形式之一。选举民主不作为现阶段中国民主政治的主要形式，本身蕴涵着一个问题，那就是什么时候或者说在什么条件下，选举民主，甚至竞争性选举或普选可以成为中国民主政治的重要选项？这在当下是一个十分严肃和敏感的问题，但依然为人们特别是学术界所关注，关于这一问题也有诸多讨论。但是，当下的关于未来中国民主政治发展的可能性和竞争性选举对于中国政治发展的价值的讨论，基本停留在价值取向的基础上，反映的多是论者的主观诉求、价值主张，而很少基于某种经验依据和实证分析的论述。即使有的貌似引述西方国家历史经验，也是抽象而表面化的，依然脱离不了主观意图的价值范畴而缺乏中立和科学性，因此，不具有很强的说服力。

选举民主不是一种禁忌，相反应当认真地研究选举民主在中国的未来，选择所需要的是参照系、需要的是可供比较的经验，更加确切地说，中国所需要的或者说对中国更具有参考价值的是与中国发展起点、发展环境和发展阶段相同或相似的国家的经验。讨论和展望中国民主发展的未来，不能从主观愿望出发，而是要从本国的实际出发，同时也要认真地参考国际经验。

从国际经验看，诸多发展中国家在工业化的不同阶段实行了竞争性选举，有的被称为"民主化"或"民主转型"。在诸多实现了所谓"民主化"的发展中国家中，有的国家比较顺利，形成了比较稳定的普选型的民主体制，但有的国家却因选举而陷入混乱，甚至影响工业化、现代化的进程，使国家长期动荡不宁。是什么原因造成了选举民主的不同结果，所谓的成功"转型"需要具备什么样的条件，这是所有严肃认真的有关中国民主政治发展未来的思考所必须首先回答的问题。

根据近年来我们对于亚洲以及部分西方国家民主政治发展的研究，我们认为，在工业化进程中是否完成社会结构的转型，是发展中国家和西方国家实现选举民主的关键条件。

我们以20世纪80年代以来，东亚地区多个国家的"民主转型"为例。20世纪80年代以来，东亚地区的韩国、印度尼西亚以及我国台湾地区，实现了从所谓"威权体制"向多元体制的转变，其主要标志就是实行竞争性的普选制度。以普选为基础的民主政治体制在这些国家和地区基本上得到了确立和相对稳定的运行。之所以能够比较成功和稳定建立起选举民主，工业化、城市化进程中形成的新型社会结构形成、社会精英整合和社会保守意识形成，是这些国家和地区转型成功的三个基本条件。

第一，新型社会结构形成。所谓新型社会结构形成，即是工业化、城市化带来的社会流动和社会成员身份、地位的改变，逐步稳定、固化新的利益关系，进而形成新的社会结构，形成新的阶级、阶层、利益集团。这种新结构一旦形成，政治参与乃至政治权力对于各个阶级、阶层、利益集团的社会身份、地位改变的作用便大大降低。政治参与和分享权力的努力，对于处于不同地位的社会群体而言，至多带来某种利益的改善，而不会改变基本的利益格局，更不会带来身份、地位的改变。在这种基础性因素改变的条件下，开放政治权力和实行竞争性的制度安排，政治参与和分享权力的动力会有所下降，基本社会秩序、政治秩序就有可能得到保障。

第二，新精英阶层形成与整合。东亚政治发展的经验表明，在工业化、城市化进程中以及与之相应的政治发展中，社会政治精英阶层也在随之变动，不断分化、组合，旧的精英消失或转型，新的精英出现，不同精英集团之间建立新联系、形成新的关系，并最终达成一定的共识与默契。这种共识与默契意味着，不同精英集团之间就基本社会制度、政治秩序以及某些政治、社会理念达成一致；在共识与默契的基础上，不同的精英集团对各自所代表的群体、群众有所引导和约束。不同精英集团对不同的利益群体、群众的引导与约束，是权力开放和竞争体制下社会秩序基本稳定和政治参与的有序性的重要保障。与此同时，由于精英阶层中不同集团的整合与协调关系形成，也有利于政治参与和政治过程的有效性。

第三，新保守意识形成。伴随着工业化、城市化进程，社会思想文化以及心理状态也在发生巨大而深刻的变化，其基本倾向是在新的社会结构基础上，新的社会主体即拥有一定数量并具备经济、社会优势地位的群体，形成了保守的社会意识，认同现行社会制度和现有秩序。新的社会保守意识，改变了社会氛围，进而抑制了民粹主义以及各种反体制的激进社会思潮和社会运动的产生发展的思想条件。新保守意识为体制转型提供了社会心理条件与保障。在日本、韩国、新加坡的工业化、现代化进程中，人们目睹了左翼思潮的衰落，而 1998 年以来印尼较为平稳地实现政治转型的重要思想文化条件则是当地伊斯兰的温和化。这些都显现了社会保守意识与体制转型的关联。

东亚政治发展的经验表明，只有在工业化、城市化初步完成，新型社会结构、新精英阶层整合和新保守意识形成等三项条件具备的情况下，以竞争性选举为标志的新型民主体制才最终较为稳定地建立起来。

中国是社会主义国家，中国具有自身独特的国情，但在实现工业化、现代化进程的社会生产力发展和社会结构变动的层面，中国的发展不可避免需要具备与其他国家同样的客观条件，这个基础同样会展现出相似或相同的规律性。

我们认为，中国实现选举民主需要具备必要的条件，而这些条件是与其他成功实现所谓"民主转型"的发展中国家所曾经具有的条件相似或相同的，其中，最重要的条件就是社会结构转型完成，即工业化的基本完成。只有在工业化基本完成，新的社会结构稳定地形成的条件下，中国才具备实行选举民主的必备的基本条件。

假定上述分析成立，假定引述的相关国际经验具备参考价值，据此可以推断中国实行选举民主的"门槛"时间，即中国可能具备满足选举民主所需社会必要条件的时间。如果将国际经验简约为工业化、城市化的实现程度为衡量标准，并以城市化率作为核心指标进行推算，可以形成一个未来中国采纳选举民主的概念性的时间点。

从 20 世纪 70 年代以来，亚洲多个发展中国家出现民主化运动，部分国家逐步实现了所谓"民主转型"，其主要标志是结束威权体制后实行多党制和普选制。80、90 年代之交，苏联东欧原社会主义国家发生政治剧变，也演变为实行西方式民主政治的国家，亦被称为"转型国家"。这些国家发生民主化转型时，其经济发展不一，作为衡量工业化、现代化发展水平标志的城市化率也各不相同。

20 世纪 70 年代以来，按时间先后为序，部分亚欧国家和地区发生民主化转型的相关情况是：

泰国 1973 年发生"争取宪政运动"，以青年学生为主体的民主运动猛烈冲击了他侬军政权，1974 年他侬政权垮台，泰国历史上所谓第二次威权政体瓦解。1975 年泰国新宪法实施。是年 1 月，泰国举行历史上第一次竞争性普选。而这时泰国的城市化率为 37%。泰国实施政党政治，实行所谓"民主实验"并不顺利，短短三年后，"民主实验"失败，泰国逐步转入所谓"国王领导下民主"的第三次威权政体时期。

1977 年 1 月，时任印度总理英·甘地宣布结束紧急状态，结束"有纪律的民主"，实行大选。但选举的结果大大出乎印度执政的国大党的意料，由各反对党联合起来的人民党赢得了大选胜利。印度也由此进入真正意义上的多党制时代。这一时期印度经济发展不高，基本上处于工业化的初始阶段，城市化率仅有 23% 左右。印度进行多党政治时代，政治混乱，政党争斗、宗教冲突，印度政局长期动荡不宁，英·甘地、拉·甘地母子两代总理先后遇刺身亡。经济上印度也经历 20 多年停滞不前。

1986 年，菲律宾发生了举世瞩目的"人民力量运动"，推翻了统治菲律宾长达 27 年的马科斯总统，结束了所谓"宪政威权体制"。菲律宾进入了一个自由竞争的多党制的时代。菲律宾在第二次世界大战结束后获得独立，在 20 世纪 60 年代菲律宾经济在亚洲居于前列，人均国民收入仅次于日本。1985 年时，菲律宾的城市化率达到 43%，在当时亚洲发展中国家中处于较高水平。但是，民主化并没有给菲律宾带来稳定和繁荣。相反结束马科斯的威权统治后，菲律宾的政治、社会、经济各个方面堪称每况愈下。政治上动荡不宁，争拗不断，腐败盛行，成为世界上腐败最为严重的国家之一。社会分歧严重，地方势力、宗教分裂困扰着国家。经济上，菲律宾从亚洲名列前茅的国家一路后退，成为东亚地区经济垫底的国家。

1987 年，菲律宾发生"人民力量运动"次年，同样地处东亚的韩国延续多年的社会民主运动达到了高潮。1987 年的"六月抗争"结束了持续近 30 年的军政体制，实行自由选举。但是，1987 年 6 月民主派的胜利并没有马上转化为在韩国被称为"文民体制"的民主政体的建立，脱下军装的军人赢得了第一次大选。直到 1992 年韩国的民主体制"文民体制"才最终得以建立。这时的韩国经过 30 余年的威权体制下的经济高速发展，已经称为亚洲"四小龙"之首，步入了中等发达的工业化国家行列。1992 年时韩国的城市化率已达到 73.8%。韩国在实行民主后，虽然也经历了多次政治风波，但政局总体稳定，经济继续有所增长，社会福利大幅增加，被西方舆论认为是成功实现"民主转型"的典范国家。

1992 年苏联解体，俄罗斯联邦成立。经历了多年经济社会发展停滞和戈尔巴乔夫混乱的改革，强盛一时的苏联轰然崩溃，给苏联的继承者俄罗斯和其他独联体国家带来十余年的严重的经济衰退和社会混乱。苏联时期，俄罗斯已经实现了工业化，1992 年时俄罗斯的城市化率达到 73.4%。虽然经历十分痛苦的动荡和转型，在原有经济基础上，加之俄罗斯丰富的资源条件，在十多年的混乱和衰退后，俄罗斯终于逐步稳定下来，逐步走上了恢复发展的道路。

我国台湾地区于 1987 年 7 月，解除长达 38 年的"戒严"状态，开放"党禁"、"报禁"，逐步从国民党的一党专政，向多党制、普选制过渡。1996 年台湾地区实行首次"总统直选"，正式开启了台湾地区所谓"民主化"的时代。2000 年首次实现了"政党轮替"，在野的民进党赢得选举。台湾实现所谓"民主化"时，经济社会发展状况与韩国类似，也是亚洲"四小龙"成员，经济步入了中等发达行列。1996 年台湾实行首次"总统直选"时，城市化率已高达 78.7%。台湾实现"民主化"后，虽然党争不断，岛内纷争迭起，但经济社会发展总体平稳，政治体制没有发生动摇和反复，也被西方舆论认为实现了成功的"民主转型"。

1998 年，东南亚地区大国印度尼西亚发生政局变动，实行专制独裁的苏哈托总统，在金融危机和国内民主浪潮的双重打击下，黯然辞职，结束了他长达 33 年的统治，同时也结束了苏哈托的威权体制。1999 年印度尼西亚实行多党自由选举，开始了印尼民主政治的新的历史。在实现政治转型之时，印度尼西亚的工业化总体处于初中期阶段，经济发展在东南亚居于中游。1999 年印度尼西亚的城市化率为 42%，与菲律宾发生"人民力量运动"时期相当。印度尼西亚实现"民主化"后，总体情况好于菲律宾，但国内经济、社会发展情况依然不容乐观，政党纷争和频密的选举给印度尼西亚带来沉重负担的同时，还导致了政治腐败，使印度尼西亚的经济社会发展深受拖累。直至今日，印度尼西亚的经济发展仍不及苏哈托时期。

从上述亚洲多个国家及我国台湾地区和俄罗斯政治转型的情况看，在实行以普选制为标志的"民主化"时期，经济社会发展水平较高，城市化率超过 70% 的国家和地区，除俄罗斯情况比较特殊外，韩国和台湾总体上保持了社会较为平稳的发展，竞争性的民主体制比较稳固，没有出现大的反复。在上述国家和地区中，发生"民主转型"时经济社会发展水平较低，城市化率不及 50%，甚至更低的国家，在实现所谓"民主化"后，经济社会状况混乱，发展迟缓，政局不稳，个别国家甚至出现政体反复。从上述各具特点的发展中国家和地区的"民主转型"的经验看，以城市化率为标志的经济社会发展水平，是这些国家和地区"民主转型"是否成功或是否比较稳定的重要相关因素。从一定意义上，可以说较高水平的城市化率，如达到 70% 以上，是这些国家和地区能否实现比较顺利和稳定的"民主转型"的经济社会方面的必要条件，是实现顺利和稳定的"民主化"的一道门槛。

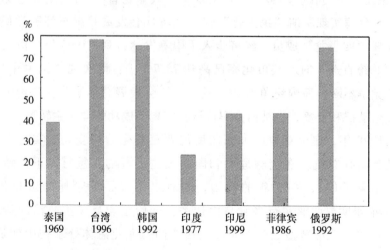

部分欧亚国家/地区民主转型时期城市化率水平示意（%）

从我国的情况看，尽管民主政治发展的道路不同，中国将长期坚持走中国特色社会主义民主政治道路。但民主政治属于上层建筑，上层建筑必然要受到经济基础发展变化的影响，要适应于经济社会发展而有所发展变化。从各个国家民主政治发展的普遍情况看，经济社会的发展最终会对政治发展产生不同程度的影响。这是我们观察、分析中国未来政治发展和民主政治建设的一个重要的维度和依据。

与世界各国工业化、现代化发展普遍规律相同，城市化率是衡量我国工业化、现代化进程中经济社会发展水平和社会结构变化的重要指标。我国改革开放之初的 1984 年，即改革从农村地区转向城市之年，我国当年城市化率为 23.01%。经过近 30 年的改革开放和国民经济的高速发展，到 2011 年我国以常住人口计算城市化率已经达到 51.27%。从 1984 年起至 2011 年，我国常住人口城市化率年均提高约 1.04%。展望未来我国城市化率增长的趋势，考虑到 1984 年至 2011 年是我国经济高速增长期，年均增长速度接近 10%。当前，从经济发展长期趋势看，我国已经越过了经济发展速度的高峰期，目前比较一致的意见认为，未来我国经济将进入一个中速增长期。如果在未来较长时期内，我国经济能够保持 6% 左右的增长速度，城市化率增长速度相应则会降为 0.6%。以此估算，我国达到 75% 的城市化率，完成"三步走"经济发展战略，达到中等经济发达国家水平，从现在起还需要 40 年。换言之，到建国 100 周年前后，我国将基本完成国家的工业化。到那时，我国经济社会文化等方面的条件将发生较之今天的巨大变化。经济基础方面的巨大变化，也必然对我国的政治体制提出新的要求，政治体制本身也将具有更大的改革空间。建国百年之时，我国的民主政治建设将会有更大的选择余地和发展空间，在更大的范围和程度上实行社会主义选举民主将具备基础性的条件。

结　语

提炼中国的民主话语

中国的民主政治，以追求民族独立、国家富强、社会进步为背景，深深植根于中国的历史与国情之中，既为中国的工业化、现代化进程所推进，又为中国的工业化、现代化提供政治条件。在中国工业化、现代化取得历史性进步的时代，中国现代民主政治也取得了长足的发展和进步，初步建立了一整套符合中国国情和社会发展要求的社会主义民主政治制度，取得了民主政治建设的大量经验。在这样的历史背景下，在取得自身经验的基础上，我们应该进一步总结、概括并最终形成中国的民主话语体系。探索建立基于中国经验的民主话语体系并非标新立异，而是继续推进和提升中国民主的需要。

毋庸讳言，对于中国的道路无论在国内还是国际上，人们的认识、看法是多种多样的，尽管引起越来越多的认真的关注和严肃的思考，而非议和轻视也不少。一种政治发展模式究竟好不好，一种政治理论、话语体系究竟价值如何，最终要看实践的检验。今天的人们，尤其是研究者更多地是处于一个观察者的地位。但是，即使是观察者也需要有客观、科学的观察方法，才能真正观察了解到社会实际的进程，了解到客观的事实。

今日之中国究竟发生了什么？这个看似简单的问题，其实很难为人们真正了解。不是生活在中国的人就能自然而然地了解中国，外国的观察者了解中国就更加困难。人们难免囿于观察的角度和范围，难免受限于自身立场，而无法全面、客观、准确地认识中国。若想能够更加深刻地和更有预见性地了解认识中国，除去需要更加广泛和深入地掌握中国全面的情况，还需要具有国际与历史的比较，即与国外相似的实践与经验进行比较，与历史上的相似性进行比对。

若要进行国际与历史的比较，则需要对于中国的实践与经验做出理论性的提炼和概括，以利于通过对实践与经验进行理论抽象而得出的形而上的概念和范式，进行国际与历史的比较。因为，毕竟所有的具体事物间的比较都是在一定抽象意义上进行的。换言之，所有的比较需要借助概念，但目前关于民主问题的绝大部分学说与理论概念均来自西方。这些理论及概念，也许反映了西方民主的历史与实践，但毕竟不是抽象于中国的实践。运用出自一种实践的理论与概念去认识另一种实践，难免出现削足适履的套用现象。遗憾的是，这样的以西方理论、概念剪裁中国实际的情况至今依然比比皆是。以西方理论剪裁中国现实，就使得也许在西方具有某种科学性的理论成为正确认识中国的障碍。

为了解除因套用和剪裁而形成的认知障碍，中国应根据自身实践总结、提炼出基于中国实践，反映中国民主政治建设经验的民主话语体系。提炼和建构中国的民主话语体系，这不是在刻意追求中国自己的理论建树，而是为了认识自己和对外说明自己的需要。

在实践的基础上，实际上中国已经初步形成了属于自己的民主话语，尽管中国的民主话语还不完备，还未成体系，但毕竟在实践基础上，在经验基础上，有了自己的理论性思考和表达。在基于中国实践和经验的理论性总结和概括中，在笔者看来，民主要素论、历史定义论、民主主题论和民主阶段论，这些已经出现并逐步扩散和活跃于中国民主论述中的理论观点与概念，是具有中国特性的，是中国民主政治实践与经验的重要梳理和总结，因此它们构成了中国民主话语的重要组成部分。

一　民主三要素论

究竟什么是民主？民主的核心要素又有哪些？古往今来有众多版本。不同的概念和定义，隐喻着不同的民主诉求和政治寓意、不同的价值立场和政治逻辑，标识着人们的政治抉择。英国学者安德鲁·海伍德感慨，

"在公共事务的世界里，民主大概是最为混乱最让人困惑的词汇"①，"没有比'民主'一词更需要来加以正确的分析和审慎的应用的了"②。对民主的理解直接影响着我们民主政治建设的道路选择甚至成败。因此，"全部的问题在于确定民主的真正意义。如果这一点我们做到了，我们就能对付民主，否则我们就会倒霉"。③ 因此，确定民主的内涵是我们民主理论建构不言而喻的前提和基础。

熊彼特和亨廷顿"选举民主论"思想在当今中国的大行其道，使得理论界对民主的理解呈现出高度单一化的倾向，学者们趋于把民主片面地等同于选举。熊彼特说，"民主政体看来是指导竞争的公认方法，而选举方法实际上是任何规模社会唯一可行的方法"④，亨廷顿更是旗帜鲜明地对熊彼特的传统予以高度肯定。选举成为人们广泛认可的民主不可或缺的显性指标。"选举是民主的本质"⑤ 的观念开始深入人心，选举也由此而成为西方所谓民主国家的政治工具而在全世界推销。民主的竞争性选举特质被无限放大，"民主"被单一化地理解为"选举"的倾向蔚然成风。中国学术界也随之出现了"选举民主论"的简单论断。民主需要选举作支撑，但"选举政治不是一切，仅有选举政治是不够的，还需要其他东西来补充、完善"⑥。这个同样是来自美国学者的见解，因不是西方的主流观念而被我们所忽视。

民主内涵包含着极其丰富的意蕴，选举虽是民主政治的重要要素，但却不是民主的全部。总的说来，古往今来的民主政治，在政治制度的

① ［英］安德鲁·海伍德：《政治学》（第二版），张立鹏译，中国人民大学出版社 2006 年版，第 84 页。

② ［美］悉尼·胡克：《理性、社会神话和民主》，金克、许崇温译，上海人民出版社 2006 年版，第 250 页。

③ 马克思、恩格斯：《"新莱茵报"政治经济评论第 4 期上发表的书评》，《马克思恩格斯全集》第 7 卷，人民出版社 1959 年版，第 304 页。

④ ［美］熊彼特：《资本主义、社会主义与民主》，吴良健译，商务印书馆 1999 年版，第 395—396、398 页。

⑤ ［美］亨廷顿：《第三波——20 世纪后期民主化浪潮》，刘军宁译，上海三联书店 1998 年版，序言第 6 页。

⑥ ［美］皮特·F.伯恩斯：《仅有选举政治是不够的——少数群体利益表达与政治回应》，任国忠译，中央编译局出版社 2011 年版，封底页。

形式上包含着三个要素，即公民的权利保障、政权结构中的分权制衡和多数决定的权力组成与运行原则。这三个要素共同构成民主形式的基本内容，并已为民主政治发展的历史进程和当代表现所证实。

权利保障是民主的基础性要素。在价值含义上，民主意味着"人民的统治"或"人民当家作主"。西塞罗将权利与法律等同。哈贝马斯更是直截了当地指出公民的权利保障是民主的首要要素，构成维系民主国家政治秩序的基础。政权结构中的分权制衡是民主的保障性要素。保障权利和分权制衡，是政治思想和政治实践史上的双重主题，也是现代民主历程中的两个伴侣①。围绕着保障权利与权力制衡，民主的制度安排已经越来越成为现代政治的基本范式。分权制衡不仅是解决权力约束问题的科学方法，它对民主存续的保障作用使得它在西方政治传统中始终被置于优先考虑的位置，并一直延续至今，成为和公民权利保障同等重要的基础性因素。

民主的形式是由权利保障、分权制衡和多数决定三要素构成的有机整体。如果将民主比作一座大厦，权利保障和分权制衡就相当于这座大厦的地基，若没有权利保障和分权制衡打下的基础，选举、协商、监督等多数决定的民主形式最终将归于无效。在民主的内涵里，选举仅仅是多数决定的权力组成与运行原则这一民主要素的众多表现形式之一，只为民主要素中的一个组成部分，并不构成民主的全部。如果再考虑到，各个国家实际形态的民主政治因不同的发展阶段在形式选择上必然会有所不同，某种具体的民主形式，如选举，则不能被视为民主政治的晴雨表，更不能用它作为度量一个国家是否民主的标准。

只有综合权利保障、分权制衡和多数决定等三个要素，才能真实反映民主政治产生、发展演进的历史过程，更加科学地表现民主的内涵。这种出自中国民主政治自身实践经验所体会到的对民主内涵与概念的理解，也是对当下流行的源自西方的民主要素单一化、将民主等同于选举倾向的解构与纠偏。

---

① 参见［法］查尔斯·S. 迈耶《法国大革命以来的民主》，载［英］约翰·邓恩编《民主的历程》，林猛等译，吉林人民出版社1999年版。

二　历史定义论

　　民主已然成为当今世界的潮流而登堂入室，以至有人认为，西方的民主制度成熟、至上而优越，理应是民主的范本甚至是唯一模式，进而把是否遵照西方的民主形式作为区分"民主与专制"、"民主与非民主"的唯一终极指标。在我国国内，关于"民主移植"和"民主拿来主义"的呼声也时有所闻，一定程度上造成理论的迷局。西式民主虽有魅力，但不至完美，也有难以自愈的内伤和缺憾，这点连西方学者也不讳言："今天没有任何一个资本主义社会，可以合理地称为民主社会。"① "现代民主政治并非运行良好。很少人会对这一基本诊断提出质疑。"② 如果不注意西方民主制度存在的缺陷和困境，只看到西方民主制度中的一些表面现象，在学术研究中会不自觉地将自己划到"非民主"的队伍里去，无法从"民主—非民主"、"民主西方—专制非西方"的简单式二元对立逻辑思维中解脱出来，无法正确看到我们民主制度所具有的历史必然性和合理性。

　　不同的国家不同的阶段都可能采用不同的民主模式，西方民主制度也是经过漫长的发育和演变而形成的。因此，民主的条件问题关乎民主能否就地生根发芽和苗壮成长。就连极力主张民主可以移植的萨托利也在思考"是否可以不顾'输入条件'，即输入国家的条件，而把民主输出到任何地方"的问题。③ 西方政治学家帕特南、阿尔蒙德等都从不同角度探讨了民主生长发展的条件。尽管这些学者都是站在西方国家的政治立场和价值观上来谈民主的条件，但他们在这一点上最终都殊途同归：民主的生长发展有其客观规律性，不能随心所欲、任人摆布。

---

① 〔美〕塞缪尔·鲍尔斯、赫伯特·金蒂斯：《民主和资本主义》，韩水法译，商务印书馆2003年版，第3页。

② 〔美〕詹姆斯·布坎南、罗杰·康格尔顿：《原则政治，而非利益政治：通向非歧视性民主》，张定淮、何志平译，社会科学文献出版社2004年版，第17页。

③ 〔意大利〕乔万尼·萨托利：《自由民主可以移植吗？》，载刘军宁编《民主二十讲》，中国青年出版社2008年版，第246页。

民主的发展史告诉我们，民主的发生归根结底是被历史决定的、是由历史定义的。马克思主义认为：民主是具体的、现实的、历史的；"如果不是嘲弄理智和历史，那就很明显：只要有不同的阶级存在，就不能说'纯粹民主'，而只能说阶级的民主"①，"民主的发展总是同一定的阶级利益、经济基础和社会历史条件相联系的。每个国家都有自己的历史传统和经济、社会发展的实际状况，民主应该适合自己的国情"②。

政治民主属于历史范畴，其推行的时机和速度，选择的方式和制度，都必须建立在适合一个国家的自然条件与经济禀赋、国际环境、历史文化传统和经济社会发展面临的主要任务的前提性条件基础之上，在笔者看来这是与民主政治最为相关的四个前提。古往今来任何一个国家、任何一种形态的民主政治都无一例外受到这些历史条件的制约。民主无疑反映着社会进步的客观趋势和人民群众的主观诉求，民主是历史主体的必然选择，但历史主体只能在历史环境提供的可能性空间中进行选择，而民主政治建构与发展的可能性空间就是由上述诸项条件共同塑造的。任何国家的民主政治建设都不可能脱离这些条件，否则民主政治建设就要脱离实际。从这个意义上说，民主是由历史定义的。各国的民主终归要由内生，而不是由外力强加。由于诸多变量的存在，一个国家即使选择了民主政治的道路，那么最终具体选择什么样的民主形式也必然千差万别。民主的多元性决定了西式民主并不是当今世界唯一的民主，用一个统一的标准对这样一个复杂的历史进程进行判断绝不科学。这正如杜威所说："每一代人必须为自己再造一遍民主，民主的本质与精髓乃是某种不能从一个人或一代人传给另一个人或另一代人的东西，而必须根据社会生活的需要、问题与条件进行建构。"③

---

① 列宁：《无产阶级革命和叛徒考茨基》，《列宁选集》第 3 卷，人民出版社 1995 年版，第 600 页。

② 江泽民：《关于讲政治》，载《十四大以来重要文献选编》（中），人民出版社 1997 年版，第 1748 页。

③ ［美］杜威：《新旧个人主义——杜威文选》，孙有中编译，上海人民出版社 1997 年版，第 27 页。

三　民主主题论

与历史定义论紧密相连，"民主主题论"进一步强调现代民主与工业化的联系，也就是说，在决定民主政治进程的四项条件中，最重要的条件是一个国家面临的经济社会发展的主要任务。民主政治进程与时代主题密不可分。民主政治模式的历史选择，与时代主题息息相关。不同历史阶段的历史任务，造就了民主话语的不同诉求与不同内涵。在《共产党宣言》里，马克思恩格斯指出，资本主义在它的经济发展的每一个阶段，"都有相应的政治上的成就伴随着"[①]，这说明资本主义的民主作为资本主义社会政治上层建筑，与不同历史时期的经济发展主题相适应。亨廷顿则把政治发展与现代工业社会统一起来，提出"政治发展被看作是朝着现代工业社会所特有的政治的一种运动"的论断。[②] 这就是说，民主政治话语的形式虽是抽象的，但民主政治模式的形成则是具体的历史的，"民主"在现代社会并不是一种先天判断，而是一种现代性话语，与人类社会工业化现代化的时代生存状态和诉求密不可分。这是对"民主是具体的、历史的"这一个判断的时代性解读。一个国家在现代世界历史进程中实现工业化、现代化要求，好似一只看不见的手在拨弄着社会进程的时钟，决定社会制度、民主政体的选择和变迁。与其在人们头脑中去找寻民主，不如到生机勃勃的社会实践中去体验民主。

总体上看，当代民主政治即是以实现一个国家的工业化、现代化为主题的政治进程。这对于大多数发展中国家来说，犹是如此。世界现代史表明，在那些成功实现了工业化、城市化的国家，民主政治制度是促进其发展、进步的政治上层建筑。当代民主政治确切地说应当被称为工业化时代民主，这体现了当代民主政治的时代特质。在与我国相邻相近

---

① 马克思、恩格斯：《共产党宣言》，《马克思恩格斯选集》第1卷，人民出版社1995年版，第252页。

② ［美］亨廷顿、乔治·I. 多明格斯《政治发展》，载格林斯坦、波尔斯比《政治学手册精选》（下卷），储复耘译，商务印书馆1996年版，第148页。

的东亚地区的日本、韩国、泰国、新加坡和印度尼西亚以及我国台湾地区的民主政治的选择与建构、发展与反复的历史现象背后，产生着重要的影响和决定性的因素，就是它们在近代以来面临的历史环境和任务，即快速实现工业化的历史主题。深入观察这些国家与地区的近现代历史进程，就会发现包括思想现象在内的各种复杂纷纭的社会现象，实际上都是围绕民族独立与生存、发展的主题而出现的；各种社会力量、政治势力伴随着寻求民族独立与国家富强的斗争进程而枯荣起伏、此消彼长；各种社会制度与政治体制的兴盛与衰落也是由其与工业化、现代化的关系决定着的，有利于工业化、现代化进程则兴盛，不利于工业化、现代化则衰亡。据此，可以得出这样的结论：当前，发展中国家的民主政治的建构与发展的决定性相关因素是与这个国家工业化进程联系在一起的，促进和实现国家的工业化是发展中国家实行民主政治的主题。

我国民主政治建设进程同样以实现国家工业化、现代化的这一历史目标为主题。我们是社会主义国家，我们的现代化内涵有别于一些先发国家和地区的现代化，但我们是人类工业化现代化洪流中的重要组成部分，我们是人类工业化现代化这一历史活剧的重要角色。早在 1979 年，邓小平就明确提出"没有民主就没有社会主义，就没有社会主义的现代化"① 的重要命题，把民主与现代化紧密联系起来。邓小平曾经多次论述过此论断，这是提出的政治要求，也是提出的对中国当代民主政治发展的规律性认识。在 1986 年，邓小平较为集中地阐述了政治体制改革对于经济改革、对于经济发展、对于国家的民主化建设、对于实现社会主义现代化的重要意义。从一个侧面进一步说明，我国工业化现代化的历史要求，同样是民主政治进程的核心议题。

据此，确需从理论上进一步关注一个有着十三亿多人口的大国，其工业化、现代化的历史主题与民主政治建设的相互作用。如何进一步通过民主政治建设有效组织众多民众，为完成历史任务而齐心协力，如何克服弥补城乡之间、地区之间等的发展差距在客观上对国家政治发展的

---

① 邓小平：《坚持四项基本原则》，《邓小平文选》第 2 卷，人民出版社 1994 年版，第 168 页。

制约和影响等困难，这些都与中国未来的政治体制改革和民主政治建设相关。但首先我们在思想上应当牢记，当代中国民主政治的主题是实现国家的工业化、现代化。

离开了国家的工业化、现代化这个现阶段中华民族面临的关乎民族命运和未来的时代主题谈民主，就是在抽象地谈论民主；抽象地谈论民主，就是在误读民主。

四　民主阶段论

民主是一个历史范畴，它是人类历史发展到一定阶段的产物。民主不仅有类型上的区别，而同一类型民主又有发展阶段上的重要差别。民主政治不是一蹴而就的，民主政治发展是民主因素增加和成长的一个相对过程，同一类型的民主，一个国家的民主政治发展也要经历不同的发展阶段。民主阶段论，是在民主的"历史定义论"和"民主主题论"基础上，对于民主政治发展规律问题做出的进一步的理论认识与概括。

提出民主阶段论的现实意义在于：在我国民主政治建设的实践中，要注意区分社会主义民主政治建设的最终目标和阶段性任务，根据社会发展的不同阶段、根据经济社会文化条件、根据发展主题，确定不同现阶段的民主政治建设任务，防止民主政治建设中的超前与滞后倾向。

当前，超前倾向无疑是更值得警惕的方面，要防止在民主进程中搞"大跃进"，搞"超前消费"，原因如同一位美国学者所言："在我们这个冷酷无情的时代里许多令人厌恶的病态都来自于不加节制的民主。"① 超前的后果，很容易造成无效治理。如有人主张彻底的选举民主，殊不知这样不符合实际的民主，打击的是中国人来之不易的"以经济建设为中心"的切切实实给中国带来 30 多年发展的大好局面。多少发展中国家因为不合时宜的选举，在给人们"一人一票"的尊严哗人喜悦的时候，让他们的国家和他们的生活走进了历史的另一扇门里，使人这个

---

① ［美］本杰明·巴伯：《强势民主》，彭斌、吴润洲译，吉林人民出版社 2011 年版，第 115 页。

"天生的政治动物"在分配性激励的推动下，通过本能的政治行动、集体行动、政党活动，而直接改变利益分配格局，希求通过取得政治权力而获取工业化、现代化进程中增加起来的社会财富。结果如何呢？当然是"天下大乱"！所有社会集团都试图通过政治行动获取利益，结果只能是社会陷入政治争夺和阶级斗争。中国人民对此也深有体会，那就是"文化大革命"中的"大民主"。工业化时代历史证明"大民主"一定会导致"以阶级斗争为纲"。

当代的一些国家和地区的民主政治实践也不断地证实这一规律性现象。选举民主所蕴涵着强化异议与分歧的倾向。以对于民主政治进行比较研究而著称的美国学者李普塞特，在广泛观察多国民主发展的历史后断言"经常性的凶兆是一切民主系统固有的"①。台湾学者石佳音在梳理中国从清末到民国的政治史后认为，民主的程度不足，固然会使宪政难以建立，但是过度的民主，如公民权标准太低，或直接选举产生的公职太多、选举频率太过频繁，也会摧毁宪政，最后危害整个国家。② 其实，争议与冲突在一切以竞争性选举为制度安排的民主政治中广泛存在，关键是要看发展的阶段性。在工业化完成的所谓"后工业化社会"，社会进入承平时期，社会自身的矛盾冲突因素减少，稳定程度提高。西方国家在"后工业化"阶段实行竞争性民主的制度安排，大多还可以将社会矛盾与冲突限制在一定范围内。这本身也是发展阶段对民主政治具有不同规定性的一种表现。总之，超越阶段是民主政治的敌人，而非对民主的促进。

任何国家的政治发展，只有符合本国的发展阶段，才能不断完善，富有生机和活力。在生长条件不具备的时期，照抄照搬他国民主模式，既不可取，也不可为。邓小平所指出："调动积极性是最大的民主。至于各种民主形式怎么搞法，要看实际情况。"③ "我们是要发展社会主义

---

① ［美］李普塞特：《政治人：政治的社会基础》，张绍宗译，上海人民出版社1997年版，第60页。

② 石佳音：《过度的民主会危害整个国家》，凤凰网，历史频道。http://news.ifeng.com/history/zhongguoxiandaishi/special/duihuashijiayin/#pageTop

③ 邓小平：《改革的步子要快》，《邓小平文选》第3卷，人民出版社1993年版，第242页。

民主，但匆匆忙忙地搞不行，搞西方那一套更不行"①，"中国的事情要根据自己的实际情况办"②。俄罗斯总统普京在俄罗斯经历大动荡后，总结俄罗斯的经验时深切地谈到民主是历史的产物。这个看似简单得不能再简单的道理，是经历了十年民主混乱的俄罗斯得出的教训，其深刻程度恐怕是当今中国人未尝能够体会到的。2005年2月，时任美国总统的小布什在美俄峰会上，要求俄罗斯也像格鲁吉亚、乌克兰、摩尔多瓦那样接受美国式民主制度。俄罗斯总统普京在2005年的国情咨文中阐述了俄罗斯对民主的立场作为回应："俄罗斯人民从本国历史、地缘政治和其他因素出发自主决定应该如何发展民主和保障自由，俄作为主权国家将自己决定推进本国民主进程的方式和时间表。"③

中国民主政治建设的自身经验，其中也包括"文化大革命"中民主政治建设遭受严重挫折的教训，告诉我们：民主政治建设同经济建设一样不能急于求成，社会主义民主政治建设是一个渐进的过程，政治发展有不同的阶段。社会主义民主政治并不是在社会主义国家建立、社会主义国体确立之时就建成了，社会主义民主政治并不是一成不变的，而是一个循序渐进的发展过程。因此，在中国特色社会主义民主政治建设的实践中，不仅要从国体上区分不同类型的民主，更要注意从政体上区分处于社会发展不同阶段上的不同形式的民主。

---

① 邓小平：《压倒一切的是稳定》，《邓小平文选》第3卷，人民出版社1993年版，第285页。

② 邓小平：《我国方针政策的两个基本点》，《邓小平文选》第3卷，人民出版社1993年版，第249页。

③ 岳连国：《普京发表年度国情咨文　谈俄面临的三大发展任务》，新华网，http://news. xinhuanet. com/world/2005—04/25/content_ 2876918. htm。

参考文献

《孙中山选集（上、下册）》，人民出版社2011年再版。

《毛泽东著作选读（上、下册）》，人民出版社1986年版。

《邓小平文选》第二卷，人民出版社1983年版。

《邓小平文选》第三卷，人民出版社1993年版。

《周恩来统一战线文选》，人民出版社1984年版。

《江泽民论"三个代表"》，中央文献出版社2001年版。

《江泽民论党的建设》，中央文献出版社2001年版。

《江泽民论有中国特色社会主义（专题摘编）》，中央文献出版社2002年版。

《江泽民论有加强和改进执政党建设（专题摘编）》，中央文献出版社2004年版。

《江泽民文选》（第一卷、第二卷、第三卷），人民出版社2006年版。

《关于建国以来党的若干历史问题的决议》，人民出版社1981年版。

《中共中央文件选集》，中共中央党校出版社1989年版。

《建国以来重要文献选编》，中央文献出版社1992年版。

中共中央文献研究室编：《十六大以来重要文献选编（上）》，中共中央文献出版社2005年版。

中共中央文献研究室编：《十六大以来重要文献选编（中）》，中共中央文献出版社2006年版。

中共中央文献研究室编：《十六大以来重要文献选编（下）》，中共中央文献出版社 2008 年版。

中共中央文献研究室编：《十七大以来重要文献选编（上）》，中共
中央文献出版社 2009 年版。

中共中央文献研究室编：《十七大以来重要文献选编（中）》，中共
中央文献出版社 2011 年版。

中共中央文献研究室编：《十七大以来重要文献选编（下）》，中共
中央文献出版社 2013 年版。

《毛泽东传（1949—1976）》（上、下册），中央文献出版社 2003
年版。

中共中央文献研究室编：《邓小平年谱 1975—1997》，中共中央文
献出版社 2004 年版

中共中央党史研究室：《中国共产党历史（上、下册）》，中共党史
出版社 2011 年版。

国务院新闻办公室：《中国的民主政治建设》（白皮书），2005 年
出版。

中国史学会：中国近代史资料丛刊《戊戌变法》，上海人民出版社
1957 年版。

张君劢：《中华民国民主宪法十讲》，（台湾）商务印书馆 1971
年版。

胡绳：《从鸦片战争到五四运动》，人民出版社 1981 年版。

樊亢、宋则行主编：《外国经济史》，人民出版社 1981 年版。

《外国法制史资料选编》，北京大学出版社 1982 年版。

黄炎培：《八十年来》，文史资料出版社 1982 年版。

陈独秀：《独秀文存》，安徽人民出版社 1987 年版。

伊文成、马家骏主编：《明治维新史》，辽宁教育出版社 1987
年版。

费孝通：《中华民族多元一体格局》，中央民族学院出版 1989
年版。

梁启超：《饮冰室合集》（第三卷），中华书局 1989 年版。

胡绳主编：《中国共产党的七十年》，中共党史出版社 1991 年版。

中共中央统战部编：《民族问题文献汇编》，中共中央党校出版社 1991 年版。

彭友今主编：《当代中国的人民政协》，当代中国出版社 1993 年版。

中国美国史研究会编：《奴役与自由：美国的悖论》，贵州人民出版社 1993 年版。

张锡镇：《当代东南亚政治》，广西人民出版社 1994 年版。

宫达非：《中国著名学者苏联剧变新探》，世界知识出版社 1998 年版。

王恩涌等：《政治地理学——时空中的政治格局》，高等教育出版社 1998 年版。

陈明通、郑永年主编：《两岸基层选举与政治社会变迁》，（台湾）月旦出版社 1998 年版。

林佳龙、邱泽奇主编：《两岸党国体制与民主发展》，（台湾）月旦出版社 1999 年版。

朱云汉、包宗和主编：《民主转型与经济冲突》，（台湾）桂冠图书 2000 年版。

李光耀：《李光耀回忆录（1965—2000）》，新加坡联合早报出版社 2000 年版。

李铁映：《论民主》，人民出版社、中国社会科学出版社 2001 年版。

钱乘旦、许洁明：《英国通史》，上海社会科学院出版社 2002 年版。

吕一民：《法国通史》，上海社会科学院出版社 2002 年版。

丁建弘：《德国通史》，上海社会科学院出版社 2002 年版。

陆南泉等：《苏联兴亡史论》，人民出版社 2002 年版。

房宁、王炳权、马利军等：《成长的中国——当代中国青年的国家民族意识研究》，人民出版社 2002 年版。

任一雄：《东亚模式中的威权政治：泰国个案研究》，北京大学出版社 2002 年版。

孙代尧：《台湾威权体制及其转型研究》，中国社会科学出版社 2003 年版。

马永顺：《周恩来与人民政协》，中国文史出版社 2004 年版。

史晋川等：《民营经济与制度创新——台州现象研究》，浙江大学出版社 2004 年版。

关捷等总主编：《中日甲午战争全史》，第一卷（战前篇）、第四卷（战后篇）、第五卷（思潮篇），吉林出版社 2005 年版。

莫里斯·迈斯纳：《毛泽东的中国及其后中华人民共和国史》，杜蒲译，（香港）中文大学出版社 2005 年版。

杜关东、陈美延、黄竟修：《日本及韩国政治献金制度》，台湾监察院 2006 年出版。

李兴华：《民主与近代中国》，上海社会科学院出版社 2006 年版。

陈剩勇、何包钢主编：《协商民主的发展》，中国社会科学出版社 2006 年版。

黄嘉树、程瑞：《台湾选举研究》，九州出版社 2006 年版。

中国社会科学院课题组：《义乌发展之文化探源》，社会科学文献出版社 2007 年版。

王文娟主编：《台州：从草根经济到青藤经济》，浙江人民出版社 2007 年版。

房宁、贠杰主编：《浙江经验与中国发展》（政府管理卷），社会科学文献出版社 2007 年版。

金安平、陈忧主编：《民主协商与协商民主——当代中国政党的理论与实践》，中国文联出版社 2007 年版。

李秋芳主编：《反腐倡廉新经验与新对策》，中国方正出版社 2007 年版。

黄仁宇：《中国大历史》，生活·读书·新知三联书店 2007 年版。

王绍光：《民主四讲》，生活·读书·新知三联书店 2008 年版。

房宁主编：《草根经济与民主政治》，社会科学文献出版社 2008 年版。

胡家勇等:《浙江省温岭市泽国镇经济社会调研报告》,中国社会科学出版社 2008 年版。

刘树成、吴太昌主编:《中国经济体制改革 30 年研究》,经济管理出版社 2008 年版。

邹东涛主编:《中国改革开放 30 年（1978—2008）》,社会科学文献出版社 2008 年版。

许利平:《当代东南亚伊斯兰:发展与挑战》,时事出版社 2008 年版。

林文光选编:《梁启超选集》,四川出版集团·四川文艺出版社 2009 年版。

李文、赵自勇、胡澎等:《东亚社会运动》,社会科学文献出版社 2009 年版。

王久高:《新时期中国共产党村级组织建设研究》,人民出版社 2010 年版。

沈立江、房宁主编:《民主建设的浙江实践与中国经验》,浙江人民出版社 2010 年版。

陈红太主编:《中国民主政治建设创新案例调研》,中国社会科学出版社 2010 年版。

潘维、玛雅主编:《人民共和国六十年与中国模式》,生活·读书·新知三联书店 2010 年版。

郭定平主编:《文化与民主》,上海人民出版社 2010 年版。

林尚立:《中国共产党与人民政协》,东方出版中心 2011 年版。

史卫民:《"政策主导型"的渐进式改革——改革开放以来中国政治发展的因素分析》,中国社会科学出版社 2011 年版。

房宁:《自由　威权　多元——东亚政治发展研究报告》,社会科学文献出版社 2011 年版。

陈家刚主编:《协商民主与政治发展》,社会科学文献出版社 2011 年版。

陈红太:《中国地方政府创新的理论和实证研究报告集》,吉林出版社 2011 年版。

冯俊、刘靖北主编：《全国基层党建创新优秀案例》（第一辑），建党读物出版社 2012 年版。

李秋芳主编：《中国反腐倡廉建设报告》，社会科学文献出版社 2012 年版。

史卫民等：《中国公民政策参与研究——基于 2011 年全国问卷数据》，中国社会科学出版社 2013 年版。

王绍光、樊鹏：《中国式共识型决策》，中国人民大学出版社 2013 年版。

张明澍：《中国人想要什么样民主》，社会科学文献出版社 2013 年版。

修昔底德：《伯罗奔尼撒战争史》，谢德风译，商务印书馆 1978 年版。

戈尔巴乔夫：《改革与新思维》，苏群译，新华出版社 1978 年版。

埃德温·赖肖尔：《日本人》，孟胜德、刘文涛译，上海译文出版社 1980 年版。

《布哈林文选》，人民出版社 1981 年版。

梅德韦杰夫：《赫鲁晓夫执政年代》，邹子婴、宋嘉译，吉林人民出版社 1981 年版。

亚里士多德：《政治学》，吴寿彭译，商务印书馆 1983 年版。

柏拉图：《理想国》，郭斌和、张竹明译，商务印书馆 1986 年版。

朴正熙：《我们国家的道路》，陈琦伟译，华夏出版社 1988 年版。

宫坂正行：《战后日本政治舞台内幕——政府·自民党·财界》，社会科学文献出版社 1989 年版。

傅高义：《先行一步：改革中的广东》，凌可丰、丁安华译，广东人民出版社 1991 年版。

帕特南：《使民主运转起来》，王列、赖海榕译，江西人民出版社 1992 年版。

费正清编：《剑桥中国晚清史》（上、下卷），中国社会科学院历史研究所编译，中国社会科学出版社 1993 年版。

费正清、费维恺编：《剑桥中华民国史（1912—1949）》（上、下卷），杨品泉等译，中国社会科学出版社 1994 年版。

周锡瑞：《义和团运动的起源》，张俊义、王栋译，江苏人民出版社 1995 年版。

格林斯坦、波尔斯比《政治学手册精选》，储复耘译，商务印书馆 1996 年版。

李普塞特：《政治人：政治的社会基础》，张绍宗译，上海人民出版社 1997 年版。

托克维尔：《旧制度与大革命》，冯棠译，商务印书馆 1997 年版。

亨廷顿：《第三波——20 世纪后期民主化浪潮》，刘军宁译，上海三联书店 1998 年版。

伊萨克·多伊彻：《流亡的先知》，施用勤等译，中央编译出版社 1998 年版。

熊彼特：《资本主义、社会主义与民主》，吴良健译，商务印书馆 1999 年版。

约翰·邓恩编：《民主的历程》，林猛等译，吉林人民出版社 1999 年版。

猪口孝、爱德华·纽曼、约翰·基恩：《变动中的民主》，林猛等译，吉林人民出版社 1999 年版。

亚·尼·雅科夫列夫：《一杯苦酒——俄罗斯的布尔什维主义和改革运动》，徐葵、张达楠等译，新华出版社 1999 年版。

安东尼·吉登斯：《超越左与右》，李慧斌等译，社会科学文献出版社 2000 年版。

理查德·斯克尔：《现代美国政治竞选运动》，张荣建译，重庆出版社 2001 年版。

莱斯利·里普森：《政治学的重大问题》，刘晓等译，华夏出版社 2001 年版。

塞缪尔·鲍尔斯、赫伯特·金蒂斯：《民主和资本主义》，韩水法译，商务印书馆 2003 年版。

詹姆斯·布坎南、罗杰·康格尔顿：《通向非歧视性民主》，张定淮、何志平译，社会科学文献出版社 2004 年版。

吉田茂：《激荡的百年史》，李枓译，陕西师范大学出版社 2005 年版。

斯图尔特·R. 施拉姆：《毛泽东的思想》，田松年等译，中国人民大学出版社 2005 年版。

鲁·格·皮霍亚：《苏联政权史（1945—1991）》，徐锦栋等译，东方出版社 2006 年版。

安德鲁·海伍德：《政治学》（第二版），张立鹏译，中国人民大学出版社 2006 年版。

悉尼·胡克：《理性、社会神话和民主》，金克、许崇温译，上海人民出版社 2006 年版。

詹姆斯等主编：《协商民主：论理性与政治》，陈家刚等译，中央编译出版社 2006 年版。

顾长永：《新加坡：蜕变的四十年》，（台湾）五南图书出版有限公司 2006 年版。

孟德斯鸠：《论法的精神》，许家星译，中国社会科学出版社 2007 年版。

约翰·芬斯顿：《东南亚政府与政治》，张锡镇等译，北京大学出版社 2007 年版。

徐仲锡：《韩国现代史 60 年》，朱玫、孙海龙译，韩国民主化运动纪念事业会 2007 年出版。

坂本太郎：《日本史》，汪向荣、武寅、韩铁英译，中国社会科学出版社 2008 年版。

诺曼·赫伯特：《日本维新史》，姚曾廙译，吉林出版集团有限责任公司 2008 年版。

艾伦·布林克利：《美国史（1492—1997）》，邵旭东译，海南出版社 2009 年版。

查尔斯·蒂利：《民主》，魏洪钟译，上海人民出版社 2009 年版。

李侃如：《治理中国——从革命到改革》，胡国成、赵梅译，中国社会科学出版社 2010 年版。

皮特·F. 伯恩斯：《仅有选举政治是不够的——少数群体利益表达与政治回应》，任国忠译，中央编译出版社 2011 年版。

本杰明·巴伯：《强势民主》，彭斌、吴睿洲译，吉林人民出版社 2011 年版。

威廉·庞德斯通：《选举中的谋略与博弈——为什么选举不是公平的》，刘国伟译，中央编译出版社 2011 年版。

佛朗西斯·福山：《政治秩序的起源——从前人类时代到法国大革命》，毛俊杰译，广西师范大学出版社 2012 年版。

福泽谕吉：《福泽谕吉自传》，杨永良译，文汇出版社 2012 年版。

傅高义：《邓小平时代》，冯克利译，生活·读书·新知三联书店 2013 年版。